Konstantinopel

Istanbuls historisches Erbe

Originaltitel: *Constantinople. De Byzance à Istanbul*

Projektkoordination in Istanbul: Selma Gürbüz

Konzeption und Realisation: Éditions Eric Koehler, Paris

Übersetzungen aus dem Französischen: Dr. Ursula Arnsperger, Ulrike Bischoff, Christine Diefenbacher, Gabriele Kornhas, Reinhard Tiffert, Jutta Georgine Wittmann, Andrea Alvermann, Andrea Fischer, Helga G. Weigelt

Fachlektorat: Dr. Annette Hagedorn (Osmanisches Reich)
Lektorat, Redaktion und Satz:
Delius Producing, Berlin/Julia Niehaus, Juliane Stollreiter und Maren Wöll

Herstellung: Oliver Benecke
Druck und Bindung: Mohn-Media – Mohndruck GmbH, Gütersloh
Printed in Germany

ISBN 3-8290-1876-7

10 9 8 7 6 5 4 3 2 1

Stéphane Yerasimos

Konstantinopel

Istanbuls historisches Erbe

Inhaltsverzeichnis

Lebenszentrum zweier Weltreiche

Zwei der bedeutendsten Großmächte, das oströmische Kaiserreich von Byzanz und das türkische Osmanische Reich, wählten Konstantinopel zum Mittelpunkt ihrer Weltreiche – eine Stadt zwischen zwei Kontinenten, an der Schnittstelle zweier Welten. Wer sich ein Bild von dieser Stadt, ihrer historischen Rolle und ihrer künstlerischen Schätze machen will, muss sich mit der Kultur und dem Weltbild jener Menschen vertraut machen, welche vom Ufer des Bosporus aus die Geschicke der damaligen Menschheit lenkten.

Das prähistorische Byzanz

Berühmter als die Siedlung Byzantion ist die Meerenge, an der sie um 680 v. Chr. gegründet wurde: der Bosporus. Die 32 Kilometer lange und an ihrer schmalsten Stelle knapp 700 Meter breite Wasserstraße war einst ein Flusstal, das möglicherweise im Rahmen jener Naturkatastrophe absackte, die dazu führte, dass sich das Schwarze Meer, das bis dahin ein See gewesen war, über die ägäische Hochebene ergoss. Die Berggipfel, die über das Wasser hinaus ragten, bilden seitdem die Ägäische Inselwelt. Bosporus und Dardanellen – eine zweite Meerenge, welche durch das so genannte Marmarameer von der ersten getrennt ist – stellen die einzige Seeverbindung zwischen dem Mittelmeer und dem Schwarzen Meer dar und sind der Zugang zum Kaukasus, zur Krim, zu den russischen Steppen und dem Donauland. Hier dürften auch die ersten Menschen nach Europa vorgedrungen sein – zu einer Zeit, da die Steppen nördlich des Schwarzen Meeres noch eine Eiswüste waren.

Königreich Kolchis, Ende des fünften Jahrhunderts v. Chr. Diadem aus getriebenem Gold mit Darstellungen kämpfender Tiere. Fundort Wani (Imereti, Georgien). Museum für georgische Kunst, Tbilissi.

Die Bedeutung der beiden Meerengen, schon vor der Antike, belegt ihre Nennung in zwei großen Sagenkreisen des griechischen Altertums: in der Argonautensage und in den Sagen Trojas. Als Jason und seine Gefährten in den Bosporus hineinfahren, sehen sie sich plötzlich den Symplegaden gegenüber, zwei gefährlichen Felseninseln im Meer, die laufend zusammenstoßen und wieder auseinanderprallen und auf diese Weise Reisende an der Durchfahrt hindern. Doch es

gelingt den Argonauten, die freie Durchfahrt zu erzwingen, die in der Folge allen von Süden nahenden Schiffen erhalten bleiben sollte. Der Mythos der Symplegaden entwickelte sich zu einem Symbol für die ungehinderte Durchfahrt durch den Bosporus, welche in den folgenden 3000 Jahren immer wieder umkämpft werden sollte.

Im Trojanischen Krieg, dessen letztes Kriegsjahr Homer in seiner *Ilias* schildert, ging es – historisch betrachtet – wohl weniger um Helena als um die freie Passage der Dardanellen, welche von den Trojanern kontrolliert wurde. Mit dem Untergang Trojas wurde die Siedlung am Ufer des Bosporus zum neuen Machtzentrum dieser Gegend. Dennoch zögerte Kaiser Konstantin Anfang des vierten Jahrhunderts n. Chr. bei der Entscheidung, ob er die neue Reichshauptstadt auf den Trümmern Trojas, was er zunächst bevorzugte, oder an der Stelle des alten Byzantion errichten sollte.

Auch in den Quellen zur Gründung der Siedlung vermischen sich Geschichte und Legende zu widersprüchlichen Darstellungen. Handelte es sich um eine Kolonie der griechischen Seemacht Megara oder um den Ableger eines thrakischen Stadtstaates? Der Name des sagenhaften Stadtgründers Byzas ist thrakischen Ursprungs,

Griechische Vase.
Rotfigurige, attische Bemalung.
Um 490 v. Chr. Brygosmaler.
Die dargestellte Szene zeigt Priamos, der Achilleus um die Herausgabe der Leiche Hektors ersucht.
Entstehungsort Insel Chios.
Fundort Cerveteri.
Kunsthistorisches Museum, Wien.

andererseits fügt sich die Stadtgründung auch hervorragend in die griechische Siedlungspolitik der damaligen Zeit ein, zielte sie doch eindeutig auf die Beherrschung der Meerenge ab. An beiden Ufern des Bosporus gibt es Spuren noch früherer Besiedlungen, doch handelte es sich dabei wohl um unbedeutende Niederlassungen entlang kleinerer Buchten und Flussmündungen, deren Versorgung durch das angrenzende Umland sichergestellt wurde. Byzanz dagegen liegt auf einem wasserlosen Vorgebirge – in römischer Zeit wurde ein aufwendiges System der Wasserversorgung eingerichtet –, von welchem aus sich der südliche Zugang zum Bosporus kontrollieren ließ. Am plausibelsten erscheint daher die Hypothese, wonach Byzanz auf griechische Initiative hin mit Hilfe thrakischer Siedler gegründet wurde.

Der Ruhm der Stadt Byzanz beruhte viel stärker auf ihrer besonderen Lage als auf ihren Reichtümern, trotzdem weckten diese schon immer vielerlei Begierden. Im Jahr 512 v. Chr. wurde die Stadt von dem Perserkönig Darius I. eingenommen. Die persischen Armeen setzten am Bosporus nach Griechenland über, um gegen die Skythen zu Felde zu ziehen, und erzwangen die Abhängigkeit von Thrakien und Makedonien. Zum ersten Mal wurde Byzanz zum Mittelpunkt eines Reiches, das sich über zwei Kontinente erstreckte. Dennoch mussten sich die Perser schließlich wieder zurückziehen, woraufhin die Athener zunächst das thrakische Küstengebiet und anschließend Byzanz eroberten. Athen bezog sein Getreide aus den Gebieten am Schwarzen Meer und war deshalb darauf aus, die Kontrolle über den Bosporus zu erlangen. Als es Sparta im Verlauf des Peloponnesischen Krieges 405 v. Chr. gelang, Byzanz einzunehmen und die Kornlieferungen in die gegnerische Stadt zu unterbinden, war Athens Schicksal besiegelt.

Alexander der Große setzte bei den Dardanellen nach Asien über und versuchte kurioserweise nicht, das inzwischen wieder unabhängige Byzanz seinem sich bis nach Indien erstreckenden Weltreich einzuverleiben. Auch während der nach Alexanders Tod ausbrechenden Diadochenkämpfe gelang es Byzanz, seine Neutralität zu wahren.

Es blieb ein wichtiger Umschlagplatz für Waren aus Thrakien, Makedonien, Anatolien und dem Kaukasus. Dank einer klugen Bündnispolitik mit den anliegenden Seefahrerstaaten, unter anderem mit Rhodos, vermochte es bis zur Eroberung durch die Römer 146 v. Chr. seine Unabhängigkeit zu behaupten. Seither gehörte Byzanz als „freie und verbündete Stadt" zum Römischen Weltreich.

Oben: Kelch Salomons, auch Kelch des Perserkönigs Chosroes II. Aparwes (588/91–628) genannt. Identifizierung zweifelhaft. Bergkristall, Granatsteine, grünes Glas und Gold. Louvre, Paris.

Links: Kopf des Kaisers Diokletian. Römische Marmorskulptur, Ende des dritten Jahrhunderts v. Chr. Fundort Nikomedia. Altorientalisches Museum, Istanbul.

Rechte Seite: Büste eines Sassanidenkönigs. Bronzeskulptur. Louvre, Paris.

Das neue Rom im Kampf gegen die Barbaren

Die Stadt Rom entwickelte sich im Laufe der Geschichte zwar zur Keimzelle eines Weltreiches, doch war diese Mittelpunktfunktion in erster Linie geografisch bedingt. In wirtschaftlicher und kultureller Hinsicht dominierte der östliche Mittelmeerraum, der seit Jahrtausenden über eine blühende Stadtkultur und eine leistungsfähige Landwirtschaft verfügte. Roms große Leistung bestand darin, dass es sich mittels einer effizienten Verwaltungsstruktur die materiellen und ideellen Reichtümer dieser dicht besiedelten Gebiete zunutze zu machen verstand und gleichzeitig für Frieden und Sicherheit sorgte. Doch das System brach Ende des dritten Jahrhunderts n. Chr. zusammen, und zwar eher infolge innerer Auflösungserscheinungen als äußerer Bedrohung. Diokletian und seine Mitregenten bemühten sich, der Zersetzung entgegenzuwirken. Sie erkannten, dass sich ein Reich dieser Größenordnung nicht länger von einer Hauptstadt aus regieren ließ und dass im Osten ein zweites Zentrum geschaffen werden musste. Diokletian entschied sich für die am asiatischen Ufer des Marmarameeres gelegene Stadt Nikomedia. Er dürfte sich der geradezu idealen Lage der 70 Kilometer entfernten Stadt am Bosporus durchaus bewusst gewesen sein, doch stand Byzanz seinerzeit in dem Ruf, bei geringstem Anlass zu rebellieren. Schon ein Jahrhundert zuvor hatte Septimius Severus die Stadt nach einer langwierigen Belagerung dem Erdboden gleichgemacht und – aus strategischen Erwägungen – wenig später wieder aufbauen und befestigen lassen. Als Kaiser Konstantin im Begriff stand, das unter den Nachfolgern Diokletians aufgeteilte Reich wieder zu vereinen, verlegte er die Zentrale endgültig an den Bosporus. Zwischen 324 und 330 gründete er dort eine Stadt, die drei- bis viermal so groß war wie das bisherige Byzanz. Ihr Name lautete zunächst Roma Nova, bis sie schließlich die Bezeichnung Konstantinopel – Stadt Konstantins – erhielt. Die Neugründung sollte Rom als Hauptstadt allmählich ablösen und nicht etwa der Mittelpunkt eines östlichen Reiches werden.

In den Jahren nach Konstantins Tod war der Osten den Einfällen fremder Völker ebenso stark ausgesetzt wie der Westen. Die aus den mongolischen Steppenherbeiströmenden Hunnen griffen, wie die Goten, den Balkan an, während Anatolien und Syrien von den heftigen Attacken der iranischen Sassaniden – Roms mächtigsten Feinden – heimgesucht wurden. Dank des un-

MAXIMIANVS

Oben: Christus umgeben von zwei Engeln, dem heiligen Vitalis und dem Bischof Ecclesius.
Sechstes Jahrhundert.
Wandmosaik im Apsisgewölbe.
Basilika San Vitale, Ravenna.

Vorhergehende Doppelseite:
Justinian I., byzantinischer Kaiser (527–565).
Kaiser Justinian mit seinem Gefolge (von rechts nach links zwei Diakone, Erzbischof Maximian, der Kaiser, zwei Patrizier, Leibwache).
Mosaik, vor 547.
Nordwand der Apsis des Presbyteriums von San Vitale, Ravenna.

unterbrochenen Nachschubs an Soldaten und Mitteln, der reichen Städte und der florierenden Landwirtschaft sowie der auch im Osten geschaffenen Verwaltungsstrukturen vermochte sich dieser Teil des Römischen Reiches jedoch erfolgreicher zur Wehr zu setzen. Nach der endgültigen Reichsteilung im Jahr 395 brach das Weströmische Reich innerhalb kurzer Zeit zusammen, wohingegen das Oströmische noch über ein Jahrtausend fortbestand.

Mit der Gründung Konstantinopels verband sich jedoch mehr als die Verlagerung des Mittelpunktes des Römischen Reiches gen Balkan und Nahen Osten: im bewussten Gegensatz zum heidnischen Rom war die neue Reichsmetropole von Anfang an christlich geprägt. Konstantin, unter dem das Christentum zur Staatsreligion wurde, gedachte so eine Synthese der monotheistischen Religionen des Ostens und des griechisch-römischen Polytheismus herbeizuführen, ohne dabei im Übrigen den Kaiserkult aufzugeben, auf den er und seine Nachfolger keinesfalls verzichten wollten. Die religiöse Verwirrung kristallisierte sich zu einem theologischen Streit über die Wesensverschiedenheit bzw. -ähnlichkeit zwischen Christus und Gottvater, eine Debatte, die schließlich auch gewaltsam geführt wurde und sich mit lokalen Machtkämpfen überlagerte. Die zwei Jahrhunderte von der Stadtgründung bis zu Justinians I. (527–565) Thronbesteigung standen daher im Zeichen religiöser Auseinandersetzungen und der Bedrohung durch die Barbaren.

Wenn auch die Hunnen und Goten bis auf die Peloponnes vorstießen und von der Eroberung Konstantinopels lediglich durch die hervorragenden Befestigungsanlagen der Stadt abgehalten werden konnten, gelang es dem Oströmischen Reich unter Aufbietung aller Mittel, die Donaugrenze zu halten, während das Weströmische Reich im Jahr 476 unterging. Die Grenze zwischen beiden verlief entlang einer Nord-Süd-Linie vom heutigen Belgrad bis zur afrikanischen Küste. Das heutige Kroatien und Bosnien-Herzegowina gehörten zum Westen, Serbien zum Osten. In der Folge enstand östlich dieser Linie jenes Gebilde, das als Byzantinisches Reich bzw. später vom Osmanischen Reich beherrschter Mittelmeerraum in die Geschichte eingegangen ist, während die Gebiete westlich davon zur Wiege Europas wurden.

Unter Justinian I. lebte die Illusion von einem einzigen, den gesamten Mittelmeerraum umfassenden Reich vorübergehend noch einmal auf. In langwierigen Kämpfen gelang es ihm, Italien, Nordafrika und Südspanien zurückzuerobern. Es kam zu einem letzten Aufflackern des Kaisertums, was in der Errichtung des prächtigen Gotteshauses der Hagia Sophia seinen sichtbaren Ausdruck fand. Doch neben den ständigen Angriffen der Perser zehrte die Pest, die den gesamten Mittelmeerraum über zwei Jahrhunderte immer wieder heimsuchte, die Kräfte des antiken Byzanz allmählich auf.

Konstantinopel – Insel im Sturm

Anfang des siebten Jahrhunderts lag das Reich in Trümmern. Die byzantinischen Gebiete Italiens fielen an die Langobarden. Die Awaren drangen auf den Balkan vor und belagerten im Jahr 626 Konstantinopel, während die iranischen Sassaniden bis in den Mittelmeerraum vorstießen: 614 eroberten sie Jerusalem, 619 Ägypten und zweimal – 617 und 626 – standen sie vor den Toren Konstantinopels. Im Jahr 626 wurde die Stadt gar von Sassaniden und Awaren gleichzeitig belagert.

Das letzte Aufbäumen des Byzantinischen Reiches, das im Jahr 628 die Sassaniden vertrieb, zeitigte auf lange Sicht verheerende Folgen: Beide Reiche waren danach derart erschöpft, dass die neue politische Kraft, der Islam, bei seinem Vormarsch auf keinen nennenswerten Widerstand mehr stieß. 636 besiegten die Araber innerhalb eines Jahres erst die byzantinischen Truppen am Jarmuk (Jordanien) und anschließend die sassanidischen bei Kaddisiya (Irak). Das Byzantinische Reich verlor endgültig Ägypten und Nordafrika sowie den gesamten Küstenstreifen südlich von Antiochia. Immerhin gelang es ihm, zwischen dem Schwarzen Meer und dem Mittelmeer eine Verteidigungslinie zu errichten, welche dem Islam zunächst Einhalt gebot, bis sie im 15. Jahrhundert von den Türken überrannt werden sollte. Nichtsdestotrotz drangen die Araber immer wieder in das Innere Kleinasiens vor. Auch Konstantinopel wurde in diesen Jahren mehrmals vergeblich belagert.

Auf dem Balkan ließen sich die Slawen nieder, während die Bulgaren im Jahr 680 die Donau überschritten und das Königreich Bulgarien gründeten. Gegen Ende des siebten Jahrhun-

Karl der Große.
Ausschnitt aus dem Retabel des Pariser Parlaments.
Flämischer Maler,
Mitte des 15. Jahrhunderts.
Louvre, Paris.

derts herrschten die byzantinischen Kaiser nur noch über Teile des weitgehend verwüsteten Balkans und Kleinasiens sowie über einige Enklaven in Italien. Auch die Hauptstadt hatte schweren Schaden genommen, ihre Bevölkerung war im Vergleich zur Regierungszeit Justinians auf ein Zehntel geschrumpft.

Zur politischen Krise gesellte sich alsbald eine geistige: Durch den Bildersturm wurden neue religiöse Unruhen und leidenschaftliche Kämpfe entfacht. Während der Ikonenkult angesichts der über das Byzantinische Reich hereinbrechenden Katastrophen verstärkten Zulauf fand, gab es im Orient gleichzeitig eine starke Fraktion bilderfeindlicher Theologen, die möglicherweise nicht unbeeinflusst war vom Verbot der Bilderverehrung des Islam. Der Wunsch, einen weiteren dogmatischen Zwist von vornherein zu unterbinden bzw. im Reichsgebiet kulturelle Einheit zu stiften, mag den Kaiser veranlasst haben, 730 die Vernichtung aller sakralen Bilder zu befehlen. Doch das Bilderverbot – der so genannte Ikonoklasmus – ließ sich nicht durchsetzen und stiftete nur noch größere Verwirrung. Die erbitterte Auseinandersetzung währte ein Jahrhundert lang und Konstantinopel war hin und her gerissen zwischen der bilderfeindlichen Haltung des Islam und der bilderfreundlichen Gesinnung der westlichen Kirche.

In diese unruhige Zeit fällt die Geburt des abendländischen Kaisertums. Das merkliche Schwinden der byzantinischen Macht in Italien hatte den Papst bewogen, sich nach einer neuen weltlichen Schutzherrschaft umzusehen und sich zu diesem Zwecke dem Frankenreich anzunähern. Die politische Situation wie auch der religiöse Konflikt zwischen Rom und Konstantinopel führten dazu, dass Leo III. im Jahr 800 Karl den Großen in Rom zum Kaiser krönte. Ein Akt der Herausforderung, den das byzantinische Kaisertum hinnehmen musste. Nach der Restitution der Bilderverehrung 843 stand Konstantinopel zwischen zwei Welten – zwischen dem europäischen, auf Papsttum und (später) Heiligem Römischen Reich basierenden und dem islamischen, vom abbasidischen Kalifat dominierten Kulturkreis.

Unter der Dynastie der Makedonen (867–1057) erlebte das Byzantinische Reich eine Zeit des Glanzes und der Größe. Militärisch fähige Herrscher nutzten die Gunst der Stunde – das abbasidische Kalifat befand sich in einer Krise, und in Ägypten wurde ein fatimidisches Gegenkalifat errichtet –, um Gebietsverluste rückgängig zu machen. 961 wurde Kreta zurückerobert, 965 folgte Zypern. Die anatolische Grenze wurde wieder gen Osten verschoben und der syrische Küstenstreifen zurückgewonnen. Im Jahr 976 drangen byzantinische Truppen bis Nazareth vor. Auf dem Balkan unterwarf Basileios II. 1014 das bulgarische Königreich, was ihm den Beinamen Bulgaroktonos (Bulgarentöter) eintrug. Im Osten stieß er bis an den Rand des Kaukasus vor und annektierte die kleinen armenischen und georgischen Königreiche, die er auf seinem Feldzug passierte.

Einzug in Jerusalem. 1679, aus dem Krimgebiet. Musée Condé, Chantilly.

Die Vernichtung dieser Pufferstaaten bahnte allerdings gleichzeitig den Türken den Weg, die mit unglaublicher Geschwindigkeit aus den Randgebieten der heutigen Mongolei in die islamische Welt vordrangen. Am Ende des zehnten Jahrhunderts errichteten die Karachniden in Transoxanien ein türkisches Königreich. Die seldschukischen Türken stießen im Jahr 1040 in die iranische Hochebene vor und brachten 1071 bei Mantzikert, im Osten der heutigen Türkei, den Byzantinern eine schwere Niederlage bei, die den Verlust Anatoliens zur Folge hatte. Sechs Jahre später besetzten sie das bei Konstantinopel gelegene Nicäa und machten es zur Hauptstadt des seldschukischen Königreiches Anatolien.

Um dieselbe Zeit vertrieb ein anderes Volk, die aus dem äußersten Norden Europas herbeiströmenden Normannen, die Araber aus Sizilien und jagte den Byzantinern ihre letzten italienischen Gebiete ab. 1071, im Jahr von Mantzikert, fielen Bari und Brindisi, und im Jahr 1076 überquerten die Normannen die Adria, um die dalmatinische Küste anzugreifen. Aufstrebende Kräfte der westlichen und der islamischen Welt machten sich daran, die Überreste jenes alten Reiches zu erobern, als dessen von Mythen umwobener Mittelpunkt Konstantinopel nach wie vor galt. Die neue Dynastie der Komnenen, die 1081 in Konstantinopel auf den Thron gelangte, suchte der militärischen Schlagkraft List und Tücke entgegenzusetzen, indem sie die Feinde des Byzantinischen Reiches gegeneinander ausspielte. Doch die Tage des Byzantinischen Reiches waren gezählt. Die Nachfolger der Seldschuken, die Osmanen, waren es schließlich, die seinen Untergang herbeiführten.

Das byzantinische Territorium war längst zerstückelt, seine Herrscher waren aufgerieben vom ständigen Kampf gegen die großen und kleineren Feinde, die das Reich kontinuierlich bedrohten und zu denen sich ab dem elften Jahrhundert die abendländische Kreuzzugsbewegung gesellte. Ihren Führern hatte man für ein halbes Jahrhundert sogar Konstantinopel überlassen müssen, und es war zur Gründung des Lateinischen Kaiserreichs (1204–1261) gekommen. Wohl gelang die Rückkehr an den Bosporus, doch war der Besitzstand des einst so mächtigen Imperiums stark zusammengeschmolzen. Im Taumel der politischen Erschütterungen und Kämpfe war kaum wahrgenommen worden, wie weit die türkische Expansion auf europäischem Boden bereits vorgedrungen war. In der zweiten Hälfte des 14. Jahrhunderts hatten die Osmanen begonnen, die europäischen Gebiete des Byzantinischen Reiches systematisch zu erobern. Als

Reiterbild. Emaillierte Keramik. Louvre, Paris.

Räuchergefäß in Löwenform. Khorassan, Iran, 11.–12. Jahrhundert. Louvre, Paris.

Krönungsmantel König Rogers II. von Sizilien. Kronschatz von Palermo. Kunsthistorisches Museum, Wien.

Konstantinopels letzte Stunde schlug, waren sie längst bis an die Donau und die Adria vorgestoßen. Unter Sultan Mehmed II. wurde es zum erklärten Ziel des inzwischen gefestigten Großreichs, der Perle unter den Städten des östlichen Mittelmeers habhaft zu werden. 1453 wurde Konstantinopel im Sturm erobert und geplündert.

Die Erneuerung des Byzantinischen Reiches

Konstantinopels herausragender Status als Kaiserresidenz, wie er im Stadtbild und im Selbstverständnis der Einwohner verankert war, erwies sich als derart übermächtig, dass selbst die türkischen Eroberer an diese Tradition anknüpften. Mehmed II. machte Konstantinopel zur Hauptstadt des Osmanischen Reiches. Dazu schien nicht nur die günstige strategische Lage der Stadt – von ihr aus ließ sich die Schnittstelle zwischen Europa und Asien kontrollieren –, sondern auch ihre symbolträchtige Sonderstellung als Ewige Stadt sie zu prädestinieren.

Mehmed II. der Eroberer verbrachte seine restlichen Regierungsjahre damit, das Schwarze Meer und die Ägäis von sämtlichen italienischen Kolonien und Handelskontoren zu befreien. Bei seinem Tod besaß das Osmanische Reich exakt dieselben Ausmaße wie das Byzantinische Reich zur Zeit der Makedonenkaiser Mitte des neunten Jahrhunderts. Auf dem Balkan erstreckte es sich bis zur Donau und in Anatolien bis zum Taurus. Mehmeds Nachfolger nahmen sich Justinians Expansionspolitik zum Vorbild: Sie eroberten den Nahen Osten sowie Nordafrika und stießen donauaufwärts bis jenseits von Buda vor. Konstantinopel bildete erneut den Mittelpunkt eines großen Reiches. Wie in früheren Zeiten wurde es mit Korn aus Ägypten und mit Fleisch aus den Fürstentümern jenseits der Donau beliefert. Dass neuerdings eine islamische Macht diese Drehscheibe zwischen Europa und dem Mittleren Osten kontrollierte, setzte jedoch dem einstigen Kräftegleichgewicht ein Ende, in dem Konstantinopel als dritte Kraft die Vermittlerfunktion zwischen der östlichen und der westlichen Welt innegehabt hatte. An seine Stelle trat nun ein bipolares Spannungsverhältnis. Früher hatten der Kaiser des Heiligen Römischen Reiches und der Kaiser von Byzanz, welche miteinander um das römische Erbe rivalisierten, mit einer dritten Größe, dem Kalifen, rechnen müssen. Nunmehr existierten oströmischer Kaiser und Kalif in einer Person. Der Überlieferung zufolge soll dem Sultan der Kalifentitel anläßlich der Eroberung Ägyptens 1517 von dem letzten in Kairo residierenden abbasidischen Kalifen übertragen worden sein. Der durch die islamische Religion geeinte Osten konnte zur Eroberung des Westens ansetzen.

In militärischer Hinsicht war das Osmanische Reich dem Westen zwar überlegen, doch auf wirtschaftlichem und bald auch auf technischem Gebiet geriet es rasch ins Hintertreffen. Während Süleiman der Prächtige vor Wien lagerte und seine Flotte westlich von Sizilien kreuzte, konnte Karl V. seine Kriegskasse durch Gold und Silber aus Amerika aufbessern. Ende des 16. Jahrhunderts reichten die osmanischen Truppen und Mittel nicht einmal mehr zur Verteidigung der eroberten Gebiete aus, während das westliche Europa dank Epoche machender Entdeckungen über ungeheuren Reichtum verfügte.

Der Mittelmeerraum verlor seine zentrale Bedeutung und wurde zum Nebenschauplatz der Geschichte, auf dem sich Relikte der Alten Welt bekriegten. Venezianer und Osmanen rivalisierten noch bis ins 18. Jahrhundert um die kläglichen Überreste eines einstmals blühenden Handelsnetzes. Die großen Gewinne wurden längst nicht mehr in den Binnenmeeren, sondern auf den Ozeanen erzielt. Im 17. und 18. Jahrhundert blieb der Mittelmeerraum weitgehend den maltesischen oder berberischen Seeräubern überlassen. Hätte Österreich nicht die Absicht gehegt, Ungarn zurückzuerobern, und das junge russische Reich nicht einen Zugang zu den warmen Meeren des Südens begehrt, so hätten die Osmanen am Bosporus ungehindert ihren Großmachtträumen nachhängen können.

Nachfolgende Doppelseite: Die Belagerung Wiens durch die Türken 1683. Gouache, 17. Jahrhundert. Vojenske Muzeum, Prag.

Unten: Prizren (Serbien), Muttergotteskirche (Bogoridia) Ljeviska. Die Jünger beim Abendmahl. Wandmalerei, nach 1307.

D
P
P
P
P

Reiterbildnis Karls V., Kaiser des Heiligen Römischen Reiches (1519–1556) und König von Spanien. Gemalt von Anthonis van Dyck (1599–1641). Uffizien, Florenz.

Istanbul, Zentrum des islamischen Weltreiches

Das Vordringen der Türken in Europa, bis hin zur Belagerung von Wien 1529 durch Süleyman den Prächtigen, hatte zum Kampf mit dem Habsburgerreich um die Vorherrschaft auf dem Balkan und im Mittelmeer geführt. Damit standen sich die größten Mächte des Islam und der Christenheit gegenüber. Die Moschee, welche Süleyman in Istanbul errichten ließ, bringt seinen Herrschaftsanspruch sichtbar zum Ausdruck. Der Grundstein wurde nach 1547 gelegt, nachdem Süleyman mit Karl V. einen Frieden geschlossen hatte, in welchem sich letzterer zu jährlichen Tributzahlungen verpflichtete. Ihre Einweihung erfolgte im Jahr 1557, nach dem Frieden von Amasya (1555), welcher den Sieg über die iranischen Schiiten dokumentierte. Somit verewigte das Bauwerk gleichzeitig den Triumph der orthodoxen Sunniten, zu denen auch die Osmanen zählten.

Das Osmanische Reich stand nun an einem Scheideweg zwischen zwei Welten. Die Fortsetzung seiner europäischen Eroberungszüge und der Aufbau einer straffen, christlich geprägten zivilen und militärischen Verwaltungsstruktur hätten die Durchsetzung der kaiserlichen Herrschaftsansprüche und eine westliche Ausrichtung begünstigt. Die mit Hilfe europäischer Zahlungen bewirkte Einstellung der Eroberungspolitik und der wachsende Einfluss der muslimischen Religionsführer auf den Sultan führten jedoch dazu, dass sich das Osmanische Reich immer stärker auf seine Führungsrolle in der islamischen Welt besann.

Istanbul war dennoch alles andere als eine Verbotene Stadt. Die europäischen Staaten waren durch Botschaften vertreten, die christliche und jüdische Bevölkerung machte mehr als ein Drittel der Einwohner aus, und das nördlich vom Goldenen Horn gelegene Viertel Galata behielt seine kosmopolitische Prägung. Außerdem trafen ständig alle möglichen Fernreisenden, Seeleute, Händler, Missionare, Altertumsforscher und Schriftgelehrten in Istanbul ein, dessen fremde, orientalische Welt sie in ihren Berichten schilderten. Im Licht der europäischen Aufklärung erschien das Osmanische Reich rätselhaft, der Rationalismus geißelte alles, was merkantiler Logik zuwiderlief, als Aberglauben.

Der wachsende wirtschaftliche und technische Vorsprung Europas machte sich unterdessen auf den Schlachtfeldern bitter bemerkbar. Gelang es den Türken im 17. Jahrhundert zunächst noch, unter Aufbietung aller Kräfte und mit schrecklichen Verlusten, Schlachten zu gewinnen und Städte zu erobern, so leitete die Niederlage vor Wien im Jahr 1683 den Rückzug aus Europa ein, welcher sich bis zum Ersten Weltkrieg fortsetzte. Die angesichts dieser Situation zunehmend besorgte osmanische Elite verspürte den dringlichen Wunsch, den Wissensrückstand aufzuholen. Die bislang gehegte Überzeugung, als Anhänger des wahren Glaubens der restlichen Welt überlegen zu sein, wich allmählich der schmerzlichen Erkenntnis, dass man den Gegner mit seinen eigenen Waffen schlagen müsse. Diese so genannte Verwestlichung machte sich im Lauf des 18. Jahrhunderts vor allem im Bereich der Kunst bemerkbar, als in Istanbul die barocke Baukunst Einzug hielt. Die schweren Niederlagen, welche die Osmanen gegen die Russen und die Österreicher erlitten, verlagerten die Debatte zunächst auf das Gebiet von Technik und Forschung. Schließlich wurden jedoch sämtliche bisher gültigen Denk- und Verhaltensmuster infrage gestellt. Während Europa infolge der Ausbildung moderner Staatswesen und der Industriellen Revolution selbst einen tiefgreifenden Wandel erfuhr, übernahm die osmanische Welt das westliche Modell.

An der Schwelle zum 19. Jahrhundert verlor das Osmanische Reich für Europa seine Bedeutung als Rohstofflieferant und wurde stattdessen zum Absatzmarkt für Fabrikerzeugnisse. Gleichzeitig wurde der östliche Mittelmeerraum zum Zankapfel zwischen den Großmächten. Das letzte auf antike Tradition gründende Reich drohte ihrem Imperialismus zum Opfer zu fallen. Am Beginn dieser Entwicklung stand Napoleons Ägyptenfeldzug. Großbritannien brachte nach und nach den östlichen Teil des Mittleren Ostens unter seine Kontrolle, um den Landweg nach Indien zu sichern. Russland stieß auf den Balkan und in den Kaukasus vor. Es pochte auf die Freigabe der Meerengen, um Zugang zu den eisfreien Meeren des Südens zu erhalten. Das Osmanische Reich war nur mehr ein Pufferstaat zwischen Russland und Großbritannien, welche möglichst große Teile Asiens zu erobern suchten.

Als ein besonders subversives europäisches Exportprodukt erwies sich der Nationalismus, welcher in einem Gebiet wie diesem, in dem die unterschiedlichsten Völker, Religionen und Kulturen immer wieder durchmischt und von verschiedenen Großreichen beherrscht worden waren, schlimmes Unheil stiften sollte. Die Entstehung der Nationalstaaten, gepaart mit der imperialistischen Großmachtpolitik, beschwor nach dem Ersten Weltkrieg den Untergang des Osmanischen Reiches herauf. Dass Istanbul während des gesamten Ersten Weltkrieges Streitobjekt zwischen Russland und Großbritannien war, zeigt, wie begehrt die Stadt nach wie vor war. Mit dem letzten Sultan trat gleichzeitig der letzte von Konstantinopel aus regierende Kaiser und auch der letzte Kalif ab. In Istanbul, heutzutage eine Großstadt unter vielen, blieben die Spuren ihrer großartigen Vergangenheit überall sichtbar.

**Gegenangriff auf die Türken, 1683.
Öl auf Leinwand.
Historisches Museum der Stadt, Wien.**

Erster Teil

Konstantinopel

KAPITEL I

Nova Roma: das neue Rom

Die felsige Landzunge, auf der Byzantion gegründet wurde, ist von enormer geopolitischer Bedeutung für den eurasischen Raum. Am Bosporus, der Grenze zwischen Europa und Asien gelegen, ermöglicht die Halbinsel die Kontrolle sowohl des Landweges von Mitteleuropa über den Balkan nach Kleinasien und in den Mittleren Osten als auch der über das Schwarze Meer führenden Anbindung der südlichen Regionen Russlands an das Mittelmeer. Für Alexander den Großen und die Kreuzritter auf ihrem Weg von West nach Ost war die Passage ebenso unvermeidlich wie für Xerxes und die ersten osmanischen Sultane, die in entgegengesetzter Richtung übersetzten. Die Öffnung oder Sperrung der Meerenge durch die örtlichen Machthaber entschied über das Los des gesamten russischen Raumes zwischen den Karpaten und dem Ural, von der Arktis bis zum Schwarzen Meer, handelte es sich doch um den einzigen schiffbaren Zugang zum Meer. Der Einfluss von Byzanz reichte daher im Nordwesten bis zur Donauebene jenseits des Balkans, bis tief in die russische Steppe im Norden und bis zur anatolischen Hochebene und den Ausläufern des Kaukasus im Osten. Er erstreckte sich über Mesopotamien bis nach Ägypten. Auf dem Höhepunkt seiner Macht beherrschte Byzanz sogar den gesamten östlichen Mittelmeerraum bis nach Malta und Sizilien. Mächtige Reiche wurden von dieser Stadt aus regiert.

Um auf dem kargen Fels leben zu können, musste allerdings die Versorgung mit Nahrungsmitteln sichergestellt werden. Die ersten Bewohner, die aus dem thrakischen Hinterland kamen, ließen sich am Ufer der ins Goldene Horn mündenden Flüsse, an den benachbarten Seen oder an den Buchten des Bosporus nieder. Die ersten griechischen Siedler, welche um 680 v. Chr. am asiatischen Ufer die Stadt Chalkedon gründeten, kehrten dem Bosporus den Rücken und siedelten entlang einem kleinen Zufluss des Marmarameeres, an dem sie Wasser und Ackerland vorfanden. Siedler aus Megara – die strategische Bedeutung des Standortes erfassend – wagten es schließlich, sich um 660 v. Chr. auf dem wasserlosen Vorgebirge, der heutigen Sarayspitze, niederzulassen, die sich zur Keimzelle von Byzanz entwickelte.

Marmorbüste des römischen Kaisers Septimius Severus (193–211)

Vorhergehende Doppelseite: Ansicht Konstantinopels, gemalt von Cristoforo Buondelmonti (1428). Ausschnitt.
Rechts die Hagia Sophia, links davon die Justinian-Säule und noch weiter links – von einer Säule überragt – die Konstantin-Säule.Oben das Goldene Horn, dessen Einfahrt der Leanderturm (rechts) markiert.

Alexander der Große in der Schlacht von Issos (333 v. Chr.)

Das mit Rom verbündete Byzanz avancierte zur Drehscheibe des sich über drei Kontinente erstreckenden römischen Weltreichs. Als Endpunkt der von Rom über die Adria und den Balkan führenden Via Egnatia war die Stadt ein wichtiges Etappenziel der römischen Legionen auf ihrem Weg nach Osten. Doch noch blieb das Besondere der geografischen Lage den römischen Kaisern verborgen. In den Mittelpunkt des historischen Geschehens rückte die Stadt, als sich dem römischen Kaiser Septimius Severus 192 n. Chr. mit Pescennius Niger ein Rivale in den Weg stellte, der die Rückendeckung von Byzantion genoss. Nach fast dreijähriger Belagerung eroberte Septimius Severus die Stadt und machte sie dem Erdboden gleich. Bald jedoch bemerkte er, wie töricht diese Vergeltungsmaßnahme gewesen war. Er ließ Byzantion wieder aufbauen und versah die Stadt mit einer weitläufigen Umfassungsmauer. Zu den zahlreichen Bauwerken, welche er errichten ließ, gehören die Zeuxippos-Thermen, das einzige Gebäude aus vorkonstantinischer Zeit, das erhalten blieb. Als Septimius Severus 211 starb, hatte es zunächst den Anschein, als ob das Römische Reich unter seinen Söhnen Caracalla – der den Westen mit der Hauptstadt Rom behalten sollte – und Geta, der von Antiochia oder Alexandria aus den Osten regieren sollte, aufgeteilt würde. Dieser Teilungsplan hätte Byzantion seiner zentralen Stellung beraubt, es wäre als vorgeschobener Posten des Reiches wohl zur Festung ausgebaut worden. Er wurde jedoch nicht in die Tat umgesetzt, da Caracalla seinen Bruder ermordete und anschließend allein regierte.

Man kann davon ausgehen, dass Konstantin (324–337), als er ein Jahrhundert später Byzantion neu gründete und Konstantinopel nannte, nicht beabsichtigte, die Stadt zum Mittelpunkt einer Reichshälfte zu machen. In so einem Fall wäre seine Wahl sicherlich eher auf Antiochia oder Alexandria gefallen. Vielmehr hatte er erkannt, wie sehr sich Konstantinopel zum neuen Mittelpunkt des Römischen Reiches

DIE ANSICHT KONSTANTINOPELS

Die Stadt ist auf wunderschöne Weise vom Wasser umgeben, das geschwungene Buchten bildet, sich zu schmalen Meeresarmen verengt und sich schließlich ins weite, offene Meer ergießt. Es verleiht der Stadt eine außergewöhnliche Schönheit, bietet Seefahrern Zuflucht in geschützten Häfen und schenkt der Stadt so alles zum Leben Notwendige im Überfluss und macht sie reich an allen nützlichen Dingen. Genau genommen ist sie von zwei Meeren umgeben, dem Ägäischen auf der einen und dem Schwarzen Meer auf der anderen Seite. Diese vereinigen sich östlich der Stadt, und vor der rauschenden Kraft der miteinander verschmelzenden Wogen scheint das Festland zurückzuweichen. Die beiden Meere bilden drei ineinander übergehende Wasserarme, die die Stadt zieren und ihr gleichzeitig von Nutzen sind. Jede Meerenge ist eine Wohltat für das Auge, sehr gut zum Segeln geeignet und bietet überdies viel Ankerplatz. Die mittlere der drei Meerengen, der Bosporus, fließt vom Schwarzen Meer geradewegs auf die Stadt zu, als wolle er sie umwerben. Rechts und links von ihm liegen die beiden Kontinente. Die Ufer zwängen ihn zusammen, so daß sich seine Wellen kräuseln und er sich zu brüsten scheint, die Stadt umspülen zu dürfen, die sowohl auf asiatischem als auch auf europäischem Boden gebaut ist. Der Betrachter hat den Eindruck, auf einen Fluss zu schauen, der mit sanfter Strömung auf ihn zufließt. Die links davon liegende Meerenge, das Marmarameer, wird auf beiden Seiten ein gutes Stück weit von Wäldern und saftigen Wiesen begrenzt, die von der Stadt aus zu erkennen sind. Dann weitet sich die Meerenge, wird von der Stadt fort in Richtung Süden gedrängt, so daß die asiatische Küste in weite Ferne rückt. Doch die Brandung des Meeres umwogt die Stadt bis hoch zu ihrer westlichen Begrenzung. Die dritte Meerenge, das Goldene Horn, die vom Bosporus nach rechts abzweigt, beginnt bei der Stadt namens Sycne (Galata), zieht sich über eine weite Strecke an der nördlichen Flanke der Stadt entlang und endet in einer Bucht. So bildet das Meer einen Kranz um die Stadt; der Rest der Stadtgrenze erstreckt sich über das zwischen den beiden Meeresarmen liegende Land. Die Bucht ist immer ruhig, sie scheint von der Natur so gestaltet zu sein, dass sie niemals aufgewühlt wird, so als gäbe es dort eine unsichtbare Grenze für die turbulenten Wasser, als hätten die großen Wellen keinen Zugang zu dem Gebiet und erwiesen der Stadt auf diese Weise ihre Hochachtung. Und selbst wenn im Winter heftige Stürme die offene See und die Meerenge aufwühlen, fahren die Schiffe doch, sobald sie den Eingang der Bucht erreicht haben, ohne Steuermann weiter und können schließlich ohne Vorsichtsmaßnahmen vor Anker gehen. Denn die Küste dieser Bucht erstreckt sich über mehr als vierzig Stadien und bietet auf ihrer ganzen Länge Ankerplätze, in denen ein dort vor Anker liegendes Schiff mit dem Heck auf dem Wasser treibt, während der Bug auf dem Land ruht.

Prokop von Caesarea, *Über die Bauten* (um 560), I, Vers 2–13

eignte. Das Persische Reich wie auch die Völkerwanderung germanischer Stämme Richtung Westen verlangten eine zunehmende Präsenz der römischen Armee an der Ostgrenze. Wirtschaftlich spielte der Osten eine zunehmende Rolle, er war dichter besiedelt, landwirtschaftlich ertragreicher und mit blühenden städtischen Wirtschafts- und Handelszentren gesegnet. Als nach dem Tod Theodosios I. (379–395) die Reichsteilung endgültig wurde, war Konstantinopel zur Residenzstadt und mächtigen Rivalin Roms aufgestiegen. Die Aufteilung erfolgte daher nicht mehr nach Kontinenten, sondern entlang einer Nord-Süd-Linie, welche ziemlich exakt im gleichen Abstand von beiden Hauptstädten durch Dalmatien bis hinunter in die Cyrenaika verlief.

Die Konsolidierungsmaßnahmen des Kaisers, zu denen die Anerkennung des Christentums und die Stabilisierung wirtschaftlicher und gesellschaftlicher Verhältnisse gehörte, trugen Früchte. Die mit der Stadtgründung verknüpften Hoffnungen erfüllten sich: Das Römische Reich nahm einen erneuten Aufschwung und Konstantins Erben regierten über elf Jahrhunderte von Konstantinopel aus. Ihre osmanischen Nachfolger hielten bis ins 20. Jahrhundert hinein am Reichsgedanken fest. Mit Konstantinopel war eine neue ewige Stadt entstanden.

Zeitgenössische Quellen belegen, dass Konstantin zunächst zögerte, welche Stadt er als neues Zentrum wählen sollte. Ilion, die Nachfolgerin des antiken Troja, stellte laut Vergils *Aeneis* immerhin die Urahnin Roms dar, allerdings war der Hellespont wesentlich breiter und folglich schwieriger zu kontrollieren als der Bosporus und Ilion durch das gebirgige Hinterland vom Landesinneren nahezu abgeschnitten. Eine göttliche Eingebung soll Konstantins Entscheidung für die hintere Meerenge bewirkt haben. Doch erhob sich sofort die nächste Frage: An welchem Ufer sollte die neue Stadt gegründet werden, in Chalkedon oder in Byzantion? Für das asiatische Ufer sprach das blühende Hinterland mit seinen Reichtümern sowie bessere Verteidigungsmöglichkeiten gegen die von Mitteleuropa her einfallenden Barbarenvölker. Das europäische Ufer

Links: Parallelperspektive von Konstantinopel und der genuesischen Stadt Pera, gemalt von Cristoforo Buondelmonti (1428).
Diese in mehreren Versionen vorliegende Ansicht ist die einzige aus der Zeit vor der osmanischen Eroberung. British Library, London.

Rechts: Büste des römischen Kaisers Caracalla (211–217).

zeichnete sich durch die äußerst günstige Lage der Sarayspitze aus. Von dort konnte man alle aus dem Bosporus kommenden Schiffe abfangen. Außerdem bot sich die Mündung des Goldenen Horns – die einzige tiefe Flussmündung am gesamten Mittelmeer – als Seehafen an, in dem keine Gezeiten herrschten. Konstantin entschied sich für Byzantion. Und doch waren bei der Wahl nicht allein geopolitische Überlegungen ausschlaggebend. Die neue Hauptstadt entstand auf europäischem Boden – das unterstrich die Verbindung mit Rom und schuf ein Bollwerk gegen Überfälle aus dem Osten.

Der Sieg über Licinius am 18. September 324 bei Chrysopolis, dem heutigen Üsküdar, am asiatischen Ufer des Bosporus brachte Konstantin die alleinige Herrschaft über das gesamte Römische Reich. Wenige Wochen darauf, zwischen dem 8. und dem 13. November, gründete der Kaiser die neue Stadt. Der exakte Verlauf der konstantinischen Ringmauer kann nicht mehr rekonstruiert werden, da sie vollkommen zerstört wurde, aber sie wird um das Drei- bis Vierfache länger gewesen sein als die des Septimius Severus. Mit ihrer Errichtung wurde alsbald begonnen, und am 11. Mai 330 fand im Beisein Konstantins die Einweihungsfeier statt. Die Festivitäten scheinen rund um die Konstantin-Säule stattgefunden zu haben, die unter der Bezeichnung „Verbrannte Säule“ oder Cemberlitas bekannt ist. Sie stellt das älteste noch erhaltene Baudenkmal Konstantinopels dar.

DIE GRÜNDUNG DER STADT

Eigentlich wollte [...] Konstantin der Große [...] in der Ebene vor Ilion, dort, wo die Griechen der Überlieferung nach ihre Schiffe auf dem Feldzug gegen Troja an Land gesetzt hatten, über dem Grab von Ajax eine nach ihm benannte Stadt gründen, doch dann befahl ihm Gott in einem Traum, die Stadt in Byzanz zu bauen, was Konstantin auch tat. Zuerst nahm er den ihm angewiesenen Ort ein, begutachtete ihn mit Sorgfalt und prüfte die Beschaffenheit des Landes, wobei er feststellte, dass Klima und Wetter gut waren. Dann [...] glich [er] die höher gelegenen Erhebungen so weit wie möglich den Senken an. Nachdem er das Land zu angenehm sanft abfallenden Neigungen geglättet hatte, gründete und errichtete er nach seiner Vision ebendiese von Gott beschützte Stadt, die er nach seinem eigenen Namen „Konstantinopel" nannte. In dem der aufgehenden Sonne zugewandten Stadtteil ließ er am Ufer des Meeres den prächtigsten Palast voller Kunstwerke erbauen. Auf dem Palastgelände wurden eine Rennbahn und zwei stattliche Säulengänge errichtet, und wollte man einen angemessenen Eindruck von der sorgfältigen Konstruktion dieser Bauwerke geben, könnte man sagen, sie waren den Werken des Pheidias ebenbürtig. Nachdem er diese Stadt so großzügig ausgestattet hatte, ließ er einflussreiche Personen aus Rom als Siedler herbeibringen, suchte jedem von ihnen einen geeigneten Platz und stellte ihnen große Herrenhäuser zur Verfügung, die er ihnen, je nach vornehmer Herkunft, vermachte. Auf diese Weise wurde die Stadt von ihm bevölkert. Dementsprechend ordnete er an, Konstantinopel wie ein neues Rom auszustatten, und bestimmte, dass die Stadt einen Senat haben solle. Außerdem veranlasste er, aus einem einzelnen Block Porphyr eine Säule zu schlagen und auf dem „Forum" genannten Platz zu errichten, die wiederum von einer Bronzestatue seiner selbst gekrönt wurde. In der Hand hielt er eine Weltkugel, und auf der Weltkugel war das glorreiche Kreuz angebracht, in das die Worte graviert waren: „Dir, o Christus mein Gott, widme ich diese Stadt". Nachdem Konstantin der Große die Stadt mit solch vortrefflichen Gebäuden und Säulen geschmückt hatte, holte er die schönsten Kunstwerke, Bronze- und Marmorstatuen aus allen Städten und Provinzen herbei. Man erzählt sich sogar, dass in dem Steinwerk unter der Porphyrsäule auf dem Forum, in zwei Gewölben nahe dem Säulenschaft, Laibe jenes Brotes aufbewahrt werden, die in Gegenwart von Christus und seinen Jüngern bei der Speisung der Fünftausend verteilt wurden, wie es in den Evangelien geschrieben steht, oder besser gesagt: der Rest davon. Dazu die zwölf Körbe und sieben Weidenkörbe, sowie die Axt, mit der Noah das Holz für seine Arche schlug. Man sagt, Konstantin der Große habe diese Reliquien eigenhändig in die Säule gelegt und dort verschlossen.

Anonym, *Das Leben Konstantins* (2. Hälfte 9. Jahrhundert)

Die Konstantins-Säule

Wie in Rom befinden sich auch in Konstantinopel zahlreiche Votiv- und Gedenksäulen. Sämtliche Reiseberichte aus dem 16. Jahrhundert widmen ihnen ausnahmslos eigene Kapitel. Die Konstantins-Säule steht auf dem Forum, welches ebenfalls den Namen des Kaisers trägt und sich im Zentrum der Stadt befindet. Dem mutmaßlichen Verlauf der konstantinischen Ringmauer zufolge lag es ursprünglich allerdings näher an der Landzunge als an der Mauer. Die Porphyrsäule zeugt von einem eigenartigen religiösen Synkretismus, welcher Konstantins Absichten in Verbindung mit dem Gründungsakt erhellt. Die ursprünglich knapp fünfzig Meter hohe Säule bekrönte eine Heliosstatue, aus Ilion herbeigeschafft, die vermutlich Kaiser Konstantin darstellen sollte. Der Kopf des Sonnengottes war von sieben Strahlen umkränzt, in die man Passionsnägel einarbeitete, während das Innere der Statue einen Splitter vom Kreuz Christi barg. Am Tag der Einweihungsfeier wurde die Statue auf der Säule angebracht. Einer späteren Legende nach ließ Konstantin persönlich mehrere Reliquien in den Sockel ein, darunter ein Palladium – die Athenestatue, die Aeneas von Troja nach Rom gebracht hatte –, die Axt, die Noah beim Bau der Arche verwendet haben sollte, die Körbe von der wunderbaren Vermehrung der Brote und den wasserspendenden Stein des Moses. Mit diesem Denkmal präsentierte sich Konstantin nicht nur als Stifter einer neuen Religion, sondern – an die Tradition der heidnischen Kaiser anknüpfend – auch als personifizierte Gottheit.

Im Jahr 1105 wurde die Statue bei einem Unwetter zerstört und durch ein Kreuz ersetzt. Die Säule wurde zum Symbol der Stadt, und die letzten byzantinischen Chronisten berichten, dass sich am Tag der Eroberung durch Sultan Mehmed II. (1451–1481) die Stadtbewohner frühmorgens um sie versammelten, um auf den rettenden Engel des Herrn zu warten, der in letzter Minute das drohende Unheil abwenden sollte.

Ob die so genannte Gotensäule ebenfalls von Kaiser Konstantin errichtet worden ist, muss fraglich bleiben. Ihr Name rührt von der lateinischen Inschrift her, die an einen Sieg über das Volk der Goten erinnert. Ihr Standort am äußersten Ende der Sarayspitze ließ die byzantinischen Chronisten vermuten, dass sie ursprünglich mit einer Statue des legendären Stadtgründers Byzas versehen war. Man findet eine Reihe von weiteren Mutmaßungen, die die Säule mit der Stadtgründung beziehungsweise der Neugründung in Verbindung bringen.

Nebenstehend: Skizze der Konstantin-Säule. 1574 von einem Maler aus dem Gefolge des kaiserlichen Botschafters David Ungnad angefertigt. Trinity College Library, Cambridge.

Linke Seite:
***Die Eroberung Trojas*, Niederländische Schule (Werkstatt von Tournais, 15. Jahrhundert).**

Die Denkmäler des Hippodroms

Neben der Konstantins-Säule, dem Denkmal zur Stadtgründung, bildete vor allem das Hippodrom, die Pferderennbahn, den Mittelpunkt der Stadt und den Brennpunkt des öffentlichen Lebens. Hier begegneten sich Kaiser und Volk, hier demonstrierte der Kaiser seine Macht, weshalb sich an diesem Ort einige repräsentative Objekte finden. Entlang der Spina, der Trennmauer zwischen den beiden Richtungsbahnen, um welche die Streitwagen kurvten, stellten Konstantin und seine Nachfolger Standbilder und Denkmäler auf.

Der wertvollste dieser antiken Überreste dürfte der ägyptische Obelisk sein, den Pharao Thutmosis III. vor dem Tempel in Karnak errichtete, um seine Überquerung des Euphrat im Jahr 1471 v. Chr. zu dokumentieren. Wie er in die Mitte des Hippodroms gelangte, ist eine lange Geschichte, die gleichzeitig Konstantinopels Vorrangstellung als Residenzstadt dokumentiert.

Der Auftrag erging von Konstantin, der aber die Aufstellung des Obelisken nicht mehr erlebte. Sein Sohn Konstantios (337–361), der nach dem Tod seines Bruders, des westlichen Kaisers Konstans, allein regierte, ließ den Obelisken auf der Spina des Circus Maximus in Rom aufstellen, als er dort im Jahr 357 mit großen Feierlichkeiten empfangen wurde. Für Konstantinopel orderte er einen anderen Obelisken. Als Konstantios starb, brachte man den Obelisken nach Alexandria, und sein Nachfolger Julian (361–363) veranlaßte den Weitertransport an den Bosporus. Die nächste Erwähnung stammt erst wieder aus der Regierungszeit von Theodosios. Dieser feierte im Jahr 389 in Rom seinen Sieg über die Usurpatoren Magnus Maximus und Flavius Victor und ließ aus demselben Anlaß im Jahr 390 oder 391 in Konstantinopel den – endlich eingetroffenen – Obelisken im Hippodrom aufstellen. An dieses Ereignis erinnert ein über die vier Seiten des Marmorsockels fortlaufendes Relief. Es zählt zu den wenigen Bildquellen, die einen Einblick in die Rituale byzantinischer Machtdemonstration geben.

Die nicht weniger kostbare bronzene Schlangensäule wurde aus jenen Beutestücken gegossen, welche die Griechen den Persern in den Schlachten von Salamis und Plataä abnahmen. Sie bestand einst aus drei ineinander verschlungenen Schlangenleibern, auf deren abstehenden Köpfen ein goldener Dreifuß ruhte, der wiederum eine goldene Vase von zirka drei Metern Durchmesser trug. Als Konstantin die Säule in das Hippodrom transportieren ließ, waren Dreifuß und Vase schon lange abhanden gekommen. In diesem Zustand blieb das Denkmal bis weit in die osmanische Ära erhalten. Im Jahr 1700 schlugen Plünderer die Schlangenköpfe ab. Einer befindet sich im Archäologischen Museum von Istanbul.

Dem ägyptischen Obelisken gegenüber befindet sich ein gemauerter Obelisk aus Kalkquadern, die einst mit vergoldeten Bronzeplatten verkleidet waren. Letztere wurden vermutlich während der Eroberung der Stadt durch die Kreuzritter im Jahr 1204 abmontiert. Das im zehnten Jahrhundert auf Veranlassung von Konstantin VII. (913–959) restaurierte Monument dürfte noch in der konstantinischen Ära errichtet worden sein.

Oben: Die Überreste der Schlangensäule. Der Kiefer eines Schlangenkopfes befindet sich im Archäologischen Museum von Istanbul.

Links: Der ägyptische Obelisk aus dem Hippodrom, das älteste Monument Konstantinopels.

Die Irenen-Kirche

Die Irenen-Kirche markiert den Standort der ältesten byzantinischen Kirche, der Bischofskirche von Byzantion, die vermutlich auf den Resten eines 1945 freigelegten Venustempels errichtet wurde. Auch unter Konstantin dem Großen, der sie im Rahmen seiner Stadtneugründung ausbauen und der heiligen Irene weihen ließ, blieb sie Bischofskirche. Als Konstantios II. die erste Hagia Sophia erbauen ließ, bildeten beide Bauten, durch ein Atrium verbunden, den Komplex der Großen Kirche. Hauptkirche blieb dabei die Hagia Sophia. Sie war gleichzeitig kaiserliche Krönungskirche und Sitz des Patriarchen von Konstantinopel. Der Kaiser konnte sie direkt vom Palast aus betreten, und die Gebäude des Patriarchen lagen gleich nebenan. Als die erste Kuppel der Hagia Sophia einstürzte, residierte der Patriarch jedoch zeitweilig in der Irenen-Kirche.

Beim Wiederaufbau nach dem Nika-Aufstand wählte Justinian für die Irenen-Kirche einen schlichteren Grundriss als für die Hagia Sophia. Er ließ eine Basilika mit einer zentralen, auf vier Bogen ruhenden Kuppel errichten. Im Gegensatz zu den beiden anderen herausragenden Kirchenbauten der damaligen Zeit besaß die Irenen-Kirche keine Exedren. Das Kuppeljoch war im Norden und Süden durch eine doppelgeschossige Dreier-Arkaden-Stellung mit dahinterliegenden Seitenschiffen bzw. Emporen begrenzt. Darüber lagen die Schildwände mit einem segmentbogenförmigen Fenster.

564 ging die Kirche erneut in Flammen auf. Auf Befehl Justinians restauriert, wurde sie 740 durch Erdstöße schwer beschädigt. Untersuchungen in den 70er Jahren haben ergeben, dass die

Nächste Seite,
links: Innenansicht der Hagia Sophia. Der Gesamteindruck ist seit der Restaurierung im Jahr 562 unverändert. In der Folgezeit wurden lediglich einige Fensteröffnungen im linken und rechten Tympanon zugemauert und dem islamischen Gebet dienende Elemente hinzugefügt.

Rechts: Innenansicht der Hagia Sophia. Blick auf die rechte Wand des Mittelschiffs. In dem mit Marmor verblendeten Pfeiler laufen drei Bogen zusammen. Im Vordergrund der Minbar, die Predigtkanzel, und dahinter die Dikka.

محمد
الله

ابو بكر الصديق رضى الله عنه

Hagia Sophia, der Mihrab.
Er stammt in seiner heutigen Form aus dem 19. Jahrhundert. In den 50er Jahren des 19. Jahrhunderts wurde er im Rahmen der Restaurierung des gesamten Gebäudes durch die Brüder Fossati erneuert. Die Leuchter stammen aus der Stadt Buda, bei deren Eroberung im Jahr 1526 sie erbeutet wurden.

Hagia Sophia, Sadirvan.
Der Reinigungsbrunnen wurde unter Mahmud I. errichtet und im Jahr 1740 vollendet. Die schmiedeeisernen Gitter mit ihren barocken Motiven stellen ein Juwel osmanischer Schmiedekunst dar.

DIE LICHTER DER HAGIA SOPHIA

Alles glitzert, überall – ihr werdet sehen – erblickt euer Auge Meisterliches. Mit klarer Stimme dieses abendliche Erwachen zu besingen, reichen Worte nicht aus. Es scheint, als erhelle eine nächtliche Sonne das majestätische Gotteshaus. Und in der Tat haben Achtsamkeit und Geschick meiner Könige lange Bronzeketten an symmetrisch gezwirbelte Haken geknüpft, die über das Rund des Marmorsimses herabfallen, auf das der stolze Tempel den Sockel seiner Kuppel stützt. Und von überall schwingen sich diese Ketten, einem riesenhaften Diadem gleich, alle gemeinsam der Erde entgegen. Doch bevor sie den Boden erreichen, halten sie in einiger Höhe inne in ihrem Sturz und vereinen sich in schwesterlicher Runde. Und hier ist nun an der aus den Lüften kommenden Kette ein Kranz aus silbernen Scheiben befestigt, die über dem gewölbten Rand des mittleren Kuppelraumes hängen. Und diese schweben kreisförmig über den Köpfen der Gläubigen. Ein weiser Mann hat sie alle mit seinem Schmiedestab durchbohrt, damit sie das zarte, im Feuer geformte Glas zu tragen vermögen, jenes Gefäß, in dem das nächtliche Licht für die Gläubigen befestigt wird. Doch nicht nur von diesen Scheiben strömt das Licht, Gefährte der Nacht, herab: inmitten dieses Kreises, nahe den Scheiben, ist auch ein großes Kreuz sichtbar, dass an der Hinterseite ein leuchtendes Gefäß trägt, dessen Licht durch die durchbrochenen Formen und zahlreichen Öffnungen fällt. Ihre strahlenden Lichterkränze bilden einen Kreis. [...]
So zieht in dieser Kirche die abendliche Flamme ihre Runden und sendet ihre eifrigsten Strahlen aus. Und in einem inneren, kleineren Kreis, findet sich der Lichterschein eines weiteren Kranzes. Genau in seiner Mitte ist eine weitere herrliche Scheibe befestigt, die, aus den Lüften herabgestiegen, ihren Glanz ausstrahlt. Hinfort getrieben weicht die Dunkelheit.
Nahe dem Hauptschiff, bei den Säulen auf jeder Seite, sind einzelne und voneinander getrennte Leuchten verteilt. Sie ziehen sich weit über die gesamte Länge der Kirche. Unter einer jeden von ihnen wurde, gleich einer Waagschale, ein silberner Kelch aufgestellt, in dem sich Gefäße mit leuchtend brennendem Öl befinden. Sie hängen nicht alle in gleicher Höhe, nein, wir sehen, wie sie sich mal höher, mal niedriger, in all ihrer Pracht sanft wiegen. Von der gedrehten Kette schicken sie ihre Strahlen auf den Weg in die Lüfte, in alle Höhen, gleich der auf die Stirne des Stiers gezeichneten Hyade, die ihre Strahlen in Bündeln aussendet, und sehen aus wie silberne Schiffe. Sie tragen eine Fracht aus Licht, schwebend ziehen sie durch die helle Luft, nicht über das Meer.

Paulos Silentarios, *Beschreibung der Hagia Sophia* , vorgetragen am 6. Januar 563.

Nebenstehend: Die Galerien der Hagia Sophia um die Mitte des 19. Jahrhunderts. Zeichnung der Brüder Gaspare und Giuseppe Fossati, die mit der Restaurierung der Hagia Sophia beauftragt waren.

Rechte Seite: Die Hagia Sophia um die Mitte des 19. Jahrhunderts. Blick in die linke Apsis mit der Sultansloge. Zeichnung der Brüder Fossati.

meisten Mauerabschnitte der heutigen Kirche vom Wiederaufbau im achten Jahrhundert stammen. Der Umfang der Kirche scheint jedoch nicht nennenswert verändert worden zu sein. Die seitlichen Kolonnaden wurden jeweils mit vier Spoliensäulen bestückt und auf das Erdgeschoss beschränkt und das Gewölbe zum Narthex hin durch eine niedrige Kuppel ersetzt. Die Kolonnade im Atrium wurden weitgehend gegen Pfeiler ausgewechselt. Diese Umgestaltungen lassen das Kircheninnere plumper wirken. Vor allem aufgrund des Umstands, dass die Kolonnade nur bis zum ersten Stockwerk reicht und dadurch den Blick auf die massiven Stützbögen der Kuppel freigibt, entsteht der Eindruck, dass eine maßlose Kraftanstrengung erforderlich sei, um diese Kuppel mittlerer Größe zu tragen. Dies steht in deutlichem Gegensatz zu der Leichtigkeit, welche die Kuppel der Hagia Sophia ausstrahlt. Ferner stiftet die zweite Kuppel häufig Verwirrung, weil nicht auf Anhieb zu erkennen ist, ob es sich um ein Gewölbe oder um eine Kuppel handelt. Die nüchterne, durch die Schmucklosigkeit hervorgerufene strenge Raumwirkung tröstet jedoch mühelos über sämtliche Mängel hinweg.

Der Wiederaufbau der Irenen-Kirche war das einzige große Bauprojekt der ikonoklastischen Periode, was vor allem bezüglich der Ausstattung Beachtung verdient. Das riesige, schwarz eingefasste Apsiskreuz, das sich gegen ein goldenes Mosaik abhebt, stellt die einzige Dekoration dar. Das einfallende Sonnenlicht unterstreicht die warmen Farbtöne der vollkommen kahlen Ziegelwände.

Als der osmanische Kaiserpalast 1460 eine Umfassungsmauer erhielt, wurden Irenen-Kirche und Hagia Sophia endgültig voneinander getrennt. Die nunmehr im Hof des Palastes stehende Irenen-Kirche diente als Waffenarsenal und entging so der Umwandlung in eine Moschee. Im 19. Jahrhundert beherbergte sie mit einer Waffensammlung das erste osmanische Museum. Damals wurde auch jene Holztreppe

Blick auf die Irenen-Kirche im Ersten Hof des Topkapi Saray. Im Hintergrund das Mittlere Tor.

angebaut, die heute den einzigen Zugang zu den Emporen bildet. Die doppelläufige, die exotische Note des Gebäudes betonende Treppe ist die einzige Hinzufügung aus späterer Zeit. Da die Kirche nicht zur Moschee umgestaltet wurde, blieb das nackte Mauerwerk erhalten und wurde nicht mit einer dicken Schicht Tünche überzogen, wie bei der Sergios-und-Bakchos-Kirche. Es ist heute noch in seiner Ursprünglichkeit zu sehen.

Die Wasserversorgung

Da Byzantion bzw. Konstantinopel auf einer Halbinsel ohne Wasservorkommen gegründet wurde, hatte der Bau von Wasserleitungen und Speichern von Beginn an große Bedeutung. Wahrscheinlich wurde schon zu Zeiten Hadrians (117–138) versucht, das thrakische Hinterland für die Wasserversorgung zu erschließen. Die in Konstantinopel residierenden Kaiser setzten diese Bemühungen fort. Vermutlich ab 368 ließ Valens ein Aquädukt über jene Talsohle führen, durch die heutzutage der Atatürk Bulvari verläuft. Er leitete das Wasser zu einer monumentalen Brunnenanlage an der Stelle des heutigen Bayazidplatzes. Valens' Nachfolger bauten die Anlage weiter aus, indem sie landeinwärts im Belgrader Wald weitere Quellen fassen und in die Stadt leiten ließen, wo das Wasser in Zisternen gespeichert wurde.

Oben: Innenansicht der Irenen-Kirche. Das Kreuz stammt aus der Zeit des Bildersturms, und die Emporensäulen wurden beim Wiederaufbau von 740 eingefügt.

Nebenstehend links: Detailaufnahme eines Kapitells in der Irenen-Kirche

Nebenstehend rechts: Dieses im Ersten Hof des Topkapi Saray aufgestellte Kapitell wurde bei Ausgrabungen auf dem Gelände der Irenen-Kirche entdeckt.

Basilika-Zisterne. Die mit korinthischen Kapitellen verzierten Säulen entstammen antiken Bauwerken.

Das Speichersystem bestand aus großen offenen Zisternen zum Auffangen und Verteilen des Wassers und aus geschlossenen Zisternen geringer oder mittlerer Größe, in denen das Wasser über längere Zeit gespeichert werden konnte. Obwohl die Stadt oft jahrelang belagert wurde, scheinen die Zisternen nicht zum Auffangen von Regenwasser gedient zu haben. Die riesigen Wasserreservoirs wurden wohl auch in Belagerungszeiten über ein ausgeklügeltes Kanalsystem von außen gespeist. Die Osmanen übernahmen das Wasserleitungssystem, das in byzantinischer Zeit zuletzt unter Andronikos I. Komnenos (1183–1185) komplett überholt wurde. Die offenen Zisternen scheinen damals allerdings aufgegeben worden zu sein, da sie bei der geringeren Bevölkerungszahl nicht mehr benötigt wurden.

Die drei im oberen Teil der Stadt, zwischen konstantinischer und theodosianischer Mauer gelegenen offenen Zisternen verfügten über ein Fassungsvermögen von insgesamt 800 000 Kubikmetern. Rechnet man die Kapazität der geschlossenen Zisternen hinzu, so ergeben sich rund 1 000 000 Kubikmeter – eine Menge, die im fünften Jahrhundert ausgereicht hätte, um sämtliche Stadtbewohner ein ganzes Jahr lang täglich mit zehn Litern zu versorgen.

Die größte offene Anlage, die Aetios-Zisterne, ein 85 Meter breites, 244 Meter langes und zirka 15 Meter tiefes Becken, befand sich gleich hinter dem Charisios-, später Adrianopel-Tor an der großen Verkehrsachse der Stadt. Der 421 auf Weisung des Präfekten Aetios errichtete Speicher diente als Auffangbecken für das über den Valens-Aquädukt weitergeleitete Wasser. Die Aspar-Zisterne, ein quadratisches Becken mit einer Seitenlänge von 152 Metern und zehn Metern Tiefe, versorgte die Uferregion am Goldenen Horn. Der Küstenstreifen am Marmarameer wurde aus einer Zisterne versorgt, die der Präfekt Modestus zwischen 363 und 369 anlegen ließ – just zu jener Zeit, da Valens den Aquädukt errichtete. Sie wurde später durch die 170 mal 147 Meter messende Mokios-Zisterne ersetzt, die Kaiser Anastasios (491–518) in der Nähe der gleichnamigen Kirche baute. Nachdem man sie lange Zeit als Gemüsegärten oder Wohnanlagen nutzte, wurden viele der ehemaligen Zisternen in öffentliche Freizeitanlagen umgewandelt.

Die Philoxenos-Zisterne (Binbirdirek)

Bei dieser Zisterne, benannt nach einem römischen Senator, der Konstantin in dessen neue Hauptstadt gefolgt war, dürfte es sich um das älteste geschlossene Wasserreservoir der Stadt handeln. Sie wurde vermutlich zu Beginn der Herrschaft Justinians errichtet. Die türkische Bezeichnung Binbirdirek – „1001-Säulen-Zisterne" – ist übertrieben, doch der Speicher besitzt immerhin 224 in 16 Reihen angeordnete Stützen. Der Erbauer der Zisterne setzte zwei Säulenreihen übereinander und verband sie mit zylindrischen Tambouren. Die daraus resultierende Gesamthöhe von 15 Metern ist heute so nicht mehr zu sehen, da die Zisterne weitgehend mit Erdreich aufgefüllt wurde. Die Kapitelle in Form von stumpfen Pyramiden ohne jede Dekoration wurden eigens für die Zisterne gefertigt. In osmanischer Zeit legte man den 64 mal 56,4 Meter messenden Wasserspeicher still. Reiseberichten aus dem 19. Jahrhundert ist zu entnehmen, dass er später zur Garnspinnerei umfunktioniert wurde.

Die Basilika-Zisterne (Yerebatan Saray)

Die türkische Bezeichnung „Versunkener Palast" gibt auf treffende Weise die märchenhaft anmutende Atmosphäre dieses Gebäudes wieder. Der sich geheimnisvoll im Wasser spiegelnde dämmrige Wald aus Säulen ist eine beliebte Touristenattraktion. Die Legende, der zufolge die Hagia Sophia über einer riesigen Zisterne errichtet worden sein soll, auf der sogar Schiffe verkehrten, bezieht sich vermutlich auf dieses unweit der Kirche gelegene Wasserreservoir.

Der um 542 von Justinian erbaute Speicher versorgte das unterhalb des Valens-Aquädukts gelegene Viertel um die Hagia Sophia und den Kaiserpalast. Er bildete die Unterkonstruktion des von Säulengängen gesäumten Hofes einer

Links: Basilika-Zisterne. Das kopfüber gekippte Medusenhaupt – eine antike Spolie – bildet den Sockel einer Säule.

Nebenstehend: Detailaufnahme von der so genannten „Augensäule", bei der es sich um die stilisierte Darstellung eines knorrigen, astreichen Baumstammes zu handeln scheint. Diese antike Spolie könnte ursprünglich auf dem Theodosianischen Forum gestanden haben.

BESCHREIBUNG DER BASILIKA-ZISTERNE

Jetzt will ich die Mühen beschreiben, die von diesem Kaiser unternommen wurden, um eine ausreichende Wasserversorgung sicherzustellen. Während des Sommers litt die kaiserliche Stadt gewöhnlich an Wassermangel, obwohl das übrige Jahr hindurch reichlich Wasser vorhanden war.

Weil die Sommerzeit immer Dürren bringt, speisten die zu den anderen Jahreszeiten freigiebig sprudelnden Quellen die Leitungen in der trockenen Zeit mit einem weniger reichen Wasserschwall. Deshalb entwarf der Kaiser folgenden Plan: Beim kaiserlichen Portikus, wo sich Anwälte, Verteidiger und alle anderen, die sich mit Rechtsangelegenheiten befassen, für ihre Fälle rüsten, befindet sich ein sehr großer Hof, der im Vergleich sehr lang und breit ist. Vier Säulengänge umgeben den Hof, einer auf jeder Seite. Die Säulen wurden von den Architekten jedoch nicht auf einen Erdsockel gestellt, sondern in den Felsen gebaut. Indem er unter diesem Hof und einem der Säulengänge (dem südlichen) einen Hohlraum ausheben ließ, schuf Kaiser Justinian eine ausreichend große Zisterne für die Sommerzeit. Sie nimmt das Wasser auf, das früher das Jahr hindurch verschwendet wurde, wenn es im Überfluss vorhanden war.

Weil diese Zisterne den Wasserüberfluss des Aquädukts aufnimmt, sobald dessen Strom überläuft, stellt sie sowohl einen Speicher für im Moment nicht benötigtes Wasser als auch einen Vorrat für die Einwohner dar, dessen sie in Zeiten der Wasserknappheit bedürfen. So traf Kaiser Justinian Vorkehrungen, dass die Einwohner von Byzanz niemals Mangel an frischem Wasser litten.

Prokop von Caesarea, *Über die Bauten* (um 560), I, XI, 10–15.

Basilika, daher die Bezeichnung. Auf einer Grundfläche von 138 mal 65 Metern stehen 336 Säulen (12 mal 28), welche das darüber liegende Gewölbe tragen, dessen schlichte Bogen sich bis zu acht Metern über den Boden erheben.

98 Säulen weisen identische, mit Akanthusblättern verzierte Kapitelle auf. Die verwendeten Spolien liefern wertvolle Informationen zur dekorativen Kunst der Stadt vor dem sechsten Jahrhundert. Die so genannte „Augensäule" ist zwar schlanker, aber ansonsten identisch mit jenen, die auf dem Theodosianischen Forum ausgegraben wurden. Bei den jüngsten, zwischen 1985 und 1988 im Auftrag der Stadtverwaltung durchgeführten Restaurierungsarbeiten stieß man auf zwei ungewöhnliche Medusenhäupter, die – eines zur Seite, das andere kopfüber gekippt – kürzeren Säulen als Sockel dienten.

Die Basilika-Zisterne ist der einzige Speicher, der bis in die jüngste Vergangenheit in Gebrauch blieb. Sie diente der Wasserversorgung des Topkapi Saray, während die Bewohner der darüber liegenden Häuser kurzerhand das Gewölbe durchbohrten, um sie auf direktem Wege anzuzapfen. Um ihre ungeheuren Ausmaße rankten sich viele Legenden, während des Ersten Weltkrieges entsandte ein deutsches Unterseeboot ein Schlauchboot zu ihrer Erforschung. Neugierige und wagemutige Besucher konnten sie lange Zeit mit einem Ruderboot erkunden. 1989 wurde die Zisterne der Öffentlichkeit zugänglich gemacht.

Die Zahl der Zisternen ist groß, und während immer wieder neue Wasserspeicher entdeckt werden, fallen andere tagtäglich dem in Istanbul herrschenden Bauboom zum Opfer. Gut erhalten ist die Zisterne beim Pantokrator-Kloster (heute Molla Zeyrek Cami) aus der Zeit Johannes' II. Komnenos (1118–1143). Auf einem stark abschüssigen Gelände erbaut, wendet sie ihre imposante Fassade mit Blendarkaden dem Atatürk Bulvari zu. Wenn man von der Atatürk-Brücke die gleichnamige Straße in Richtung Valens-Aquädukt hinaufgeht, liegt sie auf der rechten Straßenseite. Die 18 Meter breite und 50 Meter lange Zisterne gehört zum Gebäudekomplex der über ihr gelegenen Moschee von Piri Paşa. Zwei Reihen mit sieben Säulen und vier Pfeilern grenzen ihre drei Schiffe voneinander ab. Die stillgelegte Zisterne diente später als Lagerhalle für reifende Zitronen. Inzwischen wurde sie renoviert und zur Besichtigung freigegeben.

Die Verwaltung des Stadtbezirks Fatih plant die Sanierung eines weiteren, in der Nähe der Aspar-Zisterne gelegenen Speichers. Der 29 mal

Ausschnitte aus dem Mosaik des Kaiserpalastes.
Oben: Elefant.
Darunter: Ein Affe auf Vogelfang.

19 Meter große, beeindruckende Raum birgt vier Reihen à sieben Säulen. Die schön gearbeiteten korinthischen Kapitelle tragen 40 Gewölbe, deren Scheitelpunkt 8,50 Meter vom Fußboden entfernt ist. Die aus dem sechsten Jahrhundert stammende Zisterne beherbergt derzeit eine Schreinerwerkstatt.

Im zehnten Jahrhundert wurde beim Bau der Myrelaion-Kirche (der heutigen Bodrum Cami) ein darunter befindliches, mit Exedren versehenes römisches Rundgrab in eine Zisterne verwandelt. Auch diese Zisterne samt ihrer 71 Säulen wurde restauriert und wird heute als Markthalle genutzt.

Jene Zisterne schließlich, welche an der entlang der Mauer des Topkapi Saray verlaufenden Straße hinter der Hagia Sophia liegt, wird – nachdem sie zunächst eine Kammgarnspinnerei und dann eine Autowerkstatt beherbergte – als Restaurant genutzt. Das zwölf Meter hohe Gewölbe wird von sechs Säulen gestützt und dürfte einst als Subkonstruktion eines stattlichen Gebäudes errichtet worden sein.

Die Palastmosaiken

Es mag erstaunen, dass der Rundgang durch die Bauwerke der ersten Jahrhunderte Konstantinopels den Großen Kaiserpalast bislang aussparte. Der Grund ist schlicht und ergreifend: von dem Kaiserpalast ist nichts erhalten bis auf einen Komplex von ab 1935 entdeckten, unlängst restaurierten und in situ ausgestellten Mosaiken. Der Verfall des Palastes verfälscht natürlich unser Bild von der Stadt, welche sich mit all ihren Kirchen, öffentlichen Gebäuden, Zweckbauten und privaten Wohnhäusern um diesen gruppierte. Der Kaiserpalast bezeichnete den symbolischen, ja mystischen Mittelpunkt der Stadt – eine Funktion, die mit dem Zerfall des Kaiserreiches allmählich auf die Hagia Sophia überging, die ursprünglich Bestandteil der kaiserlichen Palastanlage war.

Der Kaiserpalast von Konstantinopel war eine Mischform aus befestigtem römischem Lager und hellenistischem Palast. Mit Letzterem verbindet ihn vor allem seine exponierte Lage direkt am Meer, mit Ersterem vor allem sein Festungscharakter. Die Mese, jene Mittelachse, welche die Stadt zwischen Goldenem Horn und Marmarameer durchquerte, führte auf die Palastanlagen zu. Sie mündete in das Augusteion – einen stattlichen Platz, der im Norden an die Große Kirche, im Osten an den Senat und im Süden an die Chalke, die Propyläen des Palastes, angrenzte. Der Palast besaß einen direkten Zugang zur kaiserlichen Tribüne am Hippodrom.

Historische Beschreibungen gehen weniger auf die Anordnung der einzelnen Gebäude als vielmehr auf deren aufwendige, kostbare, prachtvolle und luxuriöse Ausstattung ein. Sie sehen im Kaiserpalast die Vorwegnahme des himmlischen Königreiches. Die Vermischung materieller und spiritueller Aussagen, bei der die überstarke Betonung des Materiellen letztlich darauf abzielt, das Spirituelle gebührend zur Geltung zu bringen, darf als typischer Wesenszug byzantinischer Kunst angesehen werden.

Die in den Jahren 1935–1938 und 1951–1954 freigelegten Mosaiken befinden sich im Peristylos einer insgesamt 66,50 mal 55,50 Meter messenden Hofanlage mit anschließendem Apsidensaal, bei dem es sich um das Chrysotriklinos, das goldene Triclinium oder Speisezimmer des Palastes gehandelt haben könnte. Die durch den Bau der Blauen Moschee und die immense Verstädterung der umliegendend Gebiete schwer

Bär beim Reißen eines Damhirsches. Mosaikfragment aus dem Kaiserpalast.

Kampf zwischen Löwe und Elefant. Szene aus dem Mosaik des Kaiserpalastes.

Auf einem Dromedar reitende Kinder. Szene aus dem Mosaik des Kaiserpalastes.

Ländliches Szenario und gegen einen Tiger kämpfende Gladiatoren. Szenen aus dem Mosaik des Kaiserpalastes.

beschädigten Ruinen lassen sich nicht mehr eindeutig identifizieren. Zwischen 1983 und 1997 durchgeführte Restaurierungsmaßnahmen ermöglichten eine Präsentation der (meisten) Mosaiken vor Ort.

Sie lassen sich auf die Zeit Justinians datieren, der Teile des Palastes nach dem Nika-Aufstand von 532 renovieren ließ. Die freigelegten Mosaiken – 250 von insgesamt 1872 Quadratmetern – stellen bis auf den heutigen Tag den ältesten entdeckten Bildzyklus Konstantinopels dar. Aufgrund seiner Machart – die Mosaikplättchen sind aus Stein gearbeitet –, seiner Anordnung im Fußbodenpflaster, vor allem aber aufgrund seiner Thematik und der Darstellungsweise ist er jedoch eher der ausgehenden Spätantike zuzuordnen als den Anfängen der byzantinischen Kunst.

Das neu gegründete Konstantinopel nahm sich zur Begründung einer eigenen künstlerischen Tradition bedeutende Kunstzentren des Römischen Reichs wie Rom, Alexandria, Antiochia oder Ephesos zum Vorbild. Dies lässt sich am deutlichsten für die Baukunst belegen, doch dürfte die Situation in den anderen Kunstsparten ähnlich gewesen sein. Justinians Initiative ist es zuzuschreiben, dass die konstantinopolitanische Kunst im sechsten Jahrhundert infolge groß angelegter Bauvorhaben im gesamten Reich bekannt wurde. Im Bereich der Fußbodenmosaiken muss die Frage nach einer stilistischen und ikonographischen Einflussnahme allerdings offen bleiben, da sich aus dieser Zeit in Konstantinopel nur sehr wenige erhalten haben, wo sie außerdem zusehends von aus Glasmasse gearbeiteten Wandmosaiken abgelöst wurden.

In dem großen Bodenmosaik des Palastes sind vor weißem Hintergrund in drei übereinander stehenden, nicht deutlich gegeneinander abgesetzten Registern Jagdszenen mit Löwen, Tigern,

Geparden, Hirschen, Wildschweinen oder Hasen sowie Tierkämpfe zu sehen (Adler gegen Schlange, Elefant gegen Löwe etc.). Es folgen ländliche Szenen, Spiele (mit Reifen spielende Kinder), mythologische Darstellungen (Bellerophon und die Chimäre, Dionysos' Rückkehr aus Indien) und Fabeltiere (Greife, Löwen mit Vogelköpfen etc.). Die kunstvoll gearbeiteten Bordüren, zwischen deren Akanthusblättern Tiere, Gegenstände oder Satyrköpfe verborgen sind, erinnern an Teppiche.

Die Bildhauerkunst

Da im byzantinischen Mittelalter die dreidimensionale Darstellung menschlicher Gestalten bekanntlich Schritt für Schritt verboten wurde, weil man die Anbetung der Statue als solche befürchtete, brachte der Niedergang des oströmischen Reiches gleichzeitig auch das Ende der Bildhauerkunst. Dabei handelte es sich jedoch nicht um einen allmählichen Verfall der antiken Tradition, sondern vielmehr um einen tiefgreifenden Veränderungsprozess, der die Spiritualität der byzantinischen Kunst verdeutlicht.

Konstantin und seine Nachfolger standen der Bildhauerkunst keineswegs feindlich gegenüber. Der Gründer Konstantinopels ließ aus heidnischen Heiligtümern zahlreiche Statuen herbeischaffen und an markanten Punkten der Stadt aufstellen. Konstantios II. schmückte die Stadt mit Bronzestatuen aus Rom. Kaiser und Notabeln ließen sich nach wie vor in Standbildern verewigen und ihre Sarkophage mit Skulpturen verzieren, wobei heidnische Motive erst mit der Zeit durch christliche abgelöst wurden. Die Reliefs der zum Ruhme des Kaiser aufgestellten Säulen Konstantinopels griffen die Darstellung antiker Triumphzüge auf. Mythologische Szenen erfreuten sich ebenfalls großer Beliebtheit: Überlieferten Reiseberichten zufolge zeigten die Reliefs am Goldenen Tor der Theodosianischen Landmauer die Arbeiten des Herakles, den Schlaf des Endymion und den Sturz des Phaeton. Wo die Motive unverändert blieben, erfuhr jedoch die Darstellungsweise einen grundlegenden Wandel.

Dies lässt sich anhand der Kaiserstatuen belegen. Während man im Westen des Reiches am klassischen Modell festhielt, strebte der Osten mittels strengerer Formgebung bald eine größere Spiritualität an. Insbesondere folgende vier in Konstantinopel gefundene Skulpturen bestechen durch ihre nüchterne Darstellungsweise, die Form der Augen, die schmalen Lippen und

Ganz oben: Büste einer byzantinischen Prinzessin, fünftes Jahrhundert. Ny Calsberg Glyptothek, Kopenhagen.

Oben: Büste der Kaiserin Theodora, zweites Viertel des sechsten Jahrhunderts.

Links oben: Büste des oströmischen Kaisers Arkadios (395–408), gefunden in der Nähe des Forum Tauri. Archäologisches Museum, Istanbul.

Nebenstehend: Büste der Kaiserin Ariane, drittes Viertel des fünften Jahrhunderts.

ihre große Ausdruckskraft: das jugendliche Haupt des Arkadios, dessen zur Schau gestellte Selbstgefälligkeit gleichzeitig seine Verletzlichkeit erahnen lässt; das eigensinnig, fast aufmüpfig wirkende Haupt der Ariane, der Tochter des Kaisers Leon I. (457–474) und Gemahlin von Zenon (474–491) und Anastasios (491–518); das beunruhigte Haupt der Theodora sowie das von aristokratischem Hochmut geprägte Haupt der Anicia Juliana.

An großen Kaiserstatuen ist lediglich der so genannte Koloss von Barletta erhalten – eine 5,10 Meter hohe Bronzefigur, welche die Venezianer im Jahr 1204 aus Konstantinopel mitnahmen und die infolge eines Schiffbruchs an den Strand von Barletta gelangte. Laut Aussage der Historiker soll es sich um ein Bildnis von Markian (450–457) oder Leon I. handeln. Die plündernden Venezianer raubten auch die Vierergruppe der Tetrarchen: Die beiden Augusti Diokletian und Maximian umarmen ihre jeweiligen Cäsaren Galerius und Konstantios. Die aus Porphyr angefertigte Gruppe war einst von Konstantin am Philadelphion – dem Ort der Freundschaft – aufgestellt worden; es befand sich dort, wo die beiden vom Goldenen Tor und vom Adrianopel-Tor herbeiführenden Straßen aufeinander trafen und sich zur Mese vereinigten.

Heute schmückt die Tetrarchengruppe die Außenseite des Markusdomes in Venedig – mit Ausnahme des linken Fußes eines der Cäsaren. Der wurde 1965 bei Ausgrabungen an der in der Nähe des Philadelphion gelegenen Myrelaion-Kirche wiederentdeckt, wo die venezianischen Beutestücke vor dem Abtransport zwischengelagert worden waren.

Die einzigen in situ erhaltenen Skulpturen sind die Reliefs am Sockel des gemauerten Obelisken im Hippodrom. Die Darstellungen verherrlichen den universellen Herrschaftsanspruch Theodosios' und seiner Familie über die beiden Teile des Imperiums. Der Sockel besteht aus zwei übereinander liegenden Blöcken. Der untere, etwas flachere und breitere Teil enthält auf zwei entgegengesetzten Seiten eine in griechischen und lateinischen Worten verfasste Inschrift zur Aufstellung des Obelisken. Die Nordostseite hält das feierliche Ereignis im Bild fest, während das Relief im Südwesten ein Pferderennen im Hippodrom zeigt. Auf allen vier Seiten des oberen Teils erscheint der Kaiser stets in der Mittelachse der Reliefs an höchster Stelle, über den Köpfen der nachfolgenden Ranghöchsten. Hof und Kaiser befinden sich wiederum oberhalb einer umlaufenden Balustrade, unterhalb deren sich verschiedene Szenen abspielen: die Krönung des Siegers des Wagenrennens, das zur Musik zweier Portativspieler tanzende Volk, die Huldigung der Barbaren vor dem Kaiser.

Unter den im Archäologischen Museum in Istanbul aufbewahrten Skulpturresten befinden sich die beiden Basen der unter Anastasios zum Ruhme des Wagenlenkers Porphyrios errichteten Statuen. Sie liefern weitere Hinweise auf die im Hippodrom abgehaltenen Feierlichkeiten. Alle vier Seiten der Basis zeigen den im Verhältnis zu seiner Quadriga auffallend groß geratenen Sieger des Wagenrennens, wie er – von der Glücksgöttin Tyche beschützt – ein Füllhorn hält. Die vier Ecken des Unterbaus zieren geflügelte Siegesgöttinnen, während die unteren Felder mit ihrer Darstellung der Siegerkrönung durch den Kaiser und der Freudentänze der Zuschauer an die Reliefs des Obeliskensockels erinnern.

Nebenstehend: Sockel des Obelisken, Südwestseite, oberes Register. Kaiser Theodosios wohnt – mit seinen Söhnen Arcadius und Honorius zu seiner Rechten und dem weströmischen Kaiser Valentinian II. zu seiner Linken – den Spielen im Hippodrom bei.

Unten: Sockel des Obelisken, Nordwestseite, oberes Register. Die oben genannten Personen nehmen die Huldigung der besiegten Barbaren entgegen.

Im Osten blieben, anders als im Westen, nur wenige Exemplare der aufwendig verzierten Marmorsarkophage erhalten. Der Sarkophag von Psamathia, der heute in Berlin aufbewahrt wird, wurde in einer konstantinischen Nekropole außerhalb der ersten Stadtmauern entdeckt. Er zeigt den von zwei Aposteln begleiteten Christus vor dem Hintergrund einer aufwendigen Architektur. Auf den Längsseiten des so genannten Prinzensarkophags von Sarigüzel, aufbewahrt im Archäologischen Museum Istanbuls, sind jeweils zwei Engel zu sehen, die einen Kranz mit dem Christusmonogramm tragen, während auf den Schmalseiten jeweils ein Kreuz von zwei Aposteln flankiert wird. Die antikisierende Darstellungsweise unterscheidet sich grundlegend von der vergleichsweise unbeholfenen frühchristlichen Kunst des Westens. Beide Sarkophage sind ein Beispiel für den zu Beginn des fünften Jahrhunderts blühenden neo-attischen Stil, obgleich der architektonische Rahmen der Darstellung auf dem Erstgenannten östliche Einflüsse erkennen lässt.

An sakralen Skulpturen im engeren Sinne sind lediglich zwei deutlich verschieden gearbeitete Reliefs aus Hagios Johannes Studios erhalten. Eines zeigt den Einzug Jesu in Jerusalem und ist von ausgesprochen primitiver Machart, während das zweite, den thronenden Christus und Petrus darstellende Relief dagegen vom enormen Können des Künstlers, vor allem bezüglich des Faltenwurfs der Tuniken, aber auch bei der Ausarbeitung der Gesichter und der Gliedmaßen, zeugt.

Links: Der Koloss von Barletta. Die Statue soll wahrscheinlich Kaiser Markian (450–457) darstellen.

Rechts: Die Tetrarchen. Die Skulpturengruppe zeigt wahrscheinlich die ihren jeweiligen Cäsaren – Galerius und Konstantios I. – umarmenden Kaiser Diokletian und Maximian. Anfang viertes Jahrhundert. Markusplatz, Venedig.

Die Elfenbeinarbeiten

Die prachtvolle Ausstattung der weltlichen und kirchlichen Bauwerke, von der die Quellen berichten, haben sich nicht erhalten. Die einzig greifbaren Belege sind allenfalls jene wenigen zufällig erhaltenen Kunstgegenstände, die heute in allen möglichen Museen der Welt gezeigt werden. Es fällt schwer, sich ein Bild von der Umgebung zu machen, in welcher diese einst aufbewahrt wurden. Ebenso mühsam ist es, anhand dieser Gegenstände eine spezifisch konstantinopolitanische Kunst nachzuweisen.

Zu den erhaltenen Objekten zählen auch jene Elfenbeindiptychen, auf denen die Konsuln ab 399 bis in die Mitte des sechsten Jahrhunderts hinein ihre Berufung in das höchste Ehrenamt des Römischen Reiches bekanntgaben. Da sowohl in Rom als auch in Konstantinopel die Amtszeit der Konsuln genau ein Jahr betrug, lassen sich Herstellungsdatum und Herkunft dieser Kunstwerke exakt bestimmen, zumal sich die beiden Hauptstädte in stilistischer Hinsicht deutlich voneinander unterschieden. Die stark idealisierenden, qualitativ hochrangigen Diptychen aus Konstantinopel strahlen große Vornehmheit aus, wohingegen die römischen Diptychen primitiver, expressionistischer wirken.

Nebenstehend,
oben: Der thronende Christus mit dem Heiligen Petrus. Relief aus der ehemaligen Klosterkirche von Studion, fünftes Jahrhundert. Fragment eines Sarkophages. Rechts von Christus dürfte der Heilige Paulus abgebildet gewesen sein. Archäologisches Museum, Istanbul.

Unten: Einzug Christi in Jerusalem, Relief aus der ehemaligen Klosterkirche von Studion.
Fragment eines mehrfach verwendeten Sarkophages. Das Kreuz in dem umlaufenden Fries dürfte die Mitte des ursprünglichen Reliefs markieren. Archäologisches Museum, Istanbul.

Linke Seite,
oben: Sarkophag von Samatya. Benannt nach seinem Fundort, einem Stadtviertel Istanbuls. Das Relief zeigt Christus zwischen zwei Evangelisten.
Bildarchiv Preußischer Kulturbesitz, Berlin.

Unten links: Sockel eines Standbildes des Wagenlenkers Porphyrios, Rückseite.
Der auf seinem Streitwagen stehende Wagenlenker wird von der Glücksgöttin Tyche, der Schutzheiligen der Stadt Berytos (Beirut), beflügelt. Im unteren Register ist die Kaiserloge im Hippodrom zu sehen. Der Kaiser samt seinem Gefolge klatscht dem siegreichen Wagenlenker Beifall. Der Architrav wird an den vier Ecken von Siegesgöttinen getragen. Archäologisches Museum, Istanbul.

Unten rechts: Sarkophag von Sarigüzel. Benannt nach seinem Fundort, einem Stadtviertel Istanbuls. Zweite Hälfte des fünften Jahrhunderts. Auf der Längsseite halten zwei Engel das Christusmonogramm, auf der Schmalseite sind zwei Apostel abgebildet.
Archäologisches Museum, Istanbul

Das vollständig erhaltene Elfenbeindiptychon des Anastasius Paulus Probus Sabinianus Pompeius, eines im Jahr 517 zum Konsul ernannten Großneffen des Kaisers Anastasios, stellt ein besonders charakteristisches Beispiel dar. Auf beiden Flügeln wohnt der frisch ernannte Konsul – in einer Giebelloge auf der Sella Curulis (Amtsstuhl aus Elfenbein) thronend – den Zirkusspielen bei, welche er anlässlich seines Amtsantritts veranstalten ließ. Er trägt die purpurfarbene, mit goldenen Rosetten besetzte Trabea (breite, lange Schmuckschärpe) und goldene Sandalen mit kunstvoll geflochtenen Bändern. In seiner Linken hält er ein Zepter mit einem Adler, dessen Schwingen einen Lorbeerkranz mit dem Bildnis des regierenden Kaisers tragen. Er schickt sich gerade an, zur Eröffnung der Spiele die so genannte Mappa – eine Art Taschentuch – in die Arena zu werfen. Oberhalb des Reliefs findet sich eine eingehende Schilderung seiner Herkunft. Den Giebelfirst ziert ein Medaillon des Kaisers Anastasios, rechts davon das seiner Gemahlin Ariane, links das des Pompeius, Neffe des Kaisers und Vater des Konsuls. Das untere Feld des rechten Flügels zeigt die Zirkusspiele: Pferderennen, Gladiatorenkämpfe, Raubtierkämpfe, während auf dem linken Flügel die Feierlichkeiten rund um die Spiele abgebildet sind.

Das Relief des Diptychons des Areobindus, des 506 zum Konsul bestellten Gemahls der Anicia Juliana, entspricht weitgehend dieser Anordnung. Bei einer der beiden hinter dem Konsul stehenden Personen handelt es sich vermutlich um seinen Sohn, Flavius Anicius Olybrius, den Schwiegersohn und mutmaßlichen Thronerben des Kaisers. Die dargestellten Zirkusszenen beschränken sich auf Gladiatorenkämpfe und Löwenhatzen.

Auf dem Diptychon des Magnus, der 508 die Nachfolge des Konsuls Anastasios antrat, thront der Konsul zwischen allegorischen Gestalten, zu deren Füßen eine Szene aus dem bäuerlichen Alltag dargestellt ist.

Neben diesen Konsulardiptychen fanden sich auch Kaiserdiptychen. Das bekannteste Diptychon dieser Art ist das Barberini-Diptychon, das im Louvre aufbewahrt wird. Allerdings ist von ihm nur noch ein Flügel erhalten, der sich aus fünf Feldern zusammensetzt: Ein oberer und ein unterer Fries umrahmen ein dreigeteiltes Bild.

Rechte Seite:
Flügel des Barberini-Diptychons. Bei der zentralen Figur handelt es sich vermutlich um Kaiser Anastasios (491–518). Elfenbeinschnitzerei. Louvre, Paris.

Nebenstehend links: Flügel des Magnusdiptychons. Elfenbeinschnitzerei.

Nebenstehend rechts: Beide Flügel des Konsulardiptychons des Flavius Anastasius. Elfenbeinschnitzerei. Bibliothèque nationale, Münzsammlung, Paris.

Im oberen Feld tragen zwei Engel ein Medaillon, das einen von Sonne, Mond und Sternen umrahmten bartlosen Christus zeigt, der seine Rechte zum Segen erhebt und in der Linken ein mit einem Kreuz verziertes Zepter hält. Er symbolisiert die himmlische Ordnung, welche den Kaiser mit seiner Mission und der erforderlichen irdischen Macht betraut. Im Zentrum der Bildfolge scheint der runderhaben gearbeitete Kaiser beinahe aus dem Relief herauszureiten. Der siegreiche Feldherr trägt einen Brustharnisch und die Chlamys (Umhang, der auf einer Schulter mit einer Spange zusammengehalten wird), sein Haupt schmückt ein mit Edelsteinen besetzter Kranz. Hinter seiner mit gebieterischer Geste in die Erde gerammten Lanze steht ein mit

Nebenstehend: Zwei Flügel eines Diptychons mit Christus und der Jungfrau Maria.
Bildarchiv Preußischer Kulturbesitz, Berlin.

einer Ärmeltunika, einer Zipfelmütze und langen Hosen bekleideter Barbar. Rechts oben naht eine geflügelte Siegesgöttin, deren Füße auf dem Globus stehen und deren Linke die Siegespalme hält, um den Kaiser mit Lorbeer zu bekränzen. Rechts unten hält eine die Erde personifizierende Gestalt mit ihrer Linken den mit Früchten gefüllten Schoß ihres Mantels, während sie mit der Rechten nach dem Fuß des Kaisers greift– eine Allegorie der Erdbewohner, die dem Kaiser huldigen und ihre Reichtümer darbringen. Links vom Herrscher sieht man eine männliche Person in Offizierskleidung eine Statuette der Siegesgöttin Victoria darbringen, zu Füßen des Kaisers befindet sich ein Sack voller Münzen, den er unter das Volk werfen wird. Das rechte Täfelchen ist verloren. Der untere Fries zeigt rechts und links einer Siegesgöttin unterworfene Völker, von Raubtieren begleitet, die dem Kaiser huldigen. Sie sind als Barbaren und Hindus zu erkennen, bei dem abgebildeten Herrscher könnte es sich daher um Anastasios handeln, der im Jahr 496 eine Abordnung von Indern empfangen und im Jahr 498 die Goten besiegt hatte. Auf dem fehlenden linken Flügel war vermutlich die Kaiserin abgebildet.

Den Kaiserdiptychen ließe sich auch jene Bildtafel der Kaiserin Ariane zuordnen, die durch ihre Plastizität und ihre orientalisierende Machart besticht. Sie zeigt die Kaiserin im Glanz ihres prächtigen, aus ungewöhnlich großen Edelsteinen und Perlen bestehenden Schmuckes vor dem Eingang ihrer Gemächer. Diese werden durch einen Kuppelbau symbolisiert, auf wel-

Linke Seite,
links: Diptychon der Kaiserin Ariane, drittes Viertel des fünften Jahrhunderts.
Bargellomuseum, Florenz.

Rechts: Linker Flügel eines Diptychons. Adam auf einem Feigenbaum und von Tieren umringt. Unten im Bild die Haustiere (Stier, Hirsch, Damhirsch, Schaf, Ziege und Pferd), oben die Raubtiere (Wildschwein, Elefant, Bär, Löwe mit Löwenjungen), ganz oben ein Adler. Elfenbeinschnitzerei.
Bargellomuseum, Florenz.

Oben: Diptychonflügel mit einer Darstellung des Erzengels Michael. British Museum, London.

Rechts: Missorium Kaiser Theodosios' I., von 388. Real Academia de la Historia, Madrid.

chem zwei eine Kette im Schnabel tragende Adler thronen. In ihrer Rechten hält die Kaiserin einen Globus mit einem Kreuz, in der Linken ein Zepter.

Auch zu religiösen Zwecken bestimmte Diptychen belegen durchweg die große Kunstfertigkeit der konstantinopolitanischen Werkstätten. Ein Flügel des in Florenz aufbewahrten Bargello-Diptychons zeigt einen nackt im Feigenbaum sitzenden Adam, der die herbeikommenden Tiere bei ihrem Namen nennt. Oberhalb der Szene sind wilde Tiere abgebildet, unterhalb finden sich Haustiere – unter anderem ein aus den vier Paradiesströmen trinkender Stier. Die antiken Reminiszenzen dieses an die Orpheuszyklen anknüpfende im fünften Jahrhundert gefertigten Kunstwerks sind unverkennbar, während das vermutlich gegen Ende von Justinians Herrschaft entstandene so genannte Berliner Diptychon – eine Darstellung von Christus und Maria auf dem Himmelsthron – recht charakteristisch die byzantinische Kunst verkörpert. Dem recht betagten Christus, dessen langer Bart auf die Ikonographie von Gottvater verweist, stehen die asketisch wirkenden Apostel Peter und Paul zur Seite. Der Flügel, auf dem die Madonna samt ihrem Jesuskind von zwei Engeln umrahmt wird, erscheint anmutiger, aber weniger reizvoll.

Das Londoner Diptychon zeigt mit dem Erzengel Michael ein typisches Motiv der byzantinischen Ikonographie. Die leider verstümmelte Inschrift – die vermutlich auf dem zweiten Flügel eine Fortsetzung fand – beginnt mit der geheimnisvollen Aufforderung: „Akzeptiere die Gegenwart in Kenntnis der Sachlage ..."

Die Goldschmiedekunst

In alten Berichten finden sich ausführliche Beschreibungen von Goldschmuck und Edelsteinen. Insbesondere die Ausschmückung der Hagia Sophia fand zahlreiche Bewunderer. Ihr Altartisch soll aus massivem Gold gearbeitet und mit Edelsteinen besetzt gewesen sein. Die Patriarchenthrone sollen mit Blattgold verziert, Leuchter und Ambo ebenfalls aus Gold gewesen sein. Die Hauptstadt schmückten goldene Statuen der Kaiser Konstantin, Theodosios II., Zenon und Anastasios sowie eine Silberstatue der Kaiserin Eudoxia. Justinian hatte sich aus dem von den Vandalen erbeuteten Gold ein Tafelgeschirr anfertigen lassen, dessen Reliefs von seinen Siegen kündeten. Sein Thron im Saal des Konsistoriums, zu dem drei Porphyrstufen emporführten, wurde von einem goldenen Baldachin überragt. All diese Kostbarkeiten sind verloren. Was die späteren Kaiser nicht zur Herstellung von Münzen einschmolzen, wurde im Jahr 1204 von den Kreuzrittern geplündert.

Die in westlichen Schatzsammlungen erhaltenen bzw. bei jüngsten Ausgrabungen entdeckten Kunstgegenstände sind überwiegend aus Silber gearbeitet und vor allem als ikonographische Quelle wertvoll. Dies gilt vor allem für die so genannten Missoria – vermutlich eine Verballhornung des Begriffes *mensorium* –, silberne Platten oder Tafelaufsätze. Ob sie aus Konstantinopel stammen, ist nach wie vor ungewiss. Dass sie den Stempel der kaiserlichen Hofwerkstätten tragen, ist kein ausreichender Beweis, da ein Silbergerät sehr wohl in der Hauptstadt geprägt und danach andernorts graviert worden sein kann. Dennoch scheint einiges, nicht zuletzt die Qualität einer ganzen Reihe von Kunstwerken, dafür zu sprechen, dass sie in der Hauptstadt gefertigt wurden.

Eine kleinformatige Prunkplatte (mit einem Durchmesser von 24,8 cm), die man in einem Grab in Kerc auf der Krim entdeckte, zeigt den Triumph Konstantios' II. Die feine Ziselierung erinnert an etruskische Spiegel. Der Kaiser ist wie ein Barbar gekleidet – er trägt lange Hosen sassanidischer Machart und eine persische, mit Borten besetzte Tunika, die in der Taille von einem Gürtel zusammengehalten wird.

Im Jahr 388 ließ Kaiser Theodosios anlässlich des zehnten Jahrestages seiner Thronbesteigung ein deutlich größeres Missorium (mit einem Durchmesser von 74 cm) anfertigen und in seine spanische Heimat senden. Es zeigt Theodosios in

der Mitte eines auf vier Säulen ruhenden Portikus thronend. Der Giebel erweitert sich zu einer bogenförmigen Öffnung, die einen würdigen Rahmen für die Gestalt des Kaisers bot, der einem Magistraten ein Diptychon aushändigt. Zu seiner Rechten sitzt der weströmische Kaiser Valentinian II., zu seiner Linken sein damals zehnjähriger Sohn Arkadios. Darunter symbolisiert eine von Ähren umgebene und von geflügelten Engeln begleitete Frauengestalt die Erde. Die feierliche Szene wirkt nicht etwa steif, sondern beschwingt und elegant.

Im Archäologischen Museum von Istanbul wird eine Platte mit einem besonders ausgefallenen Motiv aufbewahrt: Sie zeigt eine Personifikation des indischen Kontinents in Form einer dunkelhäutigen, auf einem Thron aus Elefantenstoßzähnen sitzenden Dame. Diese Platte dürfte aus der Regierungszeit von Anastasios I. (491–518) stammen, der Kontakt zu Indien knüpfte.

**Personifizierte Darstellung Indiens. Die Frauengestalt ist von einem Papagei, einem Truthahn („Indisches Huhn") und zwei Affen umgeben. Zu ihren Füßen sind zwei Tigerbändiger zu sehen.
Archäologisches Museum, Istanbul.**

ΚΑΙ ΙΔΟΥ ΡΕΒΕΚΚΑ ΕΞΕΠΟΡΕΥΕΤΟ Η ΤΕΧΘΕΙΣΑ ΒΑ
ΘΟΥΗΛ ΥΙΩ ΜΕΛΧΑΣ ΤΗΣ ΓΥΝΑΙΚΟΣ ΝΑΧΩΡ ΑΔΕΛ
ΦΟΥ ΔΕ ΑΒΡΑΑΜ ΕΧΟΥΣΑ ΤΗΝ ΥΔΡΙΑΝ ΕΠΙ ΤΩΝ
ΩΜΩΝ Η ΔΕ ΠΑΡΘΕΝΟΣ ΗΝ ΚΑΛΗ ΤΗ ΟΨΕΙ ΣΦΟΔΡΑ
ΚΑΤΑΒΑΣΑ ΔΕ ΕΠΙ ΤΗΝ ΠΗΓΗΝ ΕΠΛΗΣΕ ΤΗΝ ΥΔΡΙΑΝ
ΚΑΙ ΑΝΕΒΗ ΕΠΕΔΡΑΜΕΝ ΔΕ Ο ΠΑΙΣ ΕΙΣ ΣΥΝΑΝΤΗΣΙΝ
ΑΥΤΗΣ ΚΑΙ ΕΙΠΕΝ ΠΟΤΙΣΟΝ ΜΕ ΜΙΚΡΟΝ ΥΔΩΡ ΕΚ ΤΗΣ
ΥΔΡΙΑΣ ΣΟΥ Η ΔΕ ΕΙΠΕ ΠΙΕ ΚΥΡΙΕ ΚΑΙ ΕΣΠΕΥΣΕ ΚΑΙ
ΚΑΘΕΙΛΕ ΤΗΝ ΥΔΡΙΑΝ ΕΠΙ ΤΟΝ ΒΡΑΧΙΟΝΑ ΑΥΤΗΣ ΚΑΙ
ΕΠΟΤΙΣΕΝ ΑΥΤΟΝ ΚΑΙ ΕΙΠΕΝ ΚΑΙ ΤΑΙΣ ΚΑΜΗΛΟΙΣ ΣΟΥ
ΥΔΡΕΥΣΟΜΑΙ ΕΩΣ ΑΝ ΠΑΣΑΙ ΠΙΩΣΙ ΚΑΙ ΕΣΠΕΥΣΕ
ΚΑΙ ΕΞΕΚΕΝΩΣΕ ΤΗΝ ΥΔΡΙΑΝ ΕΙΣ ΤΟ ΠΟΤΙΣΤΗΡΙΟΝ
ΚΑΙ ΕΔΡΑΜΕΝ ΕΠΙ ΤΟ ΦΡΕΑΡ ΑΝΤΛΗΣΑΙ ΠΑΣΑΙΣ ΤΑΙΣ ΚΑΜΗΛΟΙΣ

Linke Seite: Rebekka am Brunnen. Szene aus dem alttestamentlichen Buch Genesis, folio 7 recto. Anfang sechstes Jahrhundert. Österreichische Nationalbibliothek, Wien.

Die Handschriften

Die wenigen Handschriften, die aus der fraglichen Zeit erhalten blieben, sind heute weit zerstreut, und ihr Ursprung lässt sich oft nur schwer feststellen. Schreibwerkstätten fanden sich in allen größeren Kunstzentren des Römischen Reiches, sie beschäftigten Laien und Mönche gleichermaßen. Die einzige Handschrift, von der wir mit Sicherheit wissen, dass sie aus Konstantinopel stammt, ist die *De materia medica* des Dioskurides. Sie wurde um 512 von Anicia Juliana in Auftrag gegeben, deren Porträt – umrahmt von den allegorischen Figuren der Großmut und der Weisheit – das Titelblatt ziert. Eine andere allegorische Darstellung in derselben Handschrift zeigt Dioskurides, wie er aus den Händen der Allegorie der Entdeckung die Wurzel der Mandragorapflanze in Empfang nimmt. Die Pflanzenbilder sind aus älteren Exemplaren der Abhandlungen kopiert, die einzige byzantinische Neuerung bestand in der Verwendung von Gold. Eine um dieselbe Zeit und vermutlich in denselben Werkstätten entstandene Handschrift ist die *Ilias Ambrosiana*, eine in Mailand aufbewahrte Ausgabe der *Ilias* des Homer. Von den insgesamt 58 erhaltenen Miniaturen stammen jedoch vermutlich nur acht – und nicht die besten – aus der Feder eines byzantinischen Künstlers.

Zu den erhaltenen christlichen Handschriften zählt die Wiener *Genesis*, deren Illustrationen denen profaner Werke noch stark ähneln. Ungeachtet der antiken Vorlagen kündigen jedoch einige Elemente – beispielsweise die stark befestigte Stadt im Hintergrund der Begegnung zwischen Elieser und Rebekka – bereits die Kunst des frühen Mittelalters an. Die auf Purpurgrund angefertigte Handschrift könnte aus den kaiserlichen Schreibwerkstätten Konstantinopels stammen, ebenso gut aber auch aus Alexandria.

Angesichts der unter Justinian einsetzenden politischen und künstlerischen Entwicklung mochte mancher Zeitgenosse den Eindruck gewinnen, dass Antike und Christentum dauerhaft miteinander verschmolzen seien bzw. dass die Antike im christlich geprägten Kaiserreich eine Fortsetzung finden könnte. Bildhauerkunst und Malerei machten jedoch, obwohl sie stets vorgaben, neue Motive in alter Manier wiederzugeben, einen tiefgreifenden Wandel durch. Dieser ist weniger darauf zurückzuführen, dass bestimmte Techniken in Vergessenheit gerieten, als vielmehr auf das Aufkommen einer neuen spirituellen Weltsicht. Die Künstler sahen sich zusehends veranlasst, den in der antiken Kunst so überaus wichtigen materiellen Aspekt zu vernachlässigen und sich der Maxime des Bischofs Synesios von Kyrene anzunähern: „Sucht das Göttliche in Euch, es wird Euch zu dem Göttlichen im Universum zurückzuführen."

Justinians autokratisches Lebenswerk brach bald zusammen. Unmittelbar nach seinem Tod drohte das Reich, das die außergewöhnliche Herrscherpersönlichkeit außen- wie innenpolitisch noch einmal zusammengeschweißt hatte, in den heraufziehenden Wirren zu versinken.

Nebenstehend links: ***De materia medica.*** **Dioskurides, der Verfasser dieser Arzneimittellehre, empfängt aus der Hand der personifizierten Erfindung die Alraunwurzel. Österreichische Nationalbibliothek, Wien.**

Nebenstehend rechts: Anicia Juliana thront zwischen den allegorischen Darstellungen der Großmut und der Weisheit. Frontispiz der Handschrift ***De materia medica*** **des Dioskurides aus dem Jahr 512. Österreichische Nationalbibliothek, Wien.**

– der Durchmesser der Lips-Kuppel betrug 3,80 Meter. Die unter Justinian errichteten Gebäude hatten die Last der weit größeren Kuppeln nach außen abgeleitet – ein Kunstgriff, den sich später die osmanische Architektur mit großem Erfolg zu Eigen machte. Die Klosterkirchen sollten weder große Menschenmengen aufnehmen noch der Darstellung der kaiserlichen Macht dienen, vielmehr sollten sich hier einige wenige Gläubige im Namen des Stifters und seiner Familie zum Gebet zusammenfinden. Die Wände dienten jetzt in zunehmendem Maße der Anbringung jener großen Bildzyklen in Mosaik- oder Freskotechnik, die sich zum typischen Kennzeichen der mittelalterlichen Kirchen entwickelten.

Kaiserliche Bauwerke kündeten nach wie vor von dem ehrgeizigen Bestreben, einen einheitlichen Zentralbau ohne Pfeiler zu schaffen, der von einer möglichst imposanten Kuppel bekrönt war. Mit den damals zur Verfügung stehenden technischen Mitteln ließ sich jedoch nicht beides gleichzeitig bewerkstelligen: Je größer die Kuppel, desto mehr Stützen waren im Allgemeinen erforderlich und desto stärker wurde der Raum folglich unterteilt. In dieser Hinsicht stellte die Lips-Kirche eine Art Übergangsstadium dar, da sich zwischen den vier von Anfang an vorhandenen Säulen ein einheitlicher quadratischer Raum auftat, der gleichzeitig das Zentrum des griechischen Kreuzes bildete und von zwei großen Fenstern in den seitlichen Fassaden erhellt wurde. Die komplizierte Anlage wurde gegen Ende des 13. Jahrhunderts an ihrer Südflanke um eine weitere Kirche erweitert. Sie scheint als neue dynastische Grablege ausersehen worden zu sein. Die kaiserliche Gruft in der Apostelkirche und im Pantokrator-Kloster waren während der Plünderung Konstantinopels im Vierten Kreuzzug zerstört worden. Ihr Bau fällt in die Regierungszeit Michaels VIII. (1259–1282), des Begründers der Palaiologen-Dynastie, dem es gelang, die Stadt aus den Händen der Lateiner zurückzuerobern. Sie muss zwischen 1282, dem Todesjahr des Kaisers, und 1303, dem Todesjahr Theodoras, die sich in der Kirche bestatten ließ, fertiggestellt worden sein. In der Mitte des 14. Jahrhunderts erfolgte der Anbau eines im Süden und Westen umlaufenden Parekklesions bzw. Exonarthex (Mantelumgang) mit zahlreichen Grabnischen, in denen mehrere Mitglieder der Palaiologendynastie bestattet wurden. In Kirche und Narthex befinden sich weitere Grabstätten, darunter die des Andronikos II. (1282–1328) sowie die der russischen Prinzessin Anna, der ersten Gemahlin Johannes' VIII. Palaiologos (1425–1448), die im Jahr 1418 an der Pest starb.

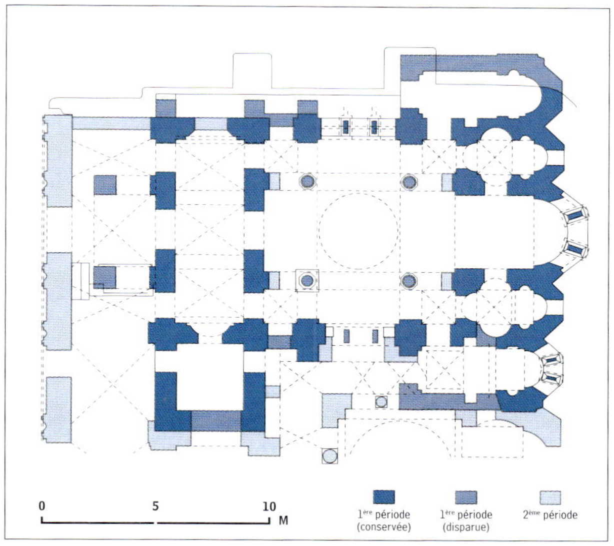

Rekonstruktionsplan der Nordkirche des Konstantin-Lips-Klosters mit den beiden Seitenkapellen.

Die Kirche verfügt in Verlängerung der Hauptapsis über eine zentrale quadratische Fläche, die von einer Kuppel überwölbt ist, welche auf vier Eckpfeilern ruht. Zwischen die Pfeiler wurden im Norden, Süden und Westen je zwei Säulen eingestellt, so dass Dreierarkaden entstanden, nur die Seite zur Apsis hin blieb offen. Um das solchermaßen abgegrenzte Quadrat verläuft ein Deambulatorium, dem im Norden ein Narthex vorgelagert ist, der jenen der älteren Kirche verlängert. Im Süden und Westen wird die Anlage, wie bereits erwähnt, von einem weiteren Umgang eingefasst. Auf diese Weise ergibt sich für die palaiologische Kirche ein auffällig stark untergliederter Raum. Die Seitenlänge des zentralen, von einer Kuppel überwölbten Raumes beträgt ganze sechs Meter, während sich die Außenmaße der Kirche auf 18 mal 24 Meter belaufen.

Nach der türkischen Eroberung behielt das Lips-Kloster seinen besonderen Status als kaiserliche Grablege zunächst bei. Gegen Ende des 15. Jahrhunderts gestaltete Fener Isa, dessen Familie zahlreiche religiöse Würdenträger hervorbrachte, den Komplex zu einer Moschee mit einem angegliederten Derwischkloster um. Nach dem großen Brand von 1633, der die Anlage stark in Mitleidenschaft zog, ließ der Großwesir Bayram Paşa (1636–1638) sie umgehend wieder instand setzen. Die Säulen, welche die zentrale Kuppel der Nordkirche getragen hatten, wurden damals durch weitgespannte Spitzbogen ersetzt. 1918 ging das Gebäude abermals in Flammen auf und stand danach für einige Zeit leer, sodass Ausgrabungen und Forschungsarbeiten vorgenommen werden konnten. Inzwischen ist das Gebäude restauriert und wird wieder als Moschee genutzt.

Die Myrelaion-Kirche

Anfang des zehnten Jahrhunderts begann der kometenhafte Aufstieg von Romanos I. Lekapenos (920–944), dem Sohn eines von Basileios I. reich bedachten armenischen Bauern. Nach seiner Ernennung zum Flottenbefehlshaber verheiratete Romanos Lekapenos seine Tochter Helena im Jahr 919 mit dem damals 14-jährigen Konstantin VII. (913–959), der seit seinem achten Lebensjahr unter der Vormundschaft seiner Mutter Zoe regierte. Wenige Monate später zwang Romanos die Kaiserinmutter, in ein Kloster zu gehen, und legte sich den Titel Basilopator, „Vater des Kaisers", zu. Gegen Ende des Jahres 920 wurde er zum Mitkaiser gekrönt, und Anfang 921 beteiligte er seine drei ältesten Söhne an der Regierung. Seinen vierten Sohn Theophylaktos ließ er 933 im Alter von 16 Jahren zum Patriarchen ernennen.

Die unverkennbare Absicht, eine neue Dynastie zu begründen, zeigt sich nicht zuletzt an dem umfassenden Bauprogramm, das Romanos I. Lekapenos unternahm. Bereits vor seiner Krönung erwarb er ein Grundstück, auf dem sich unter anderem die Ruine eines spätantiken Rundbaus befand, der mit einem Durchmesser von 42 Metern nach dem Pantheon der zweitgrößte Rundbau der Antike war. Weder schriftliche Quellen noch archäologische Untersuchungen geben Aufschluss darüber, zu welchem Zweck die Rotunde ursprünglich errichtet wurde und wie sie genau beschaffen war. Sie besaß zwei gegenüberliegende Zugänge. Vor dem nördlichen Eingang befand sich ein Portikus, während der südliche von einer Kolonnade gesäumt wurde. Der kreisrunde Innenraum, dessen Durchmesser knapp 30 Meter betrug, besaß im Osten und Westen zwei rechtwinklige Nischen sowie vier halbrunde Nischen im Nordosten, Südosten, Nordwesten und Südwesten. Nichts deutet darauf hin, dass die 6,10 Meter starken Mauern jemals einen Überbau trugen.

Die beiden Zugänge wurden damals zugemauert, im Inneren errichtete man 80 Säulen, zog eine Decke ein und funktionierte die gesamte Anlage zur Zisterne um. Darüber wurde auf der Hälfte der Grundfläche, die als Quadrat angelegt wurde, ein Palast errichtet. Dieser bestand aus einem rechteckigen Hauptgebäude und zwei Risaliten, die im Erdgeschoss durch eine Kolonnade verbunden waren. Den Rest der Fläche nahm ein gepflasterter Hof ein, den vermutlich ein Portikus säumte.

Kurz nach seiner Krönung zum Mitkaiser ließ Romanos nordöstlich des Palastes in dessen unmittelbarer Nähe eine Kirche errichten, die das Familienmausoleum werden sollte. Als Grablege der byzantinischen Kaiser diente weiterhin – bis 1028 – die Apostelkirche. Trotz seiner kühnen Ambitionen ging Romanos Lekapenos vorsichtig zu Werke. Konstantin VII. Porphyrogenetos, der byzantinische Thronfolger aus der makedonischen Dynastie, blieb offziell Kaiser. Daher war Romanos gezwungen, sich – zumindest vorerst – eine eigene Grabkirche zuzulegen. Die so genannte Myrelaion-Kirche dürfte aller Wahrscheinlichkeit nach Anfang 922 fertiggestellt

Blick auf die Apsis des Konstantin-Lips-Klosters. Von rechts nach links folgen einander Prothesis, Chor und Diakonikon der ersten Kirche, die (tieferliegende) Außenkapelle der ersten Kirche, die gleichzeitig als Prothesis der zweiten dient, Chor und Diakonikon der zweiten Kirche sowie schließlich der Narthex mit seinem zurückgesetzten Umgang.

worden sein, da die am 20. Februar desselben Jahres verstorbene Theodora, die Gemahlin des Romanos Lekapenos, hier als erste bestattet wurde.

Die enge Anbindung an die erhöht liegende Palastanlage erforderte auch für den Sakralbau eine ungewöhnliche Architektur: Damit beide Gebäude auf einer Ebene lagen, wurde die Kirche auf einer Substruktion errichtet, die zwar an eine Unterkirche erinnert, aber nie als solche genutzt wurde.

Der Grundriss in Form eines griechischen Kreuzes ist dem der Kirche des Konstantin-Lips-Klosters nachempfunden, zeichnet sich aber durch eine größere Klarheit aus. Im Gegensatz zu dieser besaß die heutige Bodrum Cami keinerlei Anbauten, so dass die architektonische Struktur deutlicher hervortritt. Die Mauern der Kreuzarme, des Narthex, der Hauptapsis, der Prothesis und des Diakonikons sind von auffallend vielen Fensteröffnungen durchbrochen. Gemauerte Halbrundsäulen, die über die Fassade hinausragen, lassen die Schauseiten plastischer wirken. Die vier Gewölbe der Kreuzarme sind sehr viel höher als das Dach von Narthex, Prothesis und Diakonikon, werden aber ihrerseits von der zentralen, auf einem Tambour ruhenden Kuppel überragt. Da man, anders als bei der Lips-Kirche, auf weitere Kuppeln verzichtete, tritt das griechische Kreuz deutlich hervor. Die klaren Höhenunterschiede zwischen den einzelnen Gebäudeteilen gestatteten die Anbringung zusätzlicher Fenster – allein der Kuppeltambour besitzt acht großflächige Öffnungen –, sodass der Innenraum lichtdurchflutet ist. Die Substruktion der Myrelaion-Kirche ist außen durch mächtige Pfeiler mit oberen Auskragungen gegliedert. Diese tragen eine die Kirche umlaufende Galerie, die im Westen an die Abdeckung der Rotunde grenzt. Die einst reiche Ausstattung mit Glasfenstern, Stuckfriesen und Mosaiken ist durch wiederentdeckte Fragmente nachgewiesen.

Romanos' ältester Sohn und Mitkaiser Christophoros wurde im Jahr 931 als zweiter in der Myrelaion-Kirche bestattet. Innere Zwistigkeiten führten dazu, dass die Familie ihre herausragende Stellung ebenso rasch wieder verlor, wie sie sie erworben hatte: Im Dezember 944 setzten die beiden anderen Söhne, Stephan und Konstantin, ihren Vater ab und verbannten den 75-jährigen in ein Kloster auf der vor der Stadt gelegenen Insel Prote (heute Kinali) im Marmarameer. 40 Tage später ließ Konstantin VII. die Brüder verhaften und stellte die Herrschaft der makedonischen Dynastie wieder her. Konstantin Lekapenos wurde 946 in der Familiengrablege bestattet, in die man auch seinen Vater, den 948 im Exil verstorbenen Romanos, überführte. Schließlich wurde auch dessen Tochter Helena, die Gattin Konstantins VII., die 961, zwei Jahre nach ihrem Gemahl, starb, hier beigesetzt.

Später wurde die Myrelaion-Kirche zu einem Kloster, in das sich die Frauen der kaiserlichen Familien zurückzogen. Als die Kreuzfahrer 1203, kurz vor der endgültigen Eroberung Konstantinopels, in die Stadt einfielen, wurde die Kirche bei einem Brand stark beschädigt. Im Jahr 1400 wurde das Kloster letztmals erwähnt. Ein Jahrhundert später wandelte Großwesir Mesih Paşa, der der Dynastie der Palaiologen entstammte und gemeinsam mit seinem Bruder, dem späteren Gouverneur Anatoliens Has Murad Paşa im Palast Mehmeds II. erzogen worden war, die Myrelaion-Kirche in eine Moschee um. Die Gründungsurkunde der Stiftung, die eine Medrese (Koranschule) mit einschloss, datiert von Oktober 1501.

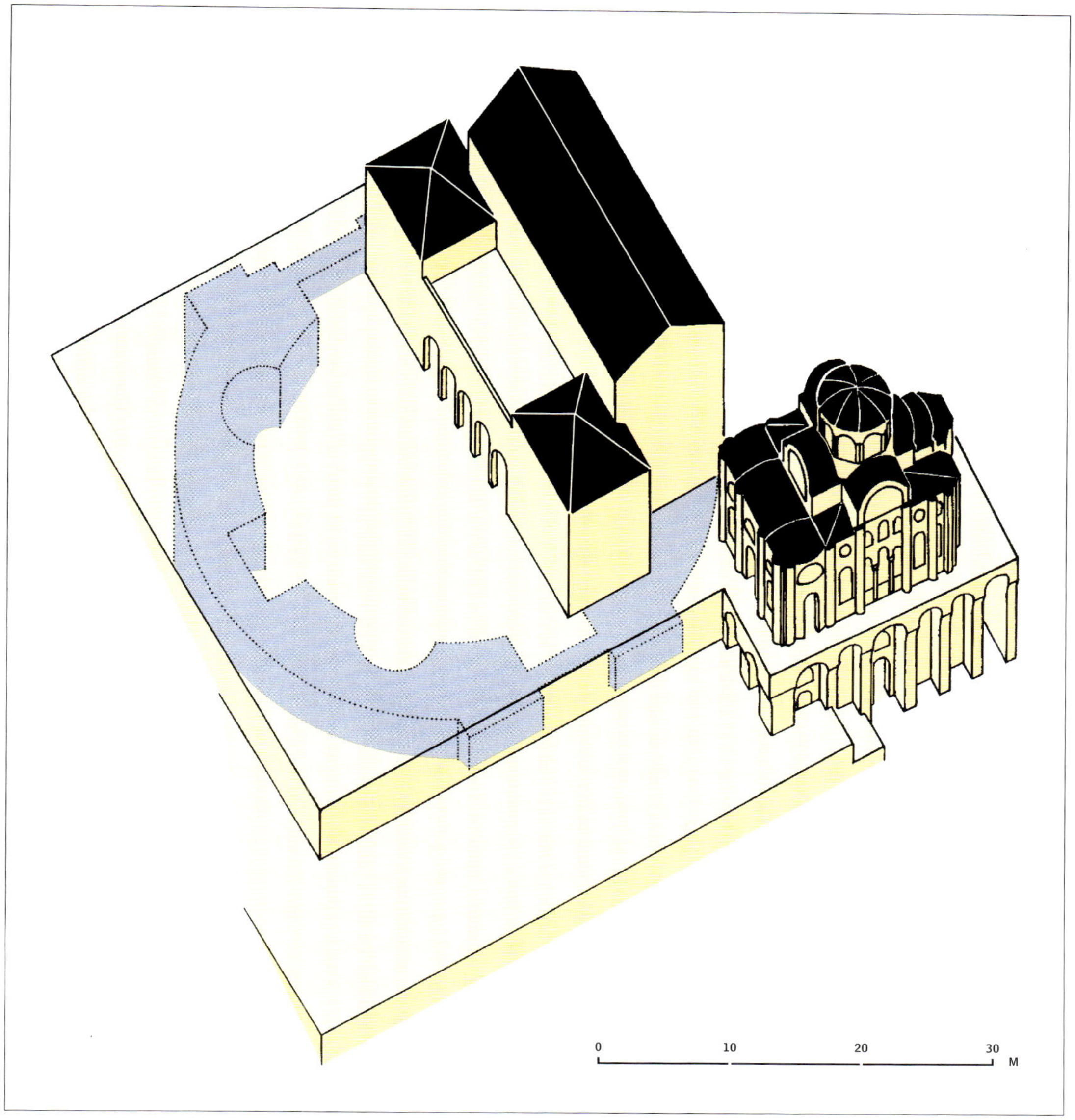

Axonometrische Rekonstruktion des auf den Grundmauern der Rotunde errichteten Palastes des Romanos Lekapenos, seitlich versetzt die Myrelaion-Kirche.

Das Pantepoptes-Kloster

Das militärische und wirtschaftliche Wiedererstarken des Byzantinischen Reiches erreichte zu Beginn des elften Jahrhunderts während der Regierungszeit von Basileios II. (976–1025) seinen Höhepunkt. Die europäischen Gebiete wurden zurückerobert; wieder markierte die Donau von Belgrad bis zu ihrer Mündung ins Schwarze Meer die Grenze. Der unbarmherzige Krieg gegen Bulgarien, der 17 Jahre dauerte, trug dem Kaiser den Titel Bulgaroktonos („Bulgarentöter") ein. Auch die syrische Küste bis Tartus brachte er erneut unter seine Kontrolle und unternahm einen Vorstoß in Richtung Kaukasus. Beim Kampf gegen die armenischen Fürstentümer trafen die byzantinischen Truppen auf die von Transoxanien in den Iran drängenden Türken. Nicht zuletzt der Niedergang des Kalifats in Bagdad verhalf Konstantinopel, das mittlerweile 200 000 Einwohner zählte, zu erneutem Glanz. Doch war der strenge Soldatenkaiser Basileios II., der zeitlebens unverheiratet blieb, äußerst sparsam. Er ließ in Konstantinopel kein einziges Bauwerk errichten, sondern häufte einen riesigen Staatsschatz an – den größten seit Justinian – , den seine Nachfolger allerdings rasch verschleuderten.

Während bisher der städtische Beamtenadel die Reichspolitik dominiert hatte, bahnte sich im elften Jahrhundert eine Verschiebung der Machtverhältnisse an. Die Großgrundbesitzer und die Militäraristokratie gewannen zunehmend an Einfluss und gelangten mit der Dynastie der Komnenen endgültig an die Macht. Die vorangegangenen Jahrzehnte waren von permanenten Herrscherwechseln gekennzeichnet: Zwischen 1025, dem Ende der Regierungszeit Basileios II., und 1081, dem Beginn der Herrschaft von Alexios I. Komnenos (1081–1118), lösten sich nicht weniger als 13 Herrscher auf dem Kaiserthron ab. Die letzten glanzvollen Jahre waren geprägt von der Errichtung prachtvoller Bauwerke. Romanos III. Argyros (1028–1034) ließ das Peribleptos-Kloster errichten, Michael IV. (1034–1041) stiftete ein Cosmas und Damian geweihtes Kloster außerhalb der Stadtmauern, das in der Nähe der um 1800 errichteten Eyüp Sultan Cami lag, und unter Konstantin IX. Monomachos (1042–1055) entstand unweit der Sarayspitze am Ufer des Marmarameeres das Georgs-Kloster. Es war berühmt für seinen Reichtum und existierte bis zur türkischen Eroberung.

Mehmed II. siedelte dort bereits 1454 Derwische an. Gegen Ende des Jahrzehnts beschloss der Sultan jedoch, seinen Palast an der Spitze der

Grundriss und Querschnitt der Pantepoptes-Kirche.

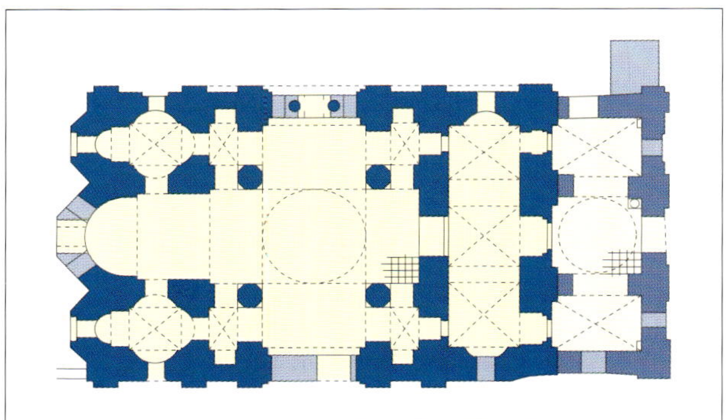

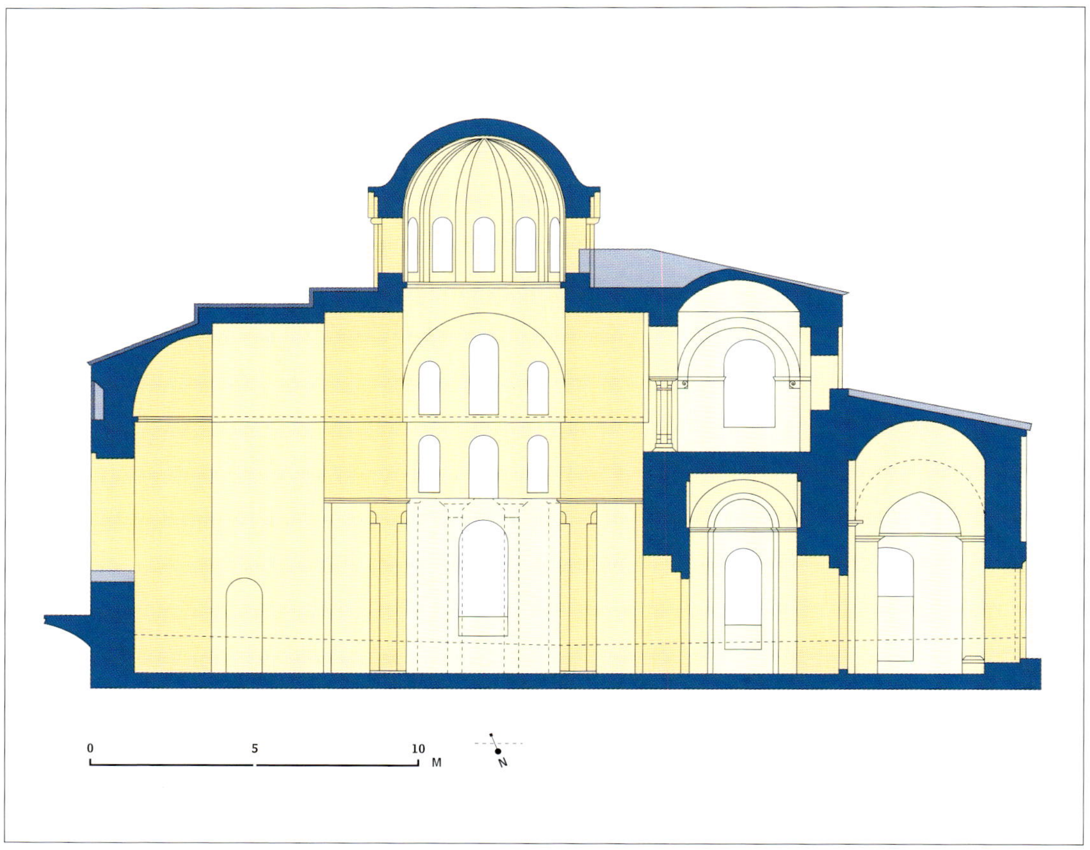

Halbinsel zu errichten, und das Kloster, das im Bereich der geplanten Palastanlagen lag, musste weichen. Während der französischen Besatzungszeit am Ende des Ersten Weltkrieges wurden dort Ausgrabungen vorgenommen, in deren Verlauf die Fundamente der ehemaligen Kirche freigelegt werden konnten. Es handelte sich um einen nahezu quadratischen Kuppelbau mit einer dreigeteilten Ostpartie (Bema, Prothesis und Diakonikon) und einem Narthex im Westen. Das Kuppelquadrat wird im Norden, Süden und Westen von fünf eigenständigen Raumkompartimenten umschlossen, die weder einen Umgang bilden noch die Form eines griechischen Kreuzes haben, wie wir es von den Kreuzkuppelkirchen kennen. Dieser Bau macht einmal mehr deutlich, wie fragwürdig Datierungen ausschließlich anhand typologischer Kriterien sind.

Im Jahr 1071 erlitt das Byzantinische Reich bei Mantzikert eine schwere Niederlage gegen die Türken, denen damit der Weg nach Kleinasien geöffnet war. Im Zuge ihrer Ansiedlungen entstanden mehrere Kleinfürstentümer, darunter das der Seldschuken mit der Hauptstadt Konya. Es erstarkte bald und behauptete sich gegen Byzanz, das die Herrschaft über Anatolien endgültig verlor. Die dort ansässige griechische Bevölkerung zog sich nach Konstantinopel zurück, dessen Einwohnerzahl im Lauf des zwölften Jahrhunderts auf knapp 300 000 anwuchs. Folglich stärkte der Verlust der kleinasiatischen Gebiete die Position der Hauptstadt, und die Epoche der Komnenen war von einer regen Bautätigkeit gekennzeichnet. Ein großer Teil der damals entstandenen Bauwerke ist heute noch erhalten.

Alexios I., der 1081 auf den Thron gelangte, übertrug die Verantwortung für die Hauptstadt seiner Mutter Anna Dalassena, während er selbst damit beschäftigt war, seine Herrschaft im Reich zu konsolidieren. Sie ließ auf einem zum Goldenen Horn hin abfallenden Gelände links des vom Valens-Aquädukt zum Meer führenden kleinen Tales ein Kloster errichten, welches dem „alles schauenden Erlöser", dem Christos Pantepoptes geweiht war. Es muss zwischen 1081 und 1087 – dem Jahr seiner ersten schriftlichen Erwähnung – entstanden sein. Über die architektonische Entwicklung während der anderthalb Jahrhunderte, die zwischen dieser Kirche und der Lips-Kirche bzw. der Myrelaion-Kirche liegen, haben wir keine Informationen, da aus dieser Zeit kein Bauwerk mehr vorhanden ist. Der Grundriss der Klosterkirche hat ebenfalls die Form eines griechischen Kreuzes. Die vier Säulen, welche die Kuppel trugen, wurden in osmanischer Zeit durch achteckige Pfeiler ersetzt. Um die zur Apsis und zum Schiff hin jeweils kürzeren Kreuzarme sind vier kleine Eckräume angeordnet, durch die man im Osten in die Prothesis und das Diakonikon – beide mit Vierkonchengrundriss – und im Westen in den Narthex gelangt. Über dem Narthex befindet sich eine Galerie; der Exonarthex wurde später angefügt. Wie bei der Myrelaion-Kirche gibt es auch hier Wandvorlagen, die jedoch rechteckig sind und vergleichsweise plump wirken. Aufgrund des Überbaus des Narthex ist die Kreuzform trotz der geringen Dachhöhe von Prothesis und Diakonikon von außen nicht mehr zu erkennen. Als einzige architektonische Neuerungen aus dem zehnten oder elften Jahrhundert sind die stufenweise nach innen zurückgesetzten, aus Ziegeln gemauerten Bogen der Fenster und Nischen anzusehen, wie

Pantepoptes-Kirche, Außenansicht der Apsisanlage.

Links: Kilise Cami, Narthex und Zugang zum Kircheninneren.

Rechts: Kilise Cami, Mittelschiff.

sie sich auch in der 1028 errichteten Kirche Panhagia ton Chalkéon (Maria der Kupferschmiede) in Thessaloniki finden. Die zahlreichen Blendnischen und Fenstergruppen innerhalb der dreifach, an den Seitenwänden des Narthex gar fünffach getreppten Rundbögen sollten die Fassade leichter wirken lassen. Die Kuppel der Pantepoptes-Kirche hat einen Durchmesser von 4,5 Metern und ruht auf einem zwölfeckigen, von zwölf Fenstern durchbrochenen Tambour. Die Tambours der Lips-Kirche und der Myrelaion-Kirche wiesen jeweils nur acht Öffnungen auf.

Anna Dalassena verbrachte ihre letzten Lebensjahre im Pantepoptes-Kloster, in das sich auch andere byzantinische Würdenträger zurückzogen. Während der Belagerung Konstantinopels durch die Kreuzfahrer im Jahr 1204 wurde das Kloster aufgrund seiner Lage oberhalb des Goldenen Horns zum Generalquartier von Kaiser Alexios V. (1204) umfunktioniert. Zur Zeit des Lateinischen Kaiserreichs wurde es als Benediktinerkloster wieder seiner ursprünglichen Bestimmung zugeführt, die es bis 1453 behielt. Nach der türkischen Eroberung wurde es womöglich wegen seines guten Erhaltungszustandes als einer der allerersten Sakralbauten in eine islamische Stiftung umgewandelt. Der Komplex, der eine Moschee, eine Medrese und eine Armenküche umfasst, erhielt die Bezeichnung Eski Imaret, „Alte Stiftung", im Unterschied zur „Neuen Stiftung", Yeni Imaret, die Mehmed II. anstelle der Apostelkirche errichten ließ. Die von Mehmed II. um 1473 ausgestellte Stiftungsurkunde erwähnt 35 Räume, die – verteilt auf das Erdgeschoss und den ersten Stock – direkt an das Hauptgebäude des Pantepoptes-Klosters angeschlossen waren. Die in eine Moschee umgewandelte Kirche wurde in den 70er Jahren des 20. Jahrhunderts restauriert.

Die Kilise Cami

Bis auf den heutigen Tag sind weder das Datum der Fertigstellung noch das ursprüngliche Patrozinium jener byzantinischen Kirche nachgewiesen, die heute als Kilise Cami bekannt ist. Ob sie, wie einige Forscher vermuten, dem Heiligen Theodor geweiht war, läßt sich nicht mit Sicherheit sagen. Eine unter der Kirche entdeckte Zisterne legt die Vermutung nahe, dass es sich um eine Klosterkirche handelt. Die Bauzeit ist vermutlich zwischen dem Ende des elften und dem Beginn des zwölften Jahrhunderts, wahrscheinlich etwas später als die der Kirche des Pantepoptes-Klosters, anzusetzen. Es handelt sich ebenfalls um eine Kreuzkuppelkirche, doch während die Kreuzarme wie dort mit einem Tonnengewölbe versehen sind, werden die vier Eckräume von kleinen Kuppeln überdacht. Prothesis und Diakonikon sowie das zentrale Joch des Narthex sind auch mit Kuppeln eingedeckt, die jedoch in der Dachkonstruktion verschwinden, so dass sie von außen nicht sichtbar sind. Die zentrale Kuppel ruht auf einem zwölfeckigen Tambour, der wie in der Pantepoptes-Kirche von zwölf Fensteröffnungen durchbrochen ist, doch beträgt ihr Durchmesser lediglich vier Meter. Die Fenster des nördlichen und des südlichen Kreuzarms weisen drei Arkaden auf, über denen sich ein Tympanon erstreckt. An der Ostseite treten die nur angedeuteten seitlichen Apsiden kaum über die Außenmauer hervor, während die deutlich ausgeprägte fünfeckige Hauptapsis eine zweistöckige Fassade besitzt. Hier entsprechen den drei Fenstern und zwei gleich großen, flachen Nischen im Erdgeschoss fünf zweifach getreppte Halbrund- bzw. Flachnischen im Obergeschoss. Einer Zeichnung des Archäologen Charles Texier aus dem Jahr 1833 zufolge befand sich auf der Südseite eine Vorhalle, ähnlich den vorgelagerten Kapellen des Lips-Klosters, die sich auf Höhe des südlichen Kreuzarmes mit fünf Arkaden öffnete. Sie dürfte nach dem schweren Brand im August 1833, bei dem die Kirche stark beschädigt wurde, abgerissen worden sein.

Während der zweiten Regierungsperiode der Palaiologen-Dynastie im 14. und 15. Jahrhundert erhielt die Kirche in der ersten Hälfte des vierzehnten Jahrhunderts einen gewaltigen Exonarthex. Er besteht aus fünf Jochen, von denen die drei mittleren der Breite des Kirchenbaus entsprechen, während die beiden übrigen rechts und links darüber hinausragen. Das mittlere und die beiden äußeren Joche werden von Kuppeln überwölbt, die auf achteckigen Tambouren ruhen. Die Fassade ist zweigeschossig gestaltet. Die obere Zone zeigt fünf gestufte Blendbögen, in denen kleine halbrunde Blendnischen und getreppte Fenster liegen. Unten wird das einzige, in der Mitte gelegene Portal von zwei halbrunden Nischen flankiert. Ganz außen an der Fassade befindet sich ebenfalls jeweils eine Nische. Zwischen den inneren und den äußeren Nischen liegen Tripelarkaden mit Fensteröffnungen. Der Fassade fehlt es jedoch an Geschlossenheit, da die Joche des oberen Registers in keiner Weise der Säulenanordnung im Untergeschoss entsprechen. Seyhülislâm Molla Gürani Semsüddin (gest. 1488) wandelte die Kirche in eine Moschee mit angegliederter Medrese um.

Die Gül Cami (Die Rosenmoschee)

Der türkische Name des Gotteshauses rührt angeblich daher, dass die Eroberung Konstantinopels im Jahre 1453 auf den 29. Mai, den Namenstag der Patronin, fiel und die Osmanen die Kirche deshalb in vollem Rosenschmuck vorfanden.

Im 16. Jahrhundert wurde der imposante Sakralbau in der Nähe des Goldenen Horns als Bestandteil des Theodosia-Klosters identifiziert. Jüngere Forschungen ordnen die Kirche dagegen einem anderen, Christos Euergetes geweihten Kloster zu, das Johannes Komnenos, der Neffe Alexios' I., zwischen 1104 und 1108 errichten ließ. Eine Bestätigung erfuhr diese These durch die eingehende Analyse des Ziegelbaus, die eine Entstehungszeit zwischen dem Ende des elften und dem frühen zwölften Jahrhundert ergab. Um die Hanglage auszugleichen, steht die Kirche auf einem Unterbau, dessen älteste Teile aus dem frühen elften Jahrhundert stammen.

Die Gül Cami gehört zur Gruppe der Kreuzkuppelkirchen; sie ist heute ohne Narthex. Die ursprüngliche Kuppel stützte sich auf vier mächtige Pfeiler, die im 16. Jahrhundert noch verstärkt wurden, um die Last einer Flachkuppel von 8,60 Metern Durchmesser aufzufangen, die die alte Konstruktion ersetzte. Die auf zwei Pfeilern ruhenden Tripelarkaden zwischen den südlichen, nördlichen und westlichen Pfeilern stützen eine drei Seiten umlaufende Empore. Von außen wie von innen wirkt der Bau ausgesprochen massiv. Die Fassaden der Apsiden von Prothesis und Diakonikon sind durch übereinander gelagerte Blendnischen gegliedert. In ihrer steilen Proportionierung erinnert die viergeschossige Wandgliederung an die Apsisgestaltung des Pantokrator-Klosters.

1490/91 wurde die Kirche in eine Moschee umgewandelt. Der Umstand, dass die entsprechenden Bauarbeiten nur sechs Monate dauerten, deutet darauf hin, dass keine aufwendigen Veränderungen vorgenommen wurden. Eine von Melchior Lorichs 1557 angefertigte Stadtansicht zeigt sie mit einem hölzernen Notdach. Dies legt die Vermutung nahe, dass die Dachkonstruktion dem großen Erdbeben von 1509 zum Opfer fiel. Sie wurde wohl während der Regierungszeit Selims II. (1566–1574) wiederhergestellt. Die Kreuzarme wurden mit osmanischen Spitzbogen eingewölbt, der Zentralraum und die vier Eckräume erhielten Flachkuppeln. Darüber hinaus wurden in osmanischer Zeit die Fenster der nördlichen und südlichen Fassade erneuert.

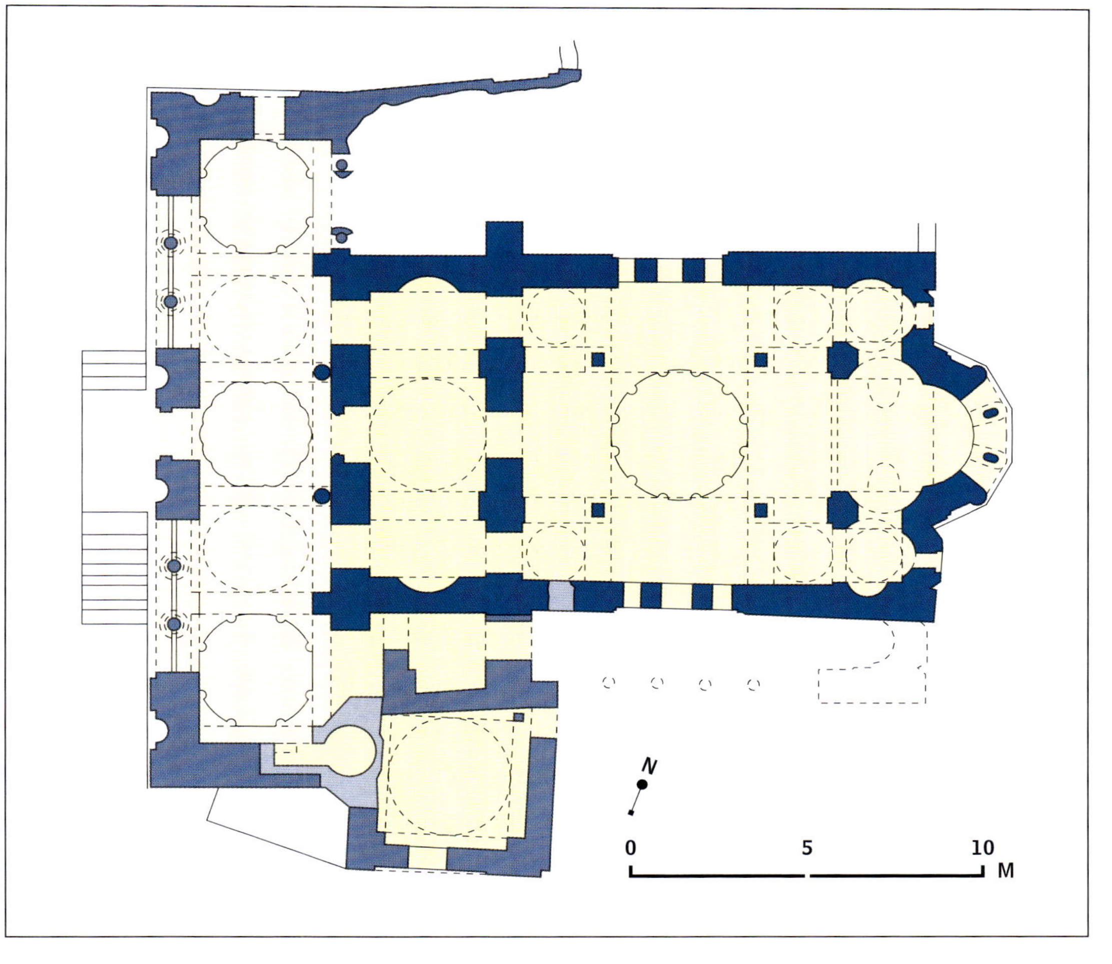

Grundriss der Kilise Cami. Die schraffierten Flächen markieren den Exonarthex aus palaiologischer Zeit, die gestrichelten markieren die Reste einer Außenkapelle, wie sie auf der Zeichnung Texiers zu sehen sind.

Rückwärtige Fassade der Gül Cami. Die Kuppeln sind aus osmanischer Zeit, in der auch einige der Apsisfenster zugemauert wurden.

Das Pantokrator-Kloster

Die Komnenen hatten ihre Residenz vom großen Kaiserpalast in den Blachernenpalast, eine unmittelbar an der Landmauer unweit des Goldenen Horns gelegene Festung, verlegt. Gleichzeitig nutzten sie nicht mehr das kaiserliche Mausoleum in der Apostelkirche, sondern schufen sich eine eigene Grablege innerhalb des Pantokrator-Klosters. Dieses lag oberhalb des kleinen Tals, das vom Valens-Aquädukt zum Goldenen Horn führt, und damit in der Nähe des Pantepoptes-Klosters.

Die Stiftung umfasste ein Kloster, in dem bis zu 84 Mönche lebten, eine Kapelle mit einem Kapitel von 45 Priestern und ein Spital, das 50 Patienten aufnehmen konnte und 103 Personen beschäftigte – 76 in der Krankenpflege und 27 in der Versorgung. Im Mittelpunkt der Anlage standen zwei Kirchen, die in zwei verschiedenen Bauphasen entstanden und dann durch eine Grabkapelle verbunden wurden. Allen drei Gebäudeteilen vorgelagert ist ein Narthex sowie ein Exonarthex im Bereich der südlichen Kirche und der Grablege. 1136 wurde der gesamte Kirchenkomplex in einer Stiftungsurkunde aufgeführt und muss demnach zu diesem Zeitpunkt fertig gestellt gewesen sein.

Die drei Gebäude zeugen zwar nicht von Originalität, beeindrucken aber durch ihre Monumentalität und ihre Dekoration. Dies gilt vor allem für die ältere Kirche, die Kaiserin Irene, die Gemahlin Alexios' I., 1118 zusammen mit dem Kloster in Auftrag gab. Mit einem Durchmesser von sieben Metern besitzt die Südkirche die größte Kuppel aller mittelalterlichen

Kirchenbauten Konstantinopels. Sie ruht mit ihrem 16-seitigen Fenstertambour auf vier Säulen. Auf diese Weise entstand im Inneren ein von keinerlei Stützen verstelltes Quadrat, dessen Seiten knapp 15 Meter maßen. Die zwei Meter starken Porphyrsäulen, die noch in Reiseberichten aus osmanischer Zeit erwähnt sind, wurden nach einem Brand und einem Erdbeben in den Jahren 1756 bzw. 1766 durch Pfeiler mit barocken Elementen ersetzt.

Im Inneren zeichnet sich die Südkirche durch die Glasfenster der Hauptapsis und einen sehr schönen Marmorfußboden *(opus sectile)* aus. Die Einlegearbeiten zeigen ineinander verschlungene Motive und Medaillons mit Tieren, Jagdszenen und eine Darstellung von Samson, der die Stadttore von Gaza wegträgt. Der ab 1954 freigelegte und restaurierte Fußboden ist inzwischen wieder unter den Holzdielen der heutigen Moschee verborgen. Die Untersuchung der bei der Restaurierung entdeckten Glasfensterfragmente ergab, dass diese, anders als die mit Gips verbundenen osmanischen Fenster, in Blei gefasst waren. Die Hypothese, dass die Fenster während des Lateinischen Kaiserreichs, zwischen 1204 und 1261, eingesetzt worden seien, lässt sich angesichts der entdeckten griechischen Inschriften kaum aufrechterhalten, zumal aus der fraglichen Zeit keine Restaurierungsarbeiten belegt sind. Somit dürften die Fenster aus den ersten Regierungsjahren von Johannes II. Komnenos (1118–1143) zwischen 1124 und 1130 und folglich aus einer Periode stammen, in welcher die Glaskunst im Westen erst allmählich aufkam. Die Fenster zeugen jedoch von einer hoch entwickelten Technik, die eine umfangreiche, mehr oder weniger langwierige Erprobungsphase voraussetzte. Im übrigen dominiert innerhalb der aufgefundenen Bruchstücke eindeutig die Farbe Blau. Aus einer zwischen 1110 und 1140 verfassten Abhandlung des deutschen Mönches Theophilus wissen wir, dass diese Farbe, die damals im Westen nur schwer zu bekommen war, unter der Bezeichnung Griechisch Blau bekannt war. Theophilus zufolge konnte man die Farbe in Frankreich damals nur herstellen, indem man importiertes blaues Geschirr einschmolz und mit weißem und farblosem Glas vermischte. Die Dominanz der blauen Farbe in den Fenstern der Pantokrator-Kirche sowie die Tatsache, dass die darin dargestellten Figuren mit griechischen Beischriften versehen waren, legt also den Schluss nahe, dass die Fenster aus einer byzantinischen Werkstatt stammen.

Während die Südkirche unter dem Patrozinium des Christos Pantokrator („Allherrscher“) stand, war die zweite Kirche, die Johannes II. nördlich errichten ließ, der Panhagia Eleusa („Maria, der Erbarmerin“) geweiht. Es handelt sich um eine etwas schmalere Kreuzkuppelkirche, deren Proportionierung steiler als die der Südkirche ist und die über eine weniger tiefe Apsis verfügt. Die geringe Breite hat zur Folge, dass der zentrale Raum innerhalb des griechischen Kreuzes statt eines Quadrates ein Rechteck bildet und die auf einen Tambour mit acht Fensteröffnungen aufgesetzte Kuppel oval geformt ist.

Da die Grabkapelle zwischen die beiden bestehenden Kirchen eingefügt wurde, konnte man es wagen, eine größere Kuppel als die beiden bereits vorhandenen zu konstruieren, welche nicht mehr das zentrale Joch eines griechischen Kreuzes überwölbte, sondern sich unmittelbar auf die durch Pfeiler verstärkten Außenmauern der beiden Kirchen stützte. Die räumliche Enge, die bereits den relativ schmalen Grundriss der Nordkirche bedingt hatte, sowie die Notwendigkeit, die Dachkonstruktion der in der Mitte entstehenden Kapelle in einer Fluchtlinie mit den bereits vorhandenen Kirchen auszurichten, führten zu einem heterogenen Bauwerk mit zwei ovalen Kuppeln von unterschiedlicher Größe und Ausrichtung. Die kleinere, vor der Apsis errichtete Kuppel ist von Norden nach Süden ausgerichtet und sitzt auf einem zwölfeckigen Tambour. Die größere Kuppel, deren Längsachse acht Meter und deren Querachse knapp sieben

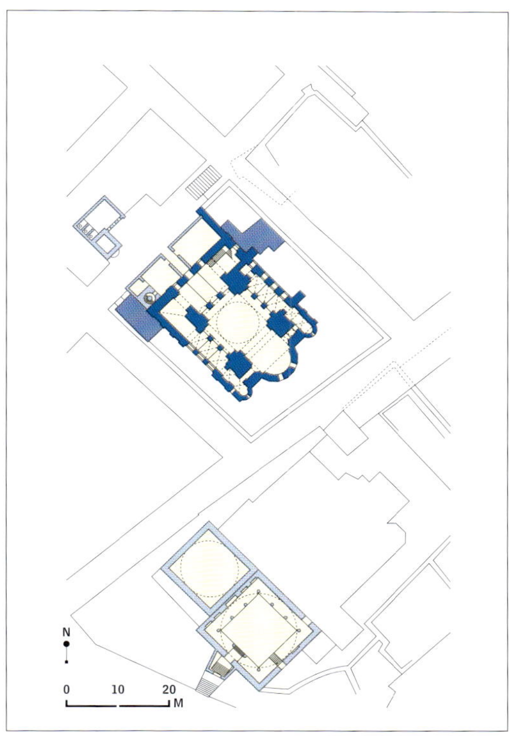

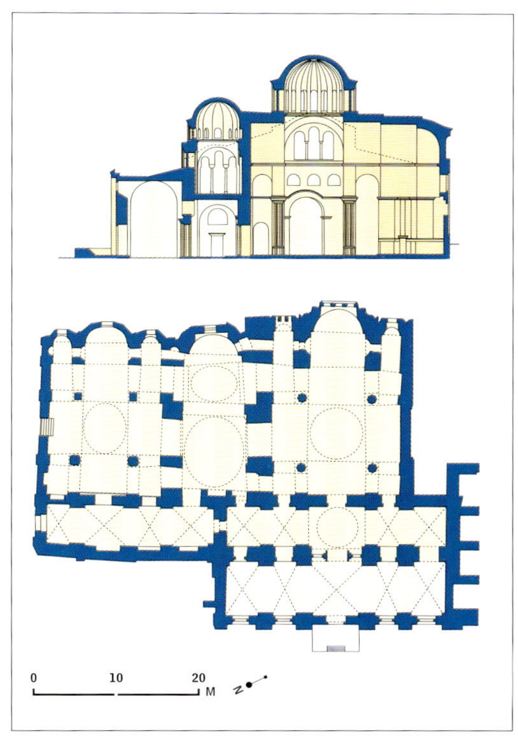

Unten links: Lageplan der Gül Cami. Das oben eingezeichnete Gebäude ist die Gül Cami, unten ist der Hammam Küçük Mustafa Paşas abgebildet, den Nurbanu Sultan, die Gemahlin Selims II., im Jahr 1565 erbauen ließ, in dem auch das Dach der Gül Cami erneuert wurde.

Rechts: Pantokrator-Kloster. Grundriss der Klosteranlage und Längsschnitt durch die Hauptkirche.

Nebenstehend: Blick auf die Apsisanlage des Pantokrator-Klosters. Außen befinden sich die Christuskirche (links) und die Marienkirche, umrahmt von ihren Pastoforia (Prothesis und Diakonikon). Zwischen ihnen liegt die Grabkirche der Komnenen, die keine Pastoforia besitzt.

Nebenstehend: Innenansicht der Hauptkirche des Pantokrator-Klosters. In der zweiten Hälfte des 18. Jahrhunderts wurden die ursprünglichen Porphyrsäulen durch Kompositsäulen ersetzt.

Rechte Seite: Pantokrator-Kloster, Marienkirche. Blick aus dem Mittelschiff in die Apsis.

Meter misst, ist von Osten nach Westen ausgerichtet und grenzt direkt an den Narthex. Sie ruht auf einem 16-seitigen Tambour, der, ebenso wie jener der Südkirche, 16 Fensteröffnungen aufweist. Diese Kuppel des Mausoleums stellt ein Beispiel für das ununterbrochene Streben nach einer möglichst großen Kuppel als Ausdruck des kaiserlichen Machtanspruchs dar. Auch unter den Osmanen setzte sich dieser Ehrgeiz der Herrscher und ihrer Architekten fort.

Die drei Bauteile sind durch einen gemeinsamen Narthex mit darüberliegender Empore verbunden. Der Exonarthex, der möglicherweise im Zusammenhang mit dem Bau des Heroons hinzugefügt wurde und sich nicht über die gesamte Breite, sondern nur über die südliche Hälfte erstreckt, verstärkte die Heterogenität des Ensembles. Außerdem mußte auf das zentrale Joch des Narthex der Südkirche eine Kuppel mit einem zwölfeckigen Tambour aufgesetzt werden, um das Kircheninnere mit Tageslicht zu versorgen. Obwohl es dem Ensemble an Geschlossenheit fehlt, beeindruckt es durch seine Monumentalität und das Zusammenspiel der Baukörper.

Am besten präsentiert es sich von Osten, von jenem kleinen Tal aus, das vom Valens-Aquädukt zum Goldenen Horn führt. Der kreuzförmige Grundriss der beiden seitlichen Kirchen sowie die Abstufung der Kuppeln der Grabkapelle kommen gut zur Geltung, da die Apsis der Kapelle und die seitlichen Apsiden der Nord- und der Südkirche verhältnismäßig klein sind. Die Fassaden der Apsiden sind in zwei Register unterteilt: Oben befinden sich halbrunde Blendnischen, unten dagegen Fensteröffnungen, die inzwischen allerdings überwiegend zugemauert wurden.

Die Klosteranlage diente bis zum Ende des Byzantinischen Reiches als Grablege. Johannes II. und sein Sohn Manuel I. Komnenos (1143–1180) sowie dessen 1158 verstorbene Gemahlin Bertha von Sulzbach fanden dort ihre letzte

Ruhestätte. Die Dynastie der Palaiologen ist mit Manuel II. (1391–1425) und Johannes VIII. (1425–1448) vertreten. Zuletzt wurde Helena Dragas, die am 23. März 1450 verstorbene Mutter des letzten byzantinischen Kaisers, Konstantin XI. Palaiologos (1449–1453) im Pantokrator-Kloster begraben.

Offensichtlich wurde das Kloster nach der türkischen Eroberung nicht sofort in eine Moschee umgewandelt, denn der Chronist Dukas berichtet, dass dort 1455 zunächst Tuchmacher und Schuster arbeiteten. Einige Zeit später richtete man in der Klosteranlage eine Medrese ein. Die von Mehmed II. ausgestellte Gründungsurkunde nennt 50 Zellen. Nach dem ersten Lehrer der Schule, Molla Zeyrek, erhielt die Moschee den Namen Zeyrek Kilise Cami.

Das Kyriotissa-Kloster

Die Identifizierung des am östlichen Ende des Valens-Aquäduktes gelegenen Kyriotissa-Klosters erwies sich zunächst als schwierig, eine Zuordnung allein mit Hilfe schriftlicher Quellen als problematisch. Anfangs stützte man sich auf die Erwähnung einer Station des Prozessionsweges zur Apostelkirche und hielt die Klosteranlage für die 598 errichtete Panhagia Diakonissa. Dann setzte man die Anlage wegen ihrer Nähe zu dem erstmals 1092 erwähnten Kloster Christos Akataleptos („des Unergründlichen") mit diesem gleich. Erst durch die Entdeckung eines Marienfreskos mit der Inschrift „Kyriotissa" („Herrin") kam man darauf, dass es sich womöglich um ein Kloster dieses Patroziniums handeln könnte, das zu Beginn eines Textes aus dem 14. Jahrhundert flüchtig erwähnt ist.

Ausgrabungen und Restaurierungsmaßnahmen, die zwischen 1966 und 1975 vorgenommen wurden, brachten zum Vorschein, dass an diesem Standort – rechts der Straße, die vom Theodosianischen Forum zu der Apostelkirche führte, und genau an jener Stelle, wo der Valens-Aquädukt endete – nacheinander verschiedene Gebäude gestanden hatten. Als ältesten Fund entdeckte man zwischen Kirche und Aquädukt eine gegen Ende des vierten oder Anfang des fünften Jahrhunderts errichtete Therme. Sie könnte Teil einer Palastanlage gewesen sein und wurde vermutlich im siebten Jahrhundert stillgelegt, als der Aquädukt kein Wasser mehr führte. Östlich der Therme stand eine Basilika, die sich direkt an den Aquädukt anlehnte und teilweise in das Bad hineinragte. Sie wurde im Süden von einer weiteren Kirche flankiert, die vom Ende des sieb-

ten oder Anfang des achten Jahrhunderts stammen dürfte und nur noch anhand ihrer teilweise erhaltenen Apsis zu identifizieren ist. Sie birgt das einzige religiöse Mosaik Konstantinopels, das aus der Zeit vor dem Bilderstreit erhalten ist. Die Szene zeigt Jesus im Tempel (Lukas 2, 22–35), und die drei Figuren der Jungfrau Maria, Christi und Simons sind in einem guten Erhaltungszustand.

Die Apsis des heutigen Baus gehörte zu einem Vorgängerbau aus der Zeit des Ikonoklasmus, in welchen die ältere Apsis einbezogen wurde. Auf diese Weise blieb das Mosaik aus der Zeit vor dem Ikonoklasmus erhalten. Das heutige Diakonikon stammt vermutlich aus dem zehnten Jahrhundert und wird im Süden von einer kleinen Kapelle aus dem elften Jahrhundert flankiert. Die systematischen Ausgrabungen in diesem nahe dem Stadtzentrum gelegenen Gebäude belegen die komplexe Baugeschichte Konstantinopels. Die heutige Kirche, in deren Grundriss der bereits vorhandene, in fünf verschiedenen Phasen errichtete Südteil einbezogen wurde, stammt aus dem späten zwölften Jahrhundert, aus der Zeit der letzten Komnenen. Die massigen Pfeiler tragen eine für die damalige Zeit monumentale Kuppel mit einem Durchmesser von 7,80 Metern auf einem von 16 Fensteröffnungen durchbrochenen Tambour. Die in den 70er Jahren des 20. Jahrhunderts restaurierten Kreuzarme im Norden und Süden besitzen drei Fensterreihen und sind im oberen Abschluss dreifach getreppt. Bei den durch Fenster geschlossenen Tripelarkaden des Erdgeschosses handelte es sich ursprünglich um Zugänge zu den niedrigen Seitenschiffen. Die seitlichen Fassaden unterstreichen die Einheitlichkeit und die Monumentalität der Anlage. Dank der großen Fensteröffnungen in den Bogenwänden wirkt der Innenraum trotz der mächtigen Pfeiler hell und leicht.

Während des Lateinischen Kaiserreichs wurde die Kirche den Franziskanern übergeben, die um 1250 die Apsis des Diakonikons mit einem Zyklus aus dem Leben des Heiligen Franz von Assisi ausmalen ließen. Diese Franziskusdarstellung zählt weltweit zu den ältesten ihrer Art. In palaiologischer Zeit wurde die Anlage um einen niedrigen Exonarthex sowie ein Klostergebäude erweitert. Seit Mehmed II. diente das Gebäude dem Bettel- und Wanderorden der Kalender-Derwische („Eigenbrötler") als Moschee. Von diesem Orden leitete sich der künftige Name Kalenderhane ab. Nach den Bränden von 1718 und 1727 ließ der Großwesir Haci Besir Aga das Gebäude wieder instandsetzen.

Johannes-Kirche

Bei der Johannes-Kirche handelt es sich um den am wenigsten bekannten und erforschten byzantinischen Sakralbau Konstantinopels. Weder der Bauherr noch die Entstehungszeit der Kirche sind bekannt. Seltsamerweise wird sie unmittelbar nach der türkischen Eroberung der Stadt 1453 erstmals erwähnt. Als das Patriarchat im Jahre 1456 das nahe gelegene Frauenkloster Pammakaristos als Sitz wählte, wurden die dort lebenden Nonnen in die Johannes-Kirche umgesiedelt, die man vermutlich zu diesem Zeitpunkt zu einem Kloster erweiterte.

Die winzige Kirche, deren Gesamtlänge vom Narthex bis zum äußersten Ende der Hauptapsis nicht mehr als 15 Meter beträgt, weist alle typi-

Links: Kyriotissa-Kirche (Kalenderhane). Außenansicht nach der Restaurierung.

Rechts: Innenansicht der Kuppel zum Narthex hin.

schen Merkmale der mittelbyzantinischen Sakralarchitektur auf. Ihr Grundriss ist der eines griechischen Kreuzes mit vier gleich langen Armen, deren Breite der doppelten Länge entspricht. Die Kuppel mit einem Durchmesser von 3,50 Metern ruht auf vier Säulen. Der zylindrische, im Verhältnis zu der geringen Größe der Kirche auffallend hohe Tambour besitzt acht Fensteröffnungen. Die Hauptapsis und die beiden seitlichen Apsiden schließen außen halbrund ab. Die drei Fenster der Hauptapsis werden durch zwei quadratische Marmorpfosten mit ausladenden Kapitellen getrennt. Prothesis und Diakonikon verfügen jeweils über nur ein Fenster.

Solange das Patriarchat im Pammakaristos-Kloster residierte, blieben die Nonnen im Johannes-Kloster, aber kurz bevor Mehmed III. 1591 die Pammakaristos-Kirche dem Islam übergab, wandelte Ahmed Paşa 1590 auch die Johannes-Kirche in eine Moschee um.

Die Epoche der Komnenen brachte zwar wenig architektonische Neuerungen hervor, doch setzte sich unter ihnen der Typus der Kreuzkuppelkirche durch, der eine klare ideologische Aussage mit einer effektiven Konstruktion verband. Das kuppelförmige Himmelsgewölbe und die Erde, die man sich damals noch als quadratische Fläche vorstellte, sind durch das Kreuz, das Symbol der Erlösung, miteinander verbunden. Das „göttliche" Licht, das durch den Kuppeltambour einfällt, lässt die biblischen Szenen auf den Mosaiken und Fresken in warmen Farben aufleuchten. Die vier tonnengewölbten Kreuzarme fangen den seitlichen Schub der Kuppel ab. Dieser Bautyp besticht durch seine Klarheit, da die drei zentralen Elemente – Kuppel, Kreuzarme und Eckräume – infolge ihrer unterschiedlichen Höhe von außen deutlich zu erkennen sind und die zugrunde liegende Konstruktion somit ersichtlich ist. Ihm sind allerdings technische Grenzen gesetzt: Da auf Strebepfeiler verzichtet wird, darf die Kuppel eine bestimmte Größe nicht überschreiten. Tatsächlich haben sämtliche Kuppeln der erhaltenen Kirchen einen Durchmesser von weniger als zehn Metern, während jene der Hagia Sophia stolze 32 Meter misst. Doch entsprach dies den gesellschaftlichen Veränderungen: Im Vordergrund stand nicht mehr die Betonung der Einheit und Einzigartigkeit des kaiserlichen Byzanz; vielmehr hatte sich eine Feudalgesellschaft herausgebildet, die der früher angestrebten Monumentalität Eleganz und Auserlesenheit vorzog.

Neben den beschriebenen Sakralbauten ist noch der Kernbau des Chora-Klosters zu nennen, der in zwei Phasen errichtet wurde. Der erste Bauabschnitt der Jahre 1077–1081 geht auf Maria Dukas, die Schwiegermutter Alexios' I., zurück, der zweite um 1120 auf Isaak, den Bruder Johannes' II.

Am Hang oberhalb des Goldenen Horns stifteten die Komnenen einen Gebäudekomplex, der sich vom Forum Tauri bis zur Landmauer erstreckte und aus einer ganzen Reihe von Klöstern und karitativen Einrichtungen bestand. Die wirtschaftliche Grundlage dieser Stiftungen bildeten neben den Einkünften aus riesigen, über das ganze Reich verstreuten Ländereien die städtischen Besitzungen der Stifter. Die von der jungen Lehnsaristokratie, die zur eigentlichen Macht des Byzantinischen Reichs geworden war, gestifteten Einrichtungen entwickelten sich zu Zentren einer neuen sozialen Struktur. Die nach antikem Vorbild auf dem Bürgerrecht gründende Stadtverfassung wurde allmählich von einem Geflecht lehnsrechtlicher Abhängigkeitsverhältnisse abgelöst, das von persönlichen Bindungen wie auch von Familienfehden geprägt war. Diese Entwicklung veränderte die Struktur der Stadt: Es setzte eine Dezentralisie-

Johannes-Kirche. Blick auf die Fensteröffnungen in der Nordwand und die Kuppel.

rung ein, die einflussreichen Familien errichteten ihre Paläste und Klosterstiftungen in allen möglichen Stadtteilen. Mit Ausnahme der Mese, der Hauptader, verschwanden sämtliche in regelmäßigen Abständen gezogenen Achsen. An ihre Stelle trat das für orientalische Städte typische wabenförmige Straßengewirr. Herrscherpaläste, wie der Blachernenpalast, waren am Stadtrand angesiedelt.

Die Mosaiken der Hagia Sophia

Die Beilegung des Bilderstreits im Jahr 843 auf der Synode von Konstantinopel wurde als Sieg der Orthodoxie über die Bilderfeinde und über die Häresie im allgemeinen gefeiert. Doch die Spannungen zwischen den beiden feindlichen Lagern konnten nicht gänzlich beigelegt werden, und der Weg zum großen abendländischen Schisma war geebnet.

Während sich im Judentum und im Islam Gott nur im Wort offenbarte, war für die Christen Gott Mensch geworden – das Wort ward Fleisch. Seine bildhafte Darstellung galt somit nicht nur als zulässig, sondern als geradezu unabdingbar. Dennoch setzte die Bildproduktion nur zaghaft wieder ein und musste sich, auch wenn man an die frühere Tradition anzuknüpfen suchte, den neuen ideologischen und technischen Gegebenheiten anpassen. Inzwischen war in der Sakralarchitektur der Übergang von der basilikalen Form zur Kreuzkuppelkirche mit ihrem Grundriss in Form des griechischen Kreuzes vollzogen worden. In der axialen Konzeption der Basilika bot sich das Apsisgewölbe als bevorzugter Anbringungsort für Bildnisse an. Häufig fand sich dort die Darstellung des Christos Pantokrator. Mit dem Übergang zum Zentralbau verlagerte sich der Fokus in die Spitze der Kuppelwölbung. Dort, im Scheitel der Hauptkuppel, war fortan der Weltenherrscher abgebildet, von Engeln umringt, die als Fürbitter für die Gläubigen auftreten.

Die in der Apsis frei gewordene Fläche war nun der Jungfrau Maria vorbehalten. Sie erblickten die Gläubigen, die sich zum Gebet in Richtung Altar wendeten. So gewann die Rolle der Jungfrau Maria als Fürsprecherin und Vermittlerin zwischen den Menschen und Christus in damaliger Zeit zentrale Bedeutung. Hiervon zeugt der in der gesamten byzantinischen Welt und vor allem in Konstantinopel aufkommende Marienkult.

Gleichzeitig begann man den Kircheninnenraum mit Erzählzyklen auszuschmücken, was in der Hagia Sophia aufgrund der hohen Gewölbe allerdings ausgeschlossen war. Während man entsprechende Darstellungen in den Gewölben nicht mehr hätte erkennen können, wurde die Anbringung von Gemälden im unteren Bereich durch die Marmorverkleidung verhindert. Die gleich langen Arme und die Pfeiler der Kreuzkuppelkirchen boten hingegen Raum für Darstellungen biblischer Szenen. Zwar verkleidete man die unteren Mauerzonen besonders bedeutender, vor allem kaiserlicher Kirchen nach wie vor mit Marmor, aber die Gewölbe und Bogenrundungen wurden mit Mosaiken ausgestattet. Dabei wurden in den oberen Partien und in den Kuppeln zumeist Propheten und Patriarchen abgebildet, welche die Ankunft des Herrn verkündeten und damit gleichsam die Verbindung zwischen Altem und Neuem Testament herstellten. In den Bogenlaibungen und den oberen Mauerbereichen wurden hingegen Begebenheiten aus dem Leben Christi, der Jungfrau Maria und Johannes des Täufers geschildert. Sofern die Mittel des Stifters es erlaubten, wurden sie vorzugsweise in Mosaiktechnik gearbeitet. Die schlichteren Kirchen wurden anstelle von Marmorverkleidungen und Mosaiken mit Fresken ausgeschmückt. Die unteren Wandzonen zeigen, fast ebenerdig mit den Gläubigen, Heilige und Kirchenväter, die die Gläubigen in ihrer Mitte zu schützen und für sie zu beten scheinen. So war die Gemeinde umgeben von vertrauten Heiligengestalten und Darstellungen biblischer Szenen, die aus Lesungen bekannt waren. Während der langen Zeremonien, denen die Gemeinde im Stehen, von Weihrauchschwaden umgeben, beiwohnte, schienen die Figuren im dämmrigen Schein des durch die Fensteröffnungen einfallenden Tageslichts bzw. der Kerzen oder Öllampen fast lebendig zu werden. Eine naturalistische Darstellungsweise mit unterschiedlichen Körperhaltungen und individuell gestalteten Gesichtern war dennoch nicht gefragt. Der strenge Blick, die hieratische und konventionelle Haltung der auf Anhieb erkennbaren Gestalten erzielten die gewünschte Wirkung besser. Die umgekehrte Perspektive der byzantinischen Malerei, die den Fluchtpunkt möglichst nahe am Auge des Betrachters ansiedelte, statt ihn in die Tiefe des Bildes zu verlegen, verstärkte die übernatürliche Ausstrahlung der Darstellungen. Leider ist in Konstantinopel aus der Zeit vor dem Lateinischen Kaiserreich kein zusammenhängender Bilderzyklus narrativer oder dekorativer Art überliefert.

In der Hagia Sophia war der öffentliche Bereich vor dem Ikonoklasmus nicht mit figurativen Mosaiken ausgeschmückt. Der Wandschmuck stammt vollständig aus der Epoche Justinians: Es handelt sich um schlichte Kreuze auf goldenem Untergrund und um Motive, die koptischen bzw. sassanidischen Stoffen entlehnt sind. Die Malereien sind unter der Übermalung aus dem 19. Jahrhundert größtenteils erhalten.

Oben: Hagia Sophia. Mosaiken der nördlichen Schildmauer: Kirchenvater Johannes Chrysostomos und der heilige Ignatius der Jüngere.

An einer einzigen Stelle sind Reste figurativer Mosaiken aus der Zeit vor dem Ikonoklasmus erhalten, und zwar in einem Raum oberhalb des südlichen, heute gesperrten Treppenaufgangs, durch den man auf die Galerie gelangte. Dieser unmittelbar an die Kirche angrenzende Raum gehörte zum Patriarchatsgebäude, das man unter Justin II. südlich der Hagia Sophia auf einem Teil des Augusteions zu errichten begann. Hier ließ der Patriarch Johannes III. Scholastikos (565–577) Medaillons mit den Büsten der vier Evangelisten sowie möglicherweise von Petrus, Paulus, Johannes dem Täufer und der Jungfrau Maria anbringen. Vermutlich unter Patriarch Niketas I. (766–780) wurden die Bildnisse um das Jahr 768/769 entfernt und durch gleichgroße Medaillons mit Kreuzen ersetzt.

Die ersten figurativen Motive, die nach Beilegung des Bilderstreits entstanden, wurden in den nicht öffentlich zugänglichen Teilen der Hagia Sophia angebracht, was auf die allgemeine Verunsicherung zurückzuführen sein könnte, die auch nach dem Sieg der Orthodoxie noch herrschte. Im Wesentlichen handelt es sich um die Darstellung der vier Patriarchen Germanos I. (715–730), Tarasios (784–806), Nikephoros (806–815) und Methodios I. (843–847), die für die Ikonenverehrung eingetreten waren. Sie dürften unmittelbar nach dem Tod von Methodios I. entstanden sein.

Die Bildausstattung der Kirche selbst setzte dagegen vermutlich mit dem Amtsantritt des

Linke Seite: Hagia Sophia. Madonnenmosaik in der Apsis, 867.

Patriarchen Photios (858–867) im Jahr 857 ein und erreichte unter der makedonischen Dynastie ihren Höhepunkt. Am Ostersonntag des Jahres 867 enthüllte Photios im Beisein der gemeinsam regierenden Kaiser Michael III. (842–867) und Basileos I. im Rahmen einer feierlichen Predigt das Mosaik der Theotokos, der „Gottesgebärerin", im Apsisgewölbe sowie – rechts und links von ihr – der beiden Erzengel Michael und Gabriel, von denen Letzterer erhalten ist. Aus der überlieferten Predigt geht hervor, dass es sich um den Auftakt eines größeren Projektes handelte, in dessen Verlauf die gesamte Kirche mit neuem Bildschmuck ausgestattet werden sollte. Eine Inschrift am Stirnbogen der Apsiskalotte erweckt hingegen den falschen Anschein, es handele sich um die Wiederherstellung eines zerstörten Kunstwerkes: „Die Bilder, welche die Heuchler einst an dieser Stelle niedergeworfen haben, wurden von den frommen Kaisern wieder aufgestellt."

Am 9. Januar 869 verursachte ein Erdbeben gewaltige Schäden an der Kirche. Basileos I., der seinen Mitkaiser 867 hatte ermorden lassen und seitdem allein regierte, bot sich die Gelegenheit, die Tympana der nördlichen und der südlichen Hochwände mit einem neuen Bildprogramm zu versehen. Die Wände weisen zwei Fensterzonen auf. In der oberen Reihe befinden sich fünf, in der unteren sieben Fenster, wobei jeweils die drei mittleren Fenster durch zwei Pfosten voneinander getrennt werden. Unterhalb dieser Reihe befinden sich sieben flache Blendnischen, die jeweils unter einem Fenster angeordnet sind. Im Rahmen der neuen Bildausstattung wurden sie mit figürlichen Mosaiken ausgestattet, die insgesamt 14 Bischöfe und Kirchenväter zeigen. Rechts und links neben der unteren Fensterreihe wurden die großen Propheten Jeremia, Hesekiel, Jesaja sowie vermutlich Daniel abgebildet, während die Zwischenräume zwischen den einzelnen Fenstern zwölf weniger bedeutende

Unten: Hagia Sophia. Kaiser Alexander (912–913), Mosaik in der nördlichen Galerie.

Links: Hagia Sophia, Narthex. Kaiser Leon VI. in Proskynese vor Christus, Maria und Erzengel Michael (in den Medaillons rechts und links von Christus). Mosaik über dem Kaiserportal, durch welches man in das Schiff gelangt. Um 920.

Propheten zeigten. Beiderseits der oberen Fensterreihe waren wahrscheinlich vier Erzengel abgebildet. Eine Inschrift auf den Bogenfeldern rühmt den Kaiser, der die Kirche vor dem Verfall bewahrt habe, doch ist kein Monogramm, das Aufschluss über seine Identität gegeben hätte, erhalten.

Unter den 14 kirchlichen Würdenträgern befindet sich auch der Patriarch Ignatios, der 877 verstarb und kurz darauf heilig gesprochen wurde. Demnach wurden die Mosaiken erst nach 877, das heißt entweder unter der Regierung von Basileios I. oder von dessen Sohn Leon VI., fertig gestellt. Um dieselbe Zeit oder sogar früher dürfte auch das Mosaik in der Kuppel entstanden sein, das im Scheitelpunkt Christus als Pantokrator zeigte. In einem weiteren Schritt wurden die Gewölbe der Emporen mit Darstellungen versehen, von denen leider keine einzige erhalten ist. Das Bildprogramm scheint einem von späteren Beispielen bekannten Schema zu

Hagia Sophia, südlicher Vorraum. Kaiser Konstantin huldigt der thronenden Maria mit einem Modell der Stadt Konstantinopel und Kaiser Justinian mit einem Modell der Hagia Sophia. Mosaik über dem Tor zum Narthex. 994.

folgen: Christus Pantokrator im Zenit, die Muttergottes in der Apsis, an den Seitenwänden die Propheten und die Kirchenväter.

Für narrative Zyklen gibt es keine Anhaltspunkte, zumal die Wände bis in Höhe der Emporen mit Marmor verkleidet waren, so dass es ohnehin keinen Platz für bildliche Darstellungen gab, die aus der Nähe hätten betrachtet werden können. Bei den übrigen Mosaiken handelt es sich um Votivbilder. Bisher nicht geklärt werden konnte, zu welchen Anlässen sie gefertigt wurden.

Das 1932 freigelegte Mosaik in der Lünette über dem mittleren Eingang zum Kirchenraum zeigt den thronenden Christus, der auf beiden Seiten von je einem Medaillon mit dem Brustbild Mariens und dem eines Engels umgeben ist. Zu Füßen Christi ist ein Kaiser in Proskynese (Kniefall) dargestellt. Häufig wird die Meinung vertreten, dass es sich bei dem Dargestellten um Leon VI. handelt. Dessen vierte Eheschließung hatte ihn mit dem Patriarchen Nikolaos Mystikos entzweit. Als dieser dem Kaiser am Epiphaniastag 907 den Zutritt zur Hagia Sophia verwehrte, warf sich der Kaiser ihm unter Tränen zu Füßen und bekannte sich reuig zu seinen Sünden, weigerte sich aber bis zu seinem Tode, seine vierte Gemahlin Zoe zu verstoßen, die ihm seinen einzigen Sohn, den späteren Kaiser Konstantin VII. Porphyrogenetos geboren hatte. Wahrscheinlich handelt es sich jedoch um die Darstellung des Kaisers im Allgemeinen, der sich, die Weltenherrschaft Christi anerkennend, demütig vor ihm zu Boden wirft.

Kaiser Alexander (912–913), der Bruder Leons VI., der kaum 13 Monate regierte, ließ sich auf der nördlichen Empore der Hagia Sophia verewigen. Das Mosaik im Bogenfeld über dem Eingang zur Südvorhalle, das vermutlich aus der zweiten Hälfte des zehnten Jahrhunderts stammt, zeigt die beiden Kaiser Konstantin und Justinian, die der thronenden Mutter Gottes ein Modell der Stadt und eines der Kirche darbringen.

Weitere Mosaiken befinden sich auf der südlichen Empore, die den Zugang zum Sitz des Patriarchen bildete. An der Ostwand sind zu beiden Seiten des thronenden Christus Kaiserin Zoe (1026–1050) sowie deren dritter Gemahl, Konstantin IX. Monomachos (1042–1055) als Stifterpaar zu sehen. Da der Kopf des Kaisers eindeutig überarbeitet wurde, nimmt man an, dass die Gestalt ursprünglich Zoes ersten Gemahl, Romanos III. Argyros (1028–1034), darstellte. Allerdings wurden an allen drei Gesichtern Änderungen vorgenommen.

Daneben befindet sich ein Mosaik, das die Stifterfiguren von Johannes II. Komnenos und seiner Gemahlin Irene rechts und links der Jungfrau mit dem Kind zeigt. Das Mosaik stammt aus dem Jahr 1118, in dem Johannes II. auf den Thron gelangte. Vier Jahre später wurde auf dem seitlich angrenzenden Pilaster Alexis, der Sohn des Kaiserpaares, abgebildet.

Das wohl beeindruckendste Mosaik der Hagia Sophia, das Deesismosaik, auf dem Christus zwischen Maria und Johannes dem Täufer zu sehen ist, dürfte bald nach der Rückeroberung des Lateinischen Kaiserreiches durch die Palaio-

ΘΥ
ΙC

Hagia Sophia, Deesis.
Detailaufnahme der Christusfigur.

ΑΥΤΟΚΡΑΤΩΡΠΙCΤΟC
ΒΑCΙΛΕΥCΡΩΜΑΙΩΝ·
IC
XC
+ΖΩΗΗΕΥCΕ
ΒΕCΤΑΤΗ
ΑΥΓΟΥCΤΑ:·

ΜΡ
ΘΥ
ΕΙΡΗΝΗ

Oben: Hagia Sophia, südliche Galerie, Deesis, vor 1300.

logen, noch vor 1300, entstanden sein. 1346 brachte ein Erdbeben den östlichen Bogen sowie Teile der Kuppel zum Einsturz. Im Jahr 1355 waren die Ausbesserungsarbeiten abgeschlossen, in deren Rahmen vermutlich auch die Mosaiken der Kuppel und der Bogenwölbung restauriert wurden.

Obwohl die Kirche unmittelbar nach der türkischen Eroberung in eine Moschee umgewandelt wurde, verschwanden nicht alle Mosaiken sofort unter Tünche. Als Sinan das Gebäude 1573 restaurierte, ließ er die Fenster der Schildwände verkleinern. Dabei wurde ein Teil der dort befindlichen Mosaiken zerstört und der Rest übertüncht. Bei dieser Gelegenheit dürfte auch der Pantokrator aus dem Kuppelscheitel verschwunden sein, der noch in Reiseberichten aus dem 16. Jahrhundert erwähnt wird. Die Zeichnungen, die der Schwede Cornelius Loos um 1710/11 anfertigte, zeigen die Maria und die beiden Engel in der Apsis sowie die Mosaiken in der Bogenwölbung in unversehrtem Zustand. Eine Reihe szenischer Mosaiken in den Emporengewölben kennen wir nur noch von den Zeichnungen Loos' und der beiden Tessiner Architekten Gaspare und Giuseppe Fossati. Aller Wahrscheinlichkeit nach gehörten die Mosaiken zur nachikonoklastischen Neuausstattung unter den Kaisern Basileios I. und Leon VI. Als die beiden Fossati-Brüder in den Jahren 1847 bis 1849 die Hagia Sophia restaurierten, legten sie die Mosaiken frei und hielten sie in Zeichnungen fest. Die beiden Erzengel rechts und links der Apsis waren unbeschädigt, 13 der 14 Bischöfe und drei der berühmten Propheten sowie zwei der weniger bedeutenden waren vollständig oder zumindest teilweise erhalten. Nach den Restaurierungsarbeiten wurden die Mosaiken wieder übertüncht. Als Thomas Whittemore und seine Nachfolger sie 1932 erneut freilegen wollten, waren viele von ihnen nicht mehr auffindbar, darunter fast sämtliche Figuren aus den Bogenfeldern der Hochwände. Sie dürften dem Erdbeben von 1894 zum Opfer gefallen sein.

Die byzantinische Buchmalerei

Anders als die großen Wandgemälde in den Kirchen, die sich an die Allgemeinheit richteten, wurden die illuminierten Handschriften für die kaiserliche Familie und den Hochadel sowie für Kirchen und Klöster angefertigt. Diese Kunstwerke, die in großer Zahl und aus sämtlichen Epochen erhalten sind, geben Aufschluss über die Entwicklung der byzantinischen Malerei.

Aus der Zeit des Ikonoklasmus kennen wir vor allem solche mit profanen Themen. Darunter

Linke Seite,
oben: Hagia Sophia, Ostseite der Südgalerie. Christus thront zwischen Kaiser Konstantin IX. Monomachos und Kaiserin Zoe. Um 1024.

Unten: Hagia Sophia, Ostseite der Südgalerie. Maria mit dem Kind, flankiert von Kaiser Johannes II. Komnenos und Kaiserin Irene. 1118.

Tierkreis. Miniatur aus dem *Viererbuch* des Ptolemäus. Entstanden unter Kaiser Leon V. (813–820). In der Mitte ist der Kaiser auf einer Quadriga zu sehen. Er ist als Sonne, Weltherrscher und Mittelpunkt des Universums dargestellt. Die Personendarstellungen sind von der antiken Ikonographie geprägt. Biblioteca Apostolica Vaticana, Rom.

eine zwischen 813 und 820 unter Kaiser Leon V. entstandene Handschrift zum *Viererbuch* des Ptolemäus. Die darin abgebildeten Tierkreiszeichen sind römischen Prototypen nachempfunden. Der im Zentrum des Bildes auf einer Quadriga stehende Sonnengott symbolisiert den in die göttliche Sphäre erhobenen Kaiser.

Im Zeichen der triumphierenden Orthodoxie entstand einige Jahre später, um die Mitte des neunten Jahrhunderts, ein Psalter, der mit Randbemerkungen über die als Feinde der Religion gebrandmarkten Bilderfeinde versehen wurde. Die polemische Absicht dieser Schrift, die nach ihrem russischen Besitzer *Chludov-Psalter* genannt wurde, erklärt den volkstümlichen und expressiven Stil der Bilder.

Die makedonische Renaissance schlug sich in Miniaturen zu den Homilien (Bibelauslegungen) des Gregor von Nazianz nieder, die zwischen 880 und 883 angefertigt wurden. Die illuminierte Handschrift stand im Dienst der Verherrlichung der makedonischen Dynastie, stellte zum anderen aber auch eine letzte Abrechnung mit den Bilderstürmern dar. Vordergründig scheint sie – namentlich die realistischen Körperhaltungen sowie die Darstellung der Gesichter und der Gewänder – an die hellenistische Tradition anzuknüpfen, doch sind vor allem in der Komposition Neuerungen auszumachen. Die symbolhafte Darstellung wurde der realistischen Wiedergabe des Raumes übergeordnet, und der Bildhintergrund tendiert bereits zu jener Abstraktion, welche für die byzantinische Malerei typisch werden sollte.

Vier illuminierte Handschriften von außergewöhnlicher Qualität, die gegen Mitte des zehnten Jahrhunderts entstanden, dokumentieren die Vielfältigkeit der künstlerischen Entwicklung: *Theriaka* und *Alexipharmaka*, zwei Schriften des Nikander, eines griechischen Dichters aus dem zweiten Jahrhundert v. Chr., befassen sich mit der Behandlung von durch giftige Tiere verursachten Bisswunden. Die Figuren weisen

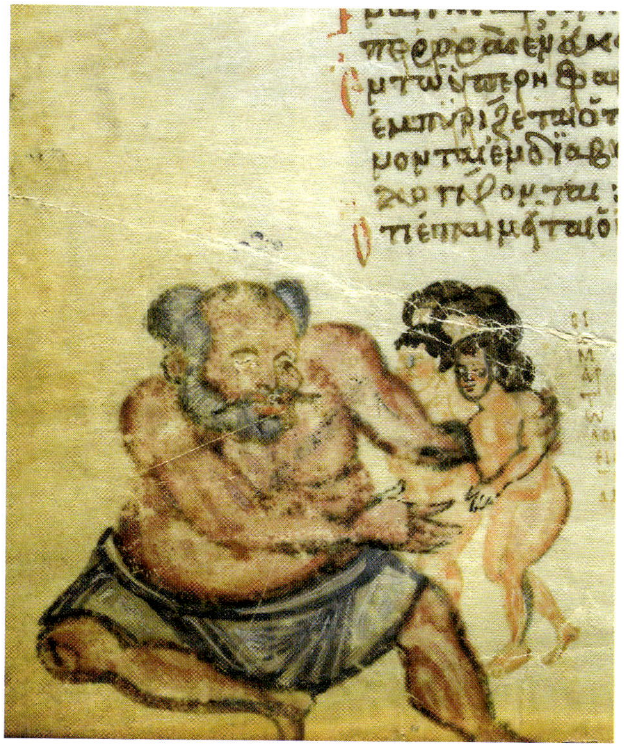

eine unübersehbare Ähnlichkeiten mit römischen Fresken auf. Vor allem die Darstellung der besiegten Titanen, die schreckliche Qualen leiden, steht in auffallendem Gegensatz zu der Furchtlosigkeit der christlichen Helden der byzantinischen Ikonographie. Damit knüpft die Handschrift, der vermutlich ältere Fassungen der Abhandlung zugrunde liegen, an eine künstlerische Tradition an, die vor allem in profanen Werken fortbestehen konnte.

Auch der *Pariser Psalter*, der während der Herrschaft Konstantins VII. entstanden sein dürfte, enthält antikisierende Personendarstellungen und allegorische Figuren, die sich durch eine realistische Anatomie auszeichnen. Bilder, die antiken Vorlagen nachempfunden sind, wie der auf einem Psalterion spielende David vor ländlicher Kulisse, stehen neben so dramatischen Szenen wie der Darstellung Moses', der auf dem Berg Sinai die Zehn Gebote empfängt.

Die Datierung der so genannten *Josua-Rolle* ist aufgrund ihrer ungewöhnlichen Form – es handelt sich um eine Pergamentrolle – und des Stils der Illustrationen, die an die Reliefs auf Ehrensäulen erinnern, problematisch. Da die Handschrift biblische Kriege als Motiv wählt, um die byzantinischen Siege über die Araber zu glorifizieren, wurde ihre Entstehungszeit in die Mitte des zehnten Jahrhunderts datiert. Ungeklärt ist, ob es sich um die Kopie einer antiken Vorlage oder um eine antikisierende Originalschöpfung handelt.

Links: *Chludov-Psalter*, um 830.
Hades nimmt die Sünder in Empfang.
Historisches Museum, Moskau.

Oben: Homilien des Heiligen Gregor von Nazianz.
Folio 438 verso,
Vision des Hesekiel, 880–883.
Bibliothèque nationale, Paris.

Theriaka und *Alexipharmaka* des Nikander, Folio 47 recto, Der Sturz der Titanen, Mitte zehntes Jahrhundert. Bibliothèque nationale, Paris.

Die Bibel des Leon Sakkelarios aus den 40er Jahren des zehnten Jahrhunderts bricht im Hinblick auf die Bildkomposition und die Darstellung von Perspektive und Raum am deutlichsten mit der antiken Tradition. Die Größe der ganzseitigen, 41 mal 27 Zentimeter messenden Miniaturen, die fehlende perspektivische Unterscheidung zwischen ferneren und näheren Bildebenen sowie die hieratische Haltung und überschlanke Form der Figuren rücken diese Buchmalereien in die Nähe von Ikonen.

Die Miniaturen im *Menologion* Basileos' II., einem liturgischen Buch, das die Feste der Heiligen aufführt und um 985 entstanden sein dürfte, gleichen diesen vollständig. Die insgesamt 272 Blätter dieser Handschrift enthalten 430 halbseitige Miniaturen, denen jeweils ein Text mit Angaben zu dem dargestellten Heiligen oder Fest folgt. Landschaft und architektonische Elemente sind gegen einen goldenen Hintergrund abgesetzt. Die Personen haben keine Plastizität. Das *Menologion* will eine spirituelle Beziehung zwischen den Gläubigen und ihren heiligen Fürsprechern herstellen. Auch aus der Widmung geht hervor, dass diese Handschrift als eine Art Ikonenalbum konzipiert war. Sie beginnt mit den Worten: „Möge er in allen, deren gemalte Bildnisse er vor sich hat, tatkräftige Helfer finden, Stützen des Staates, Verbündete in Schlachten, Erlöser aus Leiden, Heiler bei Krankheiten und vor allem unerbittliche Fürbitter beim Herrn in der Stunde des Gerichts und Überbringer des unfassbaren Glanzes und Gottesreiches."

Auch die Bildnisse der Evangelisten in gewöhnlichen Handschriften ähnelten zunehmend Ikonen. In dem Markusevangelium, das in der Walters Art Gallery in Baltimore aufbewahrt wird, sind bei der Darstellung der den Heiligen umgebenden Gegenstände die Gesetze der Perspektive vollkommen außer Acht gelassen. Andere Miniaturen scheinen mit ihren reich verzierten Rahmenleisten und ihrer typischen Farbgebung in Gold und Blau Emailarbeiten nachempfunden zu sein, so etwa die beiden Miniaturen des Evangeliums in der New Yorker Pierpont Morgan Library, die die Auferstehung Christi und den Evangelisten Johannes sowie seinen Schüler Prochoros zeigen. Die beiden letztgenannten Handschriften stammen aus der zweiten Hälfte des elften Jahrhunderts und damit aus einer politisch schwierigen, aber in künstlerischer Hinsicht äußerst fruchtbaren Zeit, in der die glücklosen Nachfolger der makedonischen Dynastie die von ihren Vorgängern angehäuften Reichtümer für Kunst ausgaben.

Der sogenannte *Theodor-Psalter* enthält winzige Miniaturen, die auf pergamentfarbenem Untergrund volkstümliche, aus der Antike bekannte Szenen wiedergeben. Stellt man sie etwa der Homiliensammlung des heiligen Johannes Chrysostomos gegenüber, erkennt man den Unterschied zwischen volkstümlicher und aristokratischer Kunst.

Während der Regierungszeit der Komnenen kam – vor allem in den kaiserlichen Auftragsarbeiten – eine zunehmend manieristische Darstellungsweise auf. Die Räumlichkeit wird nicht einmal mehr angedeutet, die Figuren werden zusehends entmaterialisiert, während das Bild von immer intensiveren Farben beherrscht wird.

Im *Panopliae dogmaticae*, einem Traktat, mit dem der Mönch Euthymios Zigabenos auf Wunsch Kaiser Alexios' I. Komnenos die Irrlehren seiner Zeit zu widerlegen versuchte, erscheint der Kaiser nur noch als ein purpurner Farbfleck auf goldenem Grund.

Um diese Zeit entstanden auch mehrere illustrierte Manuskripte des *Oktateuch*, der ersten acht Bücher des Alten Testaments. Ein im Auftrag von Isaak Komnenos, einem Sohn von Kaiser Alexios, angefertigtes Exemplar, das einzige byzantinische Manuskript, das sich heute noch in Istanbul befindet, enthält insgesamt über dreihundert Miniaturen in leuchtenden Farben. Auch der im Vatikan aufbewahrte *Oktateuch* zeichnet sich durch seinen naiven Stil aus.

Die von dem Mönch Jakob von Kokkinobaphos verfasste illuminierte Handschrift mit Homilien zur Muttergottes markiert zweifellos den Höhepunkt dieser manieristischen Buchmalerei – die Personen sind von farbigen, vielgestaltigen Gebäuden umgeben –, sie hatte sich auf dem Titelblatt der Homilien des Gregor von Nazianz bereits angedeutet: Das ikonenhafte, auf goldenem Untergrund gemalte Porträt des heiligen Georg wird von einem Phantasiegebäude mit Säulen, Kuppeln, Glockentürmen und farbigen Marmorverkleidungen eingerahmt.

Oben: *Pariser Psalter*, Folio 1 verso. Harfe spielender David, assistiert von der Melodie. Im Hintergrund links die Stadt Bethlehem; im Vordergrund rechts eine personifizierte Darstellung des Berges Bethlehem. Zweite Hälfte des zehnten Jahrhunderts. Bibliothèque nationale, Paris.

Nebenstehend: *Pariser Psalter*, Folio 422 verso. Moses erhält die Gesetzestafeln. Vorne links eine personifizierte Darstellung des Berges Sinai. Bibliothèque nationale, Paris.

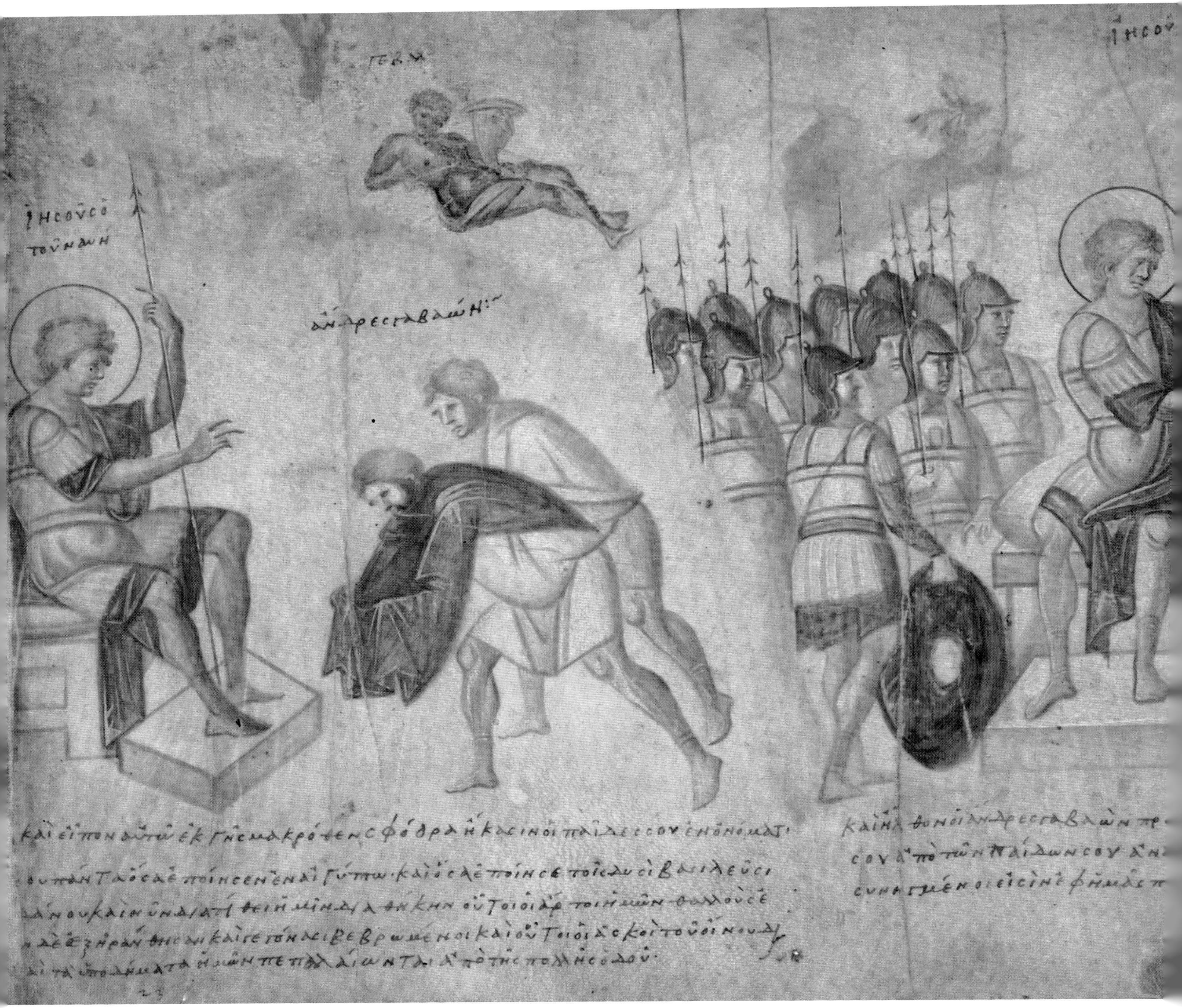

Josua-Rolle, Blatt 12. Links und in der Mitte empfängt Josua die Gesandten Gibeons und verspricht ihnen Hilfe. Rechts die Schlacht gegen die Amoriter. Diese Szenen aus den Kapiteln 9 und 10 des Buches Josua schildern, wie die restliche Handschrift, die siegreichen Kämpfe der Israeliten gegen die Wüstenvölker und feiern damit die Siege der Byzantiner über die Araber. Die Handschrift ist daher auf die zweite Hälfte des zehnten Jahrhunderts zu datieren, die Zeit der Wiedereroberung Syriens und des nördlichen Palästina. Biblioteca Apostolica Vaticana, Rom.

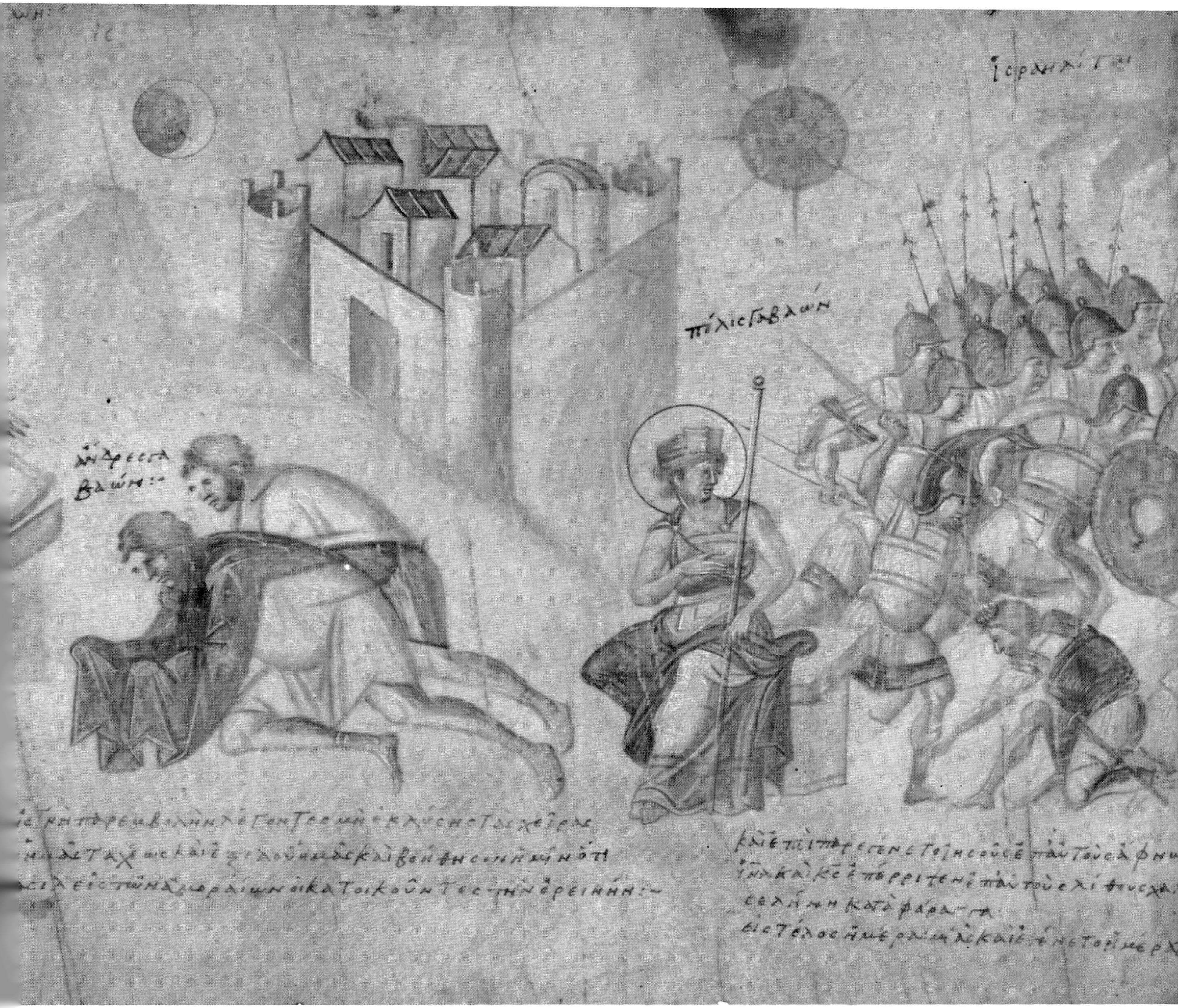
ἰσραηλῖται
πόλις Γαβαὼν
ἄνδρες Γαβαὼν:-

ΜΗΡ ΘΥ

Nebenstehend: ***Bibel des Leon Sakellarios.*** **Geschichte des Hiob. Da sich die Bibel im Besitz der Königin Christine von Schweden befand, ist sie auch unter der Bezeichnung** ***Bibel der Königin Christine*** **bekannt.**

Linke Seite: ***Bibel des Leon Sakellarios.*** **Der Auftraggeber bringt sein Buch der Jungfrau Maria dar. Bei der bartlosen, grauhaarigen Gestalt handelt es sich um einen Eunuchen, der sich an der Herstellung der Handschrift beteiligte, indem er die Epigramme zu den Miniaturen verfasste. Die Jungfrau Maria nimmt seine Gabe huldvoll entgegen und empfiehlt Leon dem Wohlwollen Jesu Christi.**

Folgende Doppelseite: ***Menologion*** **Kaiser Basileios' II. Die 484 Miniaturen dieser Handschrift zeigen die Feste im Jahreslauf. Hier ist das am 1. September gefeierte Fest des Heiligen Simeon Stylitos dargestellt. Die umfangreiche Handschrift wurde im Auftrag Kaiser Basileios' II. gegen Ende des zehnten Jahrhunderts angefertigt.**

Oben: *Menologion* Kaiser Basileios' II. Die sieben Schlafenden von Ephesos. Das im Osten überaus beliebte Motiv der sieben Schlafenden wurde auch vom Islam übernommen. Es findet sich in der Höhlensure des Koran. Der lange Schlaf versinnbildlicht den Tod, das Erwachen die Auferstehung. Biblioteca Apostolica Vaticana, Rom.

Rechte Seite: *Psalter* Basileios' II., Folio 3, recto. Kaiser Basileios II. besiegt seine Feinde. Er wird von Christus gesegnet. Der zu seiner Rechten abgebildete Erzengel Michael reicht ihm eine Lanze, und der zu seiner Linken abgebildete Erzengel Gabriel setzt ihm eine Krone auf. Die Basileios II. flankierenden Medaillons zeigen sechs Soldatenheilige – links den heiligen Theodor, den heiligen Demetrios sowie einen unbekannten Heiligen, rechts die Heiligen Georg, Prokopius und Merkurius.
Biblioteca Nazionale Marciana, Venedig.

Folgende Seite, links: *Morgan Lektionar*, Folio 1, recto. Links die Auferstehung, rechts der Evangelist Johannes mit Prochoros, zweite Hälfte des elften Jahrhunderts.
The Pierpont Morgan Library, New York.

Rechts: Ausschnitt aus einem Lektionar (Nationalbibliothek Athen). Der Evangelist Markus, Ende zehntes/Anfang elftes Jahrhundert. Walters Art Gallery, Baltimore.

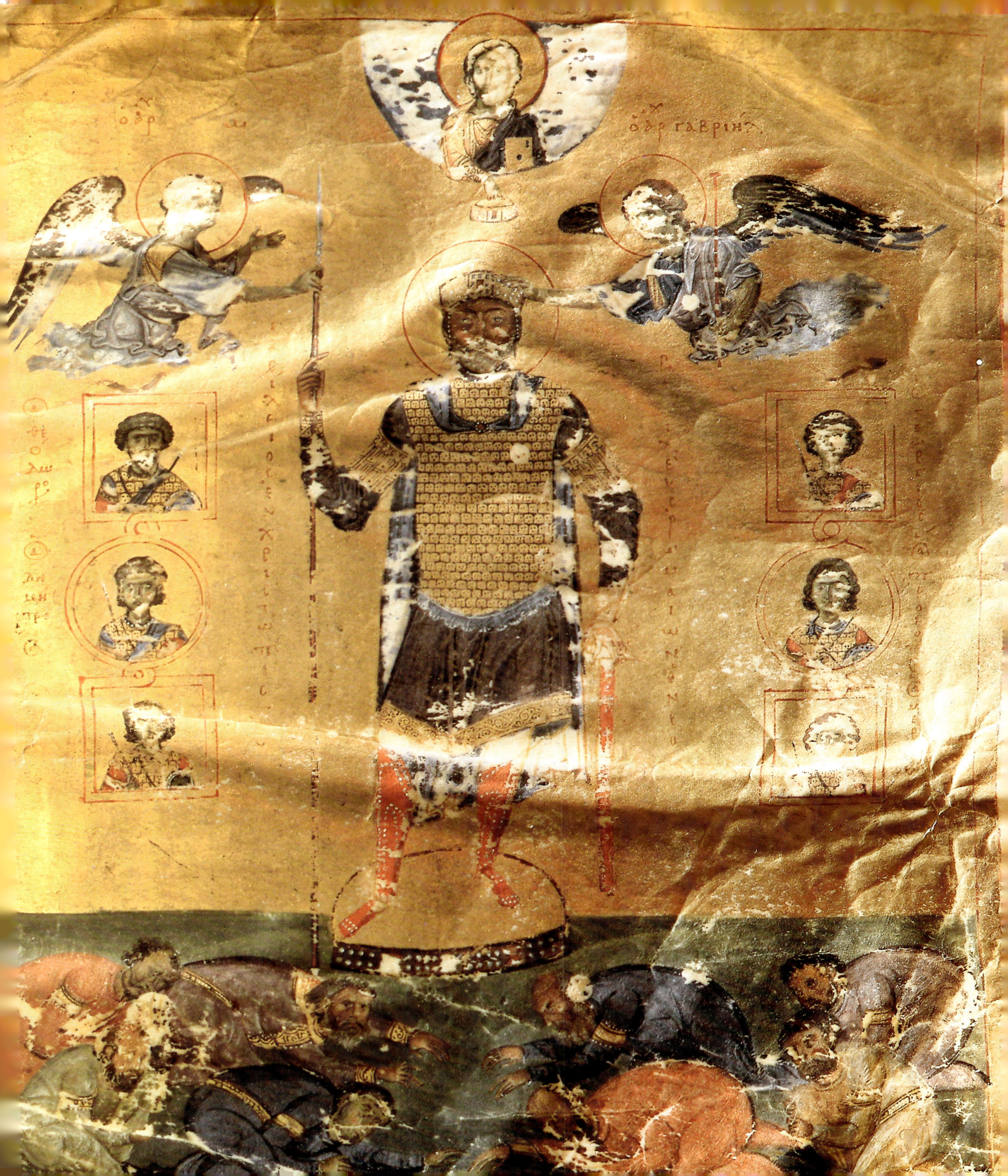

EVANGELISTARIUM SEU
EVANG. P. ANNUM

+ Τῇ ἁγίᾳ καὶ μεγάλῃ κυριακῇ τοῦ πάσχα +

ἘΚ ΤΟΥ ΚΑΤΑ ἸΩ(ΑΝΝΗΝ):

Ἐν ἀρχῇ ἦν ὁ λόγος·
καὶ ὁ λόγος ἦν πρὸς
τὸν θεόν· καὶ θεὸς ἦν
ὁ λόγος· οὗτος ἦν
ἐν ἀρχῇ πρὸς τὸν
θεόν· πάντα δι' αὐ-
τοῦ ἐγένετο· καὶ χω-
ρὶς αὐτοῦ ἐγένετο

Ο ΑΓΙΟΣ
ΜΑΡΚΟΣ

Oben links: ***Oktateuch*****, Folio 160, recto. Der Stab des Moses verwandelt sich in eine Schlange, Anfang zwölftes Jahrhundert. Bibliothek des Topkapi Saray, Istanbul.**

Oben rechts: ***Oktateuch*****, Folio 161, verso. Moses verabschiedet sich von Jethro. Bibliothek des Topkapi Saray, Istanbul.**

Nebenstehend: ***Theodor-Psalter*****, Folio 27, recto, 1966. British Library, London.**

Rechte Seite: Homilien des Heiligen Johannes Chrysostomos. Folio 2, recto, Kaiser Nikephoros III. Botaniates (1078–1081), umringt von Würdenträgern. Hinter dem Thron personifizierte Darstellungen der Wahrheit und der Gerechtigkeit. Bibliothèque nationale, Paris.

Nebenstehend: Homilien des Jakobus Kokkinabaphos, Frontispiz. Von diesen Homilien über die Muttergottes existieren zwei Versionen, deren Deckblätter ganz ähnlich illustriert sind. Beide zeigen gleichzeitig den Innenraum und die Fassade einer Kirche, welche eine Himmelfahrtsdarstellung birgt. Die zweite Handschrift wird in der Bibliothèque nationale in Paris aufbewahrt. Biblioteca Apostolica Vaticana, Rom.

**Linke Seite: *Vatikanischer Oktateuch*, Josuas Geschichte. Oben entsendet Josua Spione in das Land Ai. Unten kehren die Spione zurück. Aufgrund ihrer Technik und ihrer Bilder ist diese Handschrift mit dem im Topkapi Saray verwahrten *Oktateuch* vergleichbar.
Biblioteca Apostolica Vaticana, Rom.**

**Folgende Doppelseite:
Panoplia dogmatica des Euthymios Zigabenos. Es handelt sich um eine Schmähschrift gegen sämtliche Irrlehren – von der Zeit Epikurs bis ins elfte Jahrhundert. Das Frontispiz zeigt den Kaiser, Alexis Komnenos, wie er von Christus die Weisung empfängt, dieses Buch in Auftrag zu geben, das er den auf der linken Seite abgebildeten Kirchenvätern darbringt. Von links nach rechts sind die Heiligen Johannes Damaszenos, Maximus, Johannes Chrysostomos, Cyrillus, Gregor der Große, Gregor von Nyssa, Basilius, Athanasius und Dionysius zu sehen.
Biblioteca Apostolica Vaticana, Rom.**

KAPITEL III

Das Ende des Reiches

Der oströmische Kaiser Alexios I. Komnenos empfängt Peter von Amiens, der im August 1096 in Konstantinopel eintraf und zum Kreuzzug aufrief.
Gillot Saint-Evre,
signiert und datiert 1839.
Versailles

Im August 1071 wurde das byzantinische Heer unter Romanos IV. Diogenes (1068–1071) bei Mantzikert von dem seldschukischen Sultan Alp Arslan (1063–1072) vernichtend geschlagen, wodurch Kleinasien mehr oder weniger an die Türken verloren war. Etwa gleichzeitig mussten die Byzantiner Süditalien an die Normannen abgeben. Robert Guiscard eroberte Bari, die letzte byzantinische Festung in Italien. So wie die Schlacht bei Mantzikert als Auftakt einer Entwicklung gilt, die fast vier Jahrhunderte später zum Untergang des Byzantinischen Reichs führen sollte, so begann mit der Verdrängung der Byzantiner aus Italien die Ausbreitung der lateinischen Vorherrschaft im östlichen Mittelmeer. Dabei dienten die Kreuzzüge den oberitalischen Seemächten nur mehr als Vorwand zum Vorstoß in den Orient. Byzanz musste dem gleichzeitig von West und Ost ausgeübten Druck schließlich nachgeben: Seine Position zwischen zwei sich ausdehnenden Weltreichen erwies sich als unhaltbar.

Die Außenbesitzungen in Italien und Sizilien hatten die Byzantiner Schritt für Schritt an die Franken und Araber verloren, während sich Venedig, offiziell immer noch ein Vasallenstaat, ganz allmählich vom Reich gelöst und seine Unabhängigkeit errungen hatte. Wie Genua und Amalfi war auch die Serenissima mit ihrem unfruchtbaren Hinterland auf Seefahrt und Seehandel angewiesen und hatte zu diesem Zweck eine eigene Flotte aufgebaut wobei die Amalfitaner die ersten waren, die den Arabern die Vorherrschaft im Mittelmeer streitig machten. Byzanz hatte gegen das forsche Auftreten der neuen Seehandelsmächte in den adriatischen Gewässern zunächst nichts einzuwenden, da der Kaiser überzeugt war, davon profitieren zu können.

Seit dem zehnten Jahrhundert kamen Venezianer und Amalfitaner regelmäßig nach Konstantinopel, verfügten aber weder über besondere Vorrechte noch über eigene Stadtviertel. Als Basileios II. (976–1025) die Hilfe der venezianischen Flotte benötigte, um sein Heer nach Kalabrien und Apulien überzusetzen, gewährte er dem Dogen Pietro Orseolo II. (992–1009) im Gegenzug die ersten Privilegien, die im wesentlichen aus einer Senkung der Zollabgaben bestanden. Die nächsten Zugeständnisse folgten ein Jahrhundert später. Alexios I. Komnenos (1081–1118) schloss zur Bekämpfung der in den Balkan vordringenden Normannen ein Bündnis mit den Venezianern, deren Kriegsschiffe als einzige in der Lage schienen, sie aufzuhalten. Für ihre Hilfeleistungen erhielten sie Zollfreiheit und das Recht, eine ständige Handelskolonie in Konstantinopel zu errichten. Damit war der Grundstein zur Kolonialmacht Venedigs im Osten gelegt. Zwar erkannte Venedig das Handelsrecht des byzantinischen Kaisers auch weiterhin an, aber als Machtfaktor ließ sich die italische Seerepublik aus der byzantinischen Entwicklung nicht mehr wegdenken. Gleichzeitig stellten Venedig wie Pisa und Genua einen wichtigen Absatzmarkt dar. Damit stützte sich der aufkommende byzantinische Handel von Anfang an auf ausländische Kaufleute, was zwar einen vorübergehenden Wohlstand begründete, aber schließlich auch zur Folge hatte, dass eben diese ausländischen Mächte die staatlichen und gesellschaftlichen Grundlagen aushöhlten. Nicht anders sollte es

den Osmanen ergehen, die 500 Jahre später den italischen Handelsrepubliken ähnliche Privilegien zugestanden. In Konstantinopel ließen sich die Venezianer ab 1082 in einem Viertel an den Ufern des Goldenen Horns nieder, unmittelbar westlich der heutigen Galatabrücke. Nachdem sie den Geleitschutz der ersten Kreuzfahrerheere übernommen hatten, konnten die Venezianer ihre Machtposition immer stärker ausbauen, aber die Pisaner und Genuesen drängten nach. Der byzantinische Kaiser versuchte die Konkurrenten gegeneinander auszuspielen: 1111 verlieh Alexios I. auch den Pisanern Handelsprivilegien und wies ihnen ein Viertel östlich der venezianischen Kolonie zu. Die Genuesen ließen sich ab 1155 am gegenüberliegenden Ufer des Goldenen Horns im Stadtteil Pera nieder. Als die Pisaner das Viertel zwei Jahre später angriffen und zerstörten, erhielten die Genuesen die Erlaubnis, sich östlich der pisanischen Handelskolonie und damit innerhalb der Stadtmauern anzusiedeln.

Ansätze eines byzantinischen Unternehmertums wurden von den lateinischen Konkurrenten im Keim erstickt, deren Stärke auf den erteilten Privilegien und der Geschäftstüchtigkeit ihrer Kaufleute beruhte. Als die Komnenen dies bemerkten, war es schon zu spät. 1126 musste Kaiser Johannes II. Komnenos (1118–1143) seinen Versuch, die gewährten Vorrechte zu widerrufen, angesichts des venezianischen Flottenaufgebots aufgeben. Manuel I. Komnenos

Die Kreuzzüge

Die Kreuzzüge waren in gewisser Weise die Reaktion des christlichen Europa auf die arabische Expansion im Mittelmeerraum und auf die wirtschaftliche und kulturelle Vorherrschaft des byzantinischen Reichs. Während der beiden Jahrhunderte, in denen sie geführt wurden, kam es – trotz oder wegen der ständigen Auseinandersetzungen – zu einem intensiven Austausch zwischen Orient und Okzident. Gleichzeitig bildeten sich jedoch auch dauerhafte Gegensätze heraus: zunächst zwischen den Christen der Westkirche und denen der Ostkirchen, später zwischen Christen und Moslems. Schließlich trat im Laufe dieser Entwicklung die Macht der italischen Seerepubliken zutage, die wesentlich zum Niedergang des Byzantinischen Reiches beitrug. Byzanz, das zwischen den Fronten stand – den Kreuzfahrern auf der einen Seite, den Türken auf der anderen –, hoffte, die beiden Lager gegeneinander ausspielen zu können. Doch unterlag es im Abstand von zweieinhalb Jahrhunderten erst den einen, dann den anderen.

1071 verlor das byzantinische Kaiserreich seine letzten Gebiete in Italien an das normannische Herzogtum Sizilien. Zehn Jahre später überquerten die Normannen die Adria und griffen das Zentrum des Reichs, den Balkan, an. Alexios I. Komnenos (1081–1118) gelang es, sie mit venezianischer Hilfe zurückzuschlagen. Doch angesichts der permanenten Bedrohung durch die Petschenegen und Türken in Norden und Osten wandte er sich schließlich an Papst Urban II. Der Pontifex rief am Ende der Synode von Clermont (1095) zum Ersten Kreuzzug auf. Das Heer der Kreuzfahrer setzte sich aus unterschiedlichsten Bevölkerungskreisen zusammen. Die wenig organisierte Masse wurde nicht zu einer geschlossenen Armee zusammengefügt, sondern setzte sich in einzelnen Truppen zu unterschiedlichen Zeitpunkten von verschiedenen Orten Europas aus in Bewegung. Die erste Welle bestand aus einer Bettlerarmee unter der Führung des ungarischen Eremiten Peter von Amiens, die im Frühjahr 1096 nach Konstantinopel aufbrach. Der byzantinische Kaiser sorgte dafür, daß diese ersten Truppen so schnell wie möglich auf kleinasiatisches Gebiet übergesetzt wurden, wo sie im Oktober 1096 in die Gegend von Nicäa von den Seldschuken erbarmunglos niedergemacht wurden.

Der größte Teil der Kreuzfahrerarmee erreichte Konstantinopel zwischen Dezember 1096 und Mai 1097: Ungefähr 35 000 Ritter und Infanteristen schlugen ihr Lager vor den Mauern der Stadt auf. Alexios I. hatte einige Mühe, sie zu verpflegen und ihre Überfahrt zu organisieren. Als erste Kreuzfahrerstaaten wurden im März 1098 Edessa und im Juni Antiochia gegründet, im Juli 1099 eroberten die Kreuzheere Jerusalem und errichteten dort ein lateinisches Königreich.

Anlaß zum Zweiten Kreuzzug gab die Eroberung der Grafschaft Edessa durch die Seldschuken im Dezember 1144. Nachdem die Kreuzfahrer im Sommer 1147 die Donau überquert hatten, kam es permanent zu Auseinandersetzungen mit den Byzantinern, die – nicht zu Unrecht – befürchteten, dass einige der Beteiligten die Eroberung Konstantinopels planten.

Der Dritte Kreuzzug diente wiederum der Eroberung Jerusalems. Unter Führung des deutschen Kaisers Friedrich I. Barbarossa drangen die Heere 1189 in byzantinisches Territorium vor, in dem mittlerweile das weniger durchsetzungsfähige Geschlecht der Angeloi regierte. Anders als seine Vorgänger entschied sich Isaak II. Angelos (1185–1195, 1203–1204) für eine offene Konfrontation,

Nebenstehend: Die Eroberung Jerusalems durch die Sarazenen, angeführt von Sultan Saladin, am 3. Oktober 1187.
Französische Buchmalerei, um 1400 (Meister von Boucicaut oder Meister von Bedford). Aus dem *Livre des merveilles*, einer Sammlung von Reiseberichten des Marco Polo.
Bibliothèque nationale, Paris.

Linke Seite: Die Eroberung Konstantinopels durch die Kreuzfahrer während des Vierten Kreuzzuges, am 13. April 1204.
Die Eroberung Konstantinopels, Gemälde von Jacopo Palma, genannt der Jüngere (1544–1628), Großer Ratssaal, Dogenpalast in Venedig.

Unten: Englische Buchmalerei, um 1340.
Der englische König Richard Löwenherz und Sultan Saladin im Einzelkampf.
Aus dem für Sir Geoffrey Luttrell of Irnham angefertigten *Luttrell-Psalter*.
British Library, London.

indem er die Versorgung der Kreuzfahrer verweigerte und versuchte, sie aufzuhalten. Daraufhin besetzte Barbarossa Philippopolis (das heutige Plowdiw), plünderte den größten Teil Thrakiens, nahm Adrianopel ein und schickte seinen Sohn Heinrich mit einer Flotte vor die Mauern Konstantinopels; da gab Isaak nach. 1190 wurde ein Vertrag geschlossen, in welchem dem deutschen Kaiser unter anderem Schiffe und Lebensmittel zugesagt wurden. Barbarossa überquerte den Bosporus und erreichte Kilikien (in Südanatolien), wo er dann jedoch in einem Fluss ertrank.

Auch Heinrich VI., Sohn und Nachfolger Friedrich Barbarossas, sah in einem Kreuzzug die Möglichkeit, seine Expansionspolitik voranzutreiben. Dynastische Streitigkeiten der Angeloi – 1195 wurde Isaak II. Angelos von seinem Bruder Alexios III. Angelos (1195–1203) abgesetzt und geblendet – kamen ihm äußerst gelegen. Er stellte sich auf die Seite des gestürzten Kaisers. Zwar starb Heinrich VI. noch vor Beginn des Vierten Kreuzzugs, aber Philipp von Schwaben führte die Pläne seines Bruders fort.

Im Herbst 1201 flüchtete der Sohn Isaaks II., Alexios IV. Angelos (1203–1204), an den deutschen Hof und erbat Unterstützung, um seinen Vater wieder auf den Thron zu bringen. Der Hilferuf erreichte die westeuropäischen Herrscher just in dem Augenblick, als sich die Kreuzheere vor Venedig versammelten, um in See zu stechen.

Venedig hatte seine Flotte bereitgestellt, dafür aber eine Summe verlangt, die die Kreuzfahrer nicht aufbringen konnten. Ersatzweise forderte der Doge Enrico Dandolo von ihnen die Eroberung der Stadt Zara (das heutige Zadar) an der dalmatischen Küste. Der junge Alexios versprach den Kreuzfahrern Unterstützung durch 1000 Soldaten und 800 000 Goldstücke.

Ende Juli 1203 trafen die Kreuzfahrer in Konstantinopel ein. Alexios III. flüchtete nach dem ersten Ansturm, der blinde Isaak II. wurde wieder eingesetzt, sein Sohn Alexios IV. zum Mitkaiser ernannt. Mit Konfiskationen gelang es ihm, die Hälfte der zugesagten Summe zusammenzubekommen, da die Kreuzfahrer ihren Anteil jedoch umstandslos an die Venezianer weitergeben mussten, um ihre Schulden zu begleichen, ließen sie den byzantinischen Kaiser wissen, dass er unverzüglich den Rest der versprochenen Summe zu übergeben habe. Der Versuch, durch Steuererhöhungen an die notwendigen Mittel zu gelangen, führte zum Aufstand, in dessen Verlauf Alexios IV. umgebracht und sein Vater erneut in Haft genommen wurde, wo er bald darauf starb. An ihre Stelle trat ein Schwiegersohn von Alexios III., Alexios V. Dukas Murtzuphlos (1204). Da er die Zahlungen an die Kreuzfahrer verweigerte, unternahmen diese im April 1204 einen neuerlichen Angriff auf Konstantinopel, das eingenommen und tagelang geplündert wurde. Danach teilten die Kreuzfahrer das Byzantinische Kaiserreich unter sich auf, wobei sich Venedig den Löwenanteil sicherte. Schließlich setzten die Eroberer einen lateinischen Kaiser in Konstantinopel ein, während die versprengte byzantinische Aristokratie einschließlich der Herrscherfamilie am anatolischen Ufer eine Reihe kleinerer Staaten gründete, darunter die Kaiserreiche Nikaia und Trapezunt.

Die Herrscher von Nikaia konnten 1261 nach Konstantinopel zurückkehren. Allerdings konnten die Byzantiner nur einen Teil ihres einstigen Territoriums zurückgewinnen: Die letzten Fürstentümer der Kreuzfahrer wurden von den Türken erobert, während Kreta bis zum 17. Jahrhundert und Korfu sogar bis zum Ende der Republik Venedig im Jahre 1797 zum Herrschaftsgebiet der Serenissima gehörten.

Nebenstehend links: Münze Johannes' II. Komnenos mit thronendem Christus.
Bibliothèque nationale, Münzsammlung, Paris.

Nebenstehend rechts: Münze Manuels I. Komnenos mit Christus Emmanuel.
Bibliothèque nationale, Münzsammlung, Paris.

Rechte Seite: Blick auf Istanbul und Galata (oben) von Matraki Nasuh, 1537.
Universitätsbibliothek, Istanbul.

(1143–1180) sah sich 1147 sogar gezwungen, die Privilegien zu erweitern, um sich den Beistand Venedigs gegen eine neuerliche Bedrohung durch die Normannen zu erkaufen. Da Venedig seine Vormachtstellung nun auch in Italien immer stärker ausbauen konnte, gab es für Konstantinopel schließlich keine Möglichkeit mehr, die einmal eingeräumten Wettbewerbsvorteile zu widerrufen. Die Byzantiner reagierten darauf mit wachsender Feindseligkeit gegen die in der Hauptstadt ansässigen Lateiner. 1171 ließ Manuel I. Komnenos zirka 10 000 Venezianer festnehmen und ihr Vermögen beschlagnahmen; im Jahre 1182 brach ein blutiger Aufstand der einheimischen Bevölkerung gegen die Venezianer aus und vertrieb sie für einige Jahre fast ganz. Die Vorfälle bestätigten die Venezianer in ihrer Auffassung, dass ihre wirtschaftliche Vorrangstellung nur durch die Niederwerfung des byzantinischen Kaiserreichs zu halten war.

Als im Juni 1202 die europäischen Adeligen zum Aufbruch in den Vierten Kreuzzug in Venedig zusammenkamen, erkannte der Doge Enrico Dandolo die Gunst der Stunde. Der Kreuzzug war die Gelegenheit, nicht nur in Dalmatien wichtige Häfen in Besitz zu nehmen, sondern auch an den Schwarzmeer-Meerengen venezianisch-abendländische Stützpunkte zu gründen. Da der Landweg zu riskant war und die Kreuzfahrer daher auf die venezianische Flotte angewiesen waren, gelang es ihm, gegen den Widerstand des Papstes, den Kreuzzug in einen Eroberungszug gegen Byzanz zu verwandeln. 1204 nahmen die Kreuzfahrer Konstantinopel ein und teilten die europäischen Gebiete des Kaiserreichs und die Inseln unter sich auf.

Bei der ersten Belagerung im Juli und August 1203 kam es zu zwei großen Feuersbrünsten, nach der Eroberung im Jahre 1204 entlud sich der ganze Hass, der sich zwischen Griechen und Lateinern aufgestaut hatte. Die Stadt wurde geplündert, unersetzliche Kunstschätze wurden vernichtet. Ihre Einwohner flohen in die Vororte oder in byzantinisch kontrollierte Gebiete Kleinasiens. Der Hof und sein Gefolge flüchteten an das anatolische Ufer und gründeten dort vier kleinere Staaten, darunter das Kaiserreich von Nikaia, das sich als Nachfolger des byzantinischen Reiches behaupten sollte. Die abendländischen Eroberer setzten währenddessen ihr zerstörerisches Werk fort. Die Bleidächer wichtiger Gebäude wurden abgetragen und eingeschmolzen; bescheidenere Häuser, die von ihren Bewohnern verlassen worden waren, wurden zu Brennholz zerkleinert. Auch die Bronzestatuen des Hippodroms wurden eingeschmolzen und zu Münzen verarbeitet. Von Restaurationsarbeiten ist nahezu nichts bekannt. Nur wenige der 20 Kirchen und 13 Klöster wurden von den neuen Herrschern neu ausgestattet. In der Kalenderhane Cami (Kyriotissa-Kirche) sind Reste von Malerei aus der Zeit der Lateiner mit Bildern des Heiligen Franziskus erhalten. Aus schriftlichen Quellen wissen wir, dass der Altar der Hagia Sophia mit einem Baldachin ausgestattet wurde. Gleichzeitig wurde das Beutegut aus den geplünderten Kirchen in den Westen gebracht und ein schwunghafter Handel mit byzantinischen Reliquien und Kunstgegenständen aufgenommen. Zumindest ein Teil der ehemaligen Kirchenschätze Konstantinopels wird daher heute in europäischen Museen aufbewahrt.

Die Gründung von Galata

Eingeschlossen zwischen dem bulgarischen Königreich auf der einen Seite und dem Reich von Nikaia auf der anderen konnte sich die Herrschaft der Lateiner in Konstantinopel nicht lange halten. 1261 gelang es Michael VIII. Palaiologos (1258–1282) Konstantinopel nahezu kampflos zurückzuerobern. Prophylaktisch hatte er sich die Unterstützung der einzigen ebenbürtigen Rivalin Venedigs gesichert: Genua, das nur zu gern bereit war, bei der Vertreibung der lateinischen Herrschaft am Bosporus mitzuhelfen, stellte dem Kaiser ein Geschwader von 50 Kriegsschiffen zur Verfügung und erhielt im Gegenzug all jene Privilegien, die die Venezianer einst innegehabt hatten, darunter zollfreien Zugang zum Reich und eigene Viertel in Konstantinopel und den wichtigsten Hafenstädten. Die teuer erkaufte Hilfe erwies sich allerdings als unnötig; vor den Mauern Konstantinopels stellte sich heraus, dass die gesamte venezianische Flotte ausgelaufen war, so dass sich den Griechen nur unbedeutender Widerstand entgegenstellte.

Michael VIII. bot den Genuesen, die 1204 ein weiteres Mal aus ihrem Viertel in Konstantinopel vertrieben worden waren, ein sehr viel größeres Siedlungsgebiet am nördlichen Ufer des Goldenen Horns an. Mit einer Ausdehnung von etwa 600 mal 160 Metern nahm das Viertel schon bald das Aussehen einer italienischen Stadt an. Es wurde von einer geraden Straße, die zum Wasser führte, in zwei Hälften geteilt. Rechts und links dieser Achse verlief je eine Parallelstraße, die ebenfalls bis ans Ufer reichte. Am Anfang der Hauptstraße befand sich die Loggia, Sitz des Podestà (Bürgermeister) und Handelsbörse; auf halber Strecke zum Wasser erhob sich die dem heiligen Michael geweihte Kathedrale. Im westlichen Teil des Gebiets lag eine den Heiligen Paul und Dominikus geweihte Kirche und im östlichen die Franziskanerkirche.

Ein 1303 und 1304 erneuertes Dekret verbot den Bau einer Stadtmauer, billigte den Genuesen aber das Recht zu, sich zu verteidigen. Zu diesem Zweck hoben sie einen Graben aus und befestigten die äußeren Häuser. Bereits 1306 erweiterten die Genueser ihr Siedlungsareal eigenmächtig durch Landankäufe. Nach und nach wurden zunächst Befestigungstürme, dann eine Stadtmauer auf der Landseite und einige Jahre später auch auf der Seeseite errichtet. Mitte des 14. Jahrhunderts nutzten die Genuesen die Abwesenheit von Kaiser Johannes VI. Kantakuzenos (1347–1354) zu einer erneuten Erweiterung ihres Territoriums und errichteten 1348/49 auf

Blick von der Anhöhe von Pera auf den Galata-Turm. Kupferstich aus Renouard de Bussierre, *Lettres sur l'Orient ... les années 1827 et 1828*, Paris, 1829. Bibliothèque nationale, Paris.

der Hügelnase nördlich der Stadt den mächtigen Christus-Turm, den heutigen Galata-Turm. In der Folgezeit erweiterten die Genuesen das Stadtgebiet noch mehrfach, sodass auch die beiden Vororte Spiga im Westen und Lagirio im Osten schließlich in den Befestigungsring einbezogen waren. Zu Beginn des 14. Jahrhunderts hatte die Siedlung der Genuesen, die nunmehr 37 statt der ursprünglichen sechs Hektar umfasste, ihre endgültige Form erreicht.

Die Vergrößerungen gingen mit dem Bau immer neuer Stadtmauern einher. Die erste Stadtverwaltung des Osmanischen Reichs ließ den größten Teil der Mauern abreißen. Lediglich ein inneres Festungstor, zwischen den Häusern eingeschlossene Mauerteile und einige Türme, darunter der Galata-Turm, blieben stehen. Einige Inschriften mit Erbauungsdaten und den Familienwappen der Bauherren werden im Archäologischen Museum von Istanbul aufbewahrt, und vom Palast des Podestà sind einige Mauern erhalten, die in ein modernes Gebäude integriert wurden. Am Standort der Sankt-Michael-Kathedrale entstand Mitte des 16. Jahrhunderts der Bedestan (überdeckte Markthallen) von Galata. Die Sankt-Franziskus-Kirche, die 1639 und 1660 ausbrannte, wurde durch eine Moschee ersetzt, die allerdings zu Beginn des 20. Jahrhunderts abgerissen wurde. Vom Sankt-Benedikt-Kloster, das 1427 im Vorort Lagirio errichtet wurde, steht nur noch der Glockenturm. Der einzige noch erhaltene Sakralbau der Genuesen-Stadt Galata ist die durch zahlreiche Umbau- und Restaurierungsmaßnahmen stark veränderte Sankt-Paul-Kirche, die zwischen 1475 und 1478 in die Arap Cami (Moschee der Araber) umgewandelt wurde. Der Name stammt nicht, wie häufig behauptet, von einer nahe gelegenen Siedlung, in der sich die nach dem Fall des Königreichs von Granada 1492 aus Andalusien vertriebenen Araber niederließen, sondern rührt von einer Legende her: So soll der erste Sakralbau an dieser Stelle von Arabern errichtet worden sein, die Konstantinopel von 715 bis 717

Mit zwei Türmen bewehrter Haupteingang der Festung Yoroz (Anadolu Kavagi).

belagerten. Die Legende diente wohl dazu, die im 15. Jahrhundert vorgenommene Umwandlung in eine islamische Kultstätte innerhalb eines Stiftungskomplexes zu rechtfertigen, denn Mehmed II. hatte die Genuesen von Galata nach der Eroberung von Konstantinopel mit einem Schutzbrief für ihre Neutralität belohnt, der ihnen den Erhalt ihrer Kirchen garantierte. Der Glockenturm der ehemaligen Kirche wird heute als Minarett genutzt.

Schließlich wird mit den Genuesen in Konstantinopel und Umgebung eine Festung in Verbindung gebracht, die unter dem Namen Yoros bekannt ist und oberhalb des Dorfs Anadolukavak am asiatischen Ufer des Bosporus in der Nähe des Schwarzen Meeres liegt. Die Geschichte dieser Festung, deren oberer Teil recht gut erhalten ist, ist allerdings weitgehend unbekannt. Sie wurde wahrscheinlich bereits unter Michael VIII. Palaiologos erbaut, um die Meerengen zu überwachen. Um 1350 soll sie von den Genuesen besetzt worden und schließlich Mitte des 15. Jahrhunderts in die Hände der Osmanen gefallen sein.

Die Mouchliotissa-Kirche

Bei seinem Einzug in Konstantinopel fand Michael VIII. eine nahezu verlassene und zerstörte Stadt vor. Mit Unterstützung der Aristokratie unternahm er den nahezu aussichtslosen Versuch, die Schäden zu beheben, aber der Aufwand und die Kosten überstiegen bei weitem die vorhandenen Möglichkeiten. Zunächt mussten die dringendsten Arbeiten durchgeführt werden: die Befestigung der beim Ansturm der Kreuzfahrer zerstörten Mauern, insbesondere auf der Seeseite, und die Restaurierung des Blachernenpalastes, der von den Belagerern verwüstet worden war. Darüber hinaus mussten vor allem die baufälligen öffentlichen Gebäude restauriert werden. In diesem Zusammenhang soll der Kaiser den Mosaikfußboden in Hagios Johannes Studios sowie das Mosaik in der Südempore der Hagia Sophia gestiftet haben.

Bei dem einzigen Profanbau, der heute in die Zeit der Palaiologen datiert wird, handelt es sich um das Tekfur Saray in der Nähe des Blachernenpalastes. Das Palais, das zwischen und auf ver-

Links: Tekfur Saray. Detailaufnahme einer restaurierten Säule samt restauriertem Kapitell.

Rechts: Der Palast Konstantins VII. Porphyrogenetos (Tekfur Saray).

schiedenen Abschnitten der Theodosianischen Mauer und der später verstärkten Vormauer errichtet wurde, stammt vermutlich bereits aus dem 10. Jahrhundert, wurde aber in der zweiten Hälfte des 12. Jahrhunderts grundlegend erneuert. Seit dem 17. Jahrhundert trägt es die Bezeichnung Tekfur Saray (Königsschloss).

Die erste Kirche aus der palaiologischen Epoche, die Panhagia Mouchliotissa, wurde zusammen mit dem angrenzenden Kloster 1261 von Isaak Dukas, einem Onkel Michaels VIII., gegründet. Im Jahre 1266 wurden beide vergrößert und besser ausgestattet. Die Herkunft des Namens „Mouchliotissa" ist bislang nicht geklärt. Er könnte vom Namen des Mongolen-Khans Abagu abgeleitet sein, dessen Witwe, Maria Palaiologina, die Tochter Michaels VIII. Palaiologos, Kirche und Kloster Ende des 13. Jahrhunderts nochmals ausbauen ließ. Einer anderen Meinung zufolge wurde die Kirche den Einwohnern der Stadt Mouchlion (dem heutigen Tegea) zugewiesen, die 1458 vertrieben und von Mehmed II. in diesem Viertel angesiedelt wurden. Sie ist der einzige byzantinischer Sakralbau, der bis heute zur orthodoxen Kirche gehört, und blieb von der Umwandlung in eine Moschee ausgenommen. Bei der Mouchliotissa-Kirche handelte es sich ursprünglich um einen vierpassförmigen Bau (Tetrakonchos) mit einer zentralen Tambourkuppel, die auf vier Säulen ruht. Die außen polygonal ummantelten Konchen weisen im Inneren je drei kleine Halbrundnischen auf. Da dieser Grundriss auch für frühchristliche Mausoleen verwendet wurde, kam die Hypothese auf, dass es sich ursprünglich um eine Grabstätte aus dieser Zeit handeln könnte, die im 13. Jahrhundert in eine Kirche umgewandelt wurde. Die Wahl dieses Grundrisses könnte aber auch für einen gewissen Einfluss Georgiens in Konstantinopel plädieren, wo Konchenbauten außerordentlich stark verbreitet waren. Der Ursprungsbau wurde in späterer Zeit durch zahlreiche Umbaumaßnahmen stark verändert: Zwei der Konchen wurden abgerissen und durch eine zweischiffige Halle ersetzt.

Theodora Raulaina, eine Nichte des Kaisers Michael VIII., ließ im Jahr 1284 eine möglicherweise aus dem sechsten Jahrhundert stammende Kirche erneuern und das dazugehörige Kloster erweitern. Die Anlage war vermutlich dem Heiligen Andreas geweiht, einem Märtyrer aus der Zeit des Bilderstreits. Der Bau besaß einen zentralen Kuppelraum, an dessen vier Ecken mächtige Pfeiler eine Tambourkuppel trugen. Zwischen die Pfeiler waren im Norden, Süden und Westen je zwei Säulen eingestellt. Im Osten öffnete sich der auf drei Seiten von einem Umgang umgebene Kuppelraum in das Bema (den

Altarraum) und die Apsis, im Westen war der Kirche ein Narthex vorgelagert. Von 1489 bis 1491 wandelte der Großwesir Koca Mustafa Paşa Hagios Andreas in eine Moschee um und nahm dabei eine Reihe von baulichen Veränderungen vor, die das ursprüngliche Aussehen der Kirche völlig veränderten.

Die Pammakaristos-Kirche

Das Kuppelquadrat mit Umgang, das in palaiologischer Zeit zum bevorzugten Bautyp gehörte, trat erstmals in der Pammakaristos-Kirche auf. Diese wurde über einer älteren Kirchenanlage errichtet, deren kreuzförmige Krypta in eine Zisterne verwandelt wurde. In einer Inschrift, die sich in der inzwischen abgerissenen Hauptapsis befand, sollen ein Johannes Komnenos und dessen Frau als Stifter genannt gewesen sein. Dabei könnte es sich um den Bruder des Kaisers Isaak I. (1057–1059) und Vater von Alexios I. gehandelt haben; die Kirche wäre demnach vor 1067 entstanden. Mit Sicherheit läßt sich nur sagen, dass der Bau vor 1118 fertiggestellt gewesen sein muss, da in jenem Jahr Kaiser Alexios I. Komnenos dort beigesetzt wurde.

1236 nahm der Protostrator Michael Glabas – der Hauptpferdemeister und zweithöchste Würdenträger im Kaiserreich – die Kirche und das dazugehörige Kloster in Besitz. Vermutlich unter Glabas wurde die südliche Außenwand der Kirche und eine davor verlaufende Vorhalle mit Fresken ausgestattet. Nach Glabas' Tod (vermutlich zwischen 1304 und 1308) trat seine Witwe Maria Doukaina in das Kloster ein und ließ zu Ehren ihres Mannes eine reich dekorierte Grabkapelle, auch als Parekklesion bezeichnet, an der Südseite der Kirche errichten. Diese kleine Kreuzkuppelkirche mit dreigeteilter Ostpartie und einem Narthex im Westen war nahezu vollständig mit Mosaiken ausgekleidet. Neben den Mosaiken der Chora-Kirche gehören diese Arbeiten zu den schönsten und eindruckvollsten Werken der palaiologischen Epoche.

Die untere Zone der Innenraumwände war bis zur Höhe der vier Säulen, die die Mittelkuppel tragen, mit Marmor verkleidet, wie es in mit Mosaiken ausgestatteten Kirchen üblich war; diese Wandverkleidung existiert nicht mehr. Darüber, in den Bögen und Gewölben der Kreuzarm-Eckkompartimente, sind Darstellungen von Kirchenvätern erhalten: Gregorios Thaumaturgos, Gregor von Agrigent, die Heiligen Antipas und Blasios sowie der heilige Gregor von Armenien im Südost-Eckkompartiment; Gregor von Nyssa und der heilige Ignatios Theophoros im Nordosten, die Heiligen Sabas, Johannes von Climax, Arsenios, Chariton, Euthymios und Antonios im Nordwesten. Diese mittlere Zone schließt mit einem umlaufenden Gesims ab, auf dem noch Reste einer ehemaligen Inschrift zu Ehren Michael Glabas' auszumachen sind. In der darüberliegenden Zone waren in den Lünetten und Kreuzgratgewölben der Kreuzarme die hohen Feste des Kirchenjahres dargestellt, von

Links: Grundriss der Mouchliotissa-Kirche (Rekonstruktion). Von der ursprünglichen Vierkonchenanlage ist nur noch der äußere Teil erhalten. Der Rest wurde später ergänzt.

Rechts: Die Mouchliotissa-Kirche ist die einzige byzantinische Kirche, in der noch griechisch-orthodoxe Gottesdienste gefeiert werden. Im Hintergrund ist das griechische Gymnasium zu sehen.

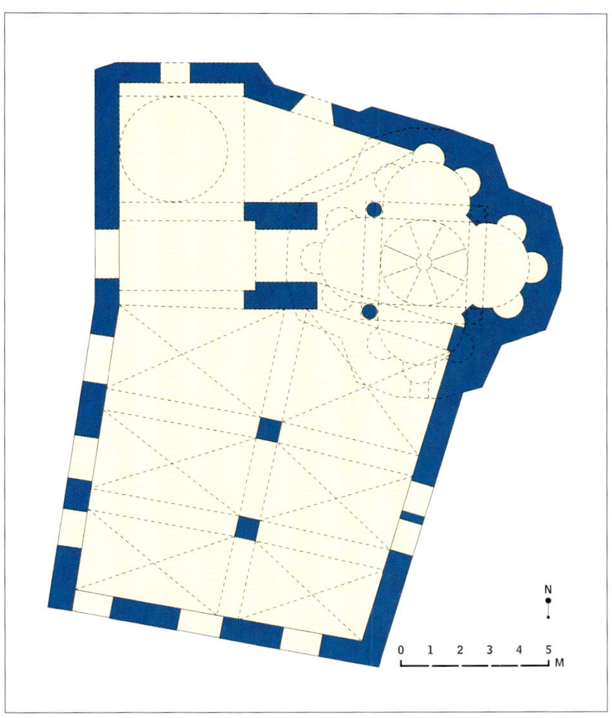

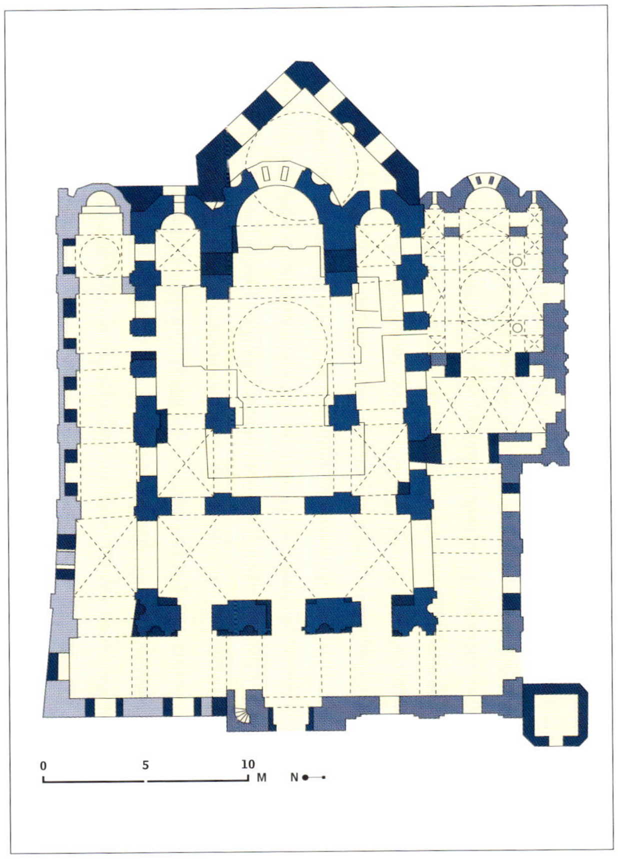

denen aber nur noch die Taufe und Reste der Himmelfahrt erhalten sind. Die oberste Zone schließlich umfasst die Kuppel, in der sich die Darstellung des Pantokrators mit den zwölf Propheten befindet.

Im Diakonikon sind drei der wichtigsten Kirchenväter abgebildet: in der Apsis der heilige Gregor der Theologe, auf der Südwand der heilige Athanasius und auf der Nordwand der heilige Kyrill. Die Apsis der Prothesis zeigt den heiligen Jakobus, der als Gründer des Patriarchats von Jerusalem gilt, die Nordwand vermutlich den heiligen Clemens, Nachfolger des heiligen Petrus auf dem Bischofssitz von Rom, und die Südwand den heiligen Metrophanos, der erste nachgewiesene Bischof von Konstantinopel. Es werden somit die Gründer der wichtigsten Bischofssitze dargestellt.

Die Hauptapsis wird nicht, wie üblich, von einer Muttergottesdarstellung eingenommen, sondern zeigt eine Deesis, in der Christus als Hyperagathos („der Übergütige“) bezeichnet wird. Die Muttergottes und Johannes der Täufer sind in den seitlichen Lünettenfeldern dargestellt. In den Kreuzgewölben des Chores sind die vier Erzengel abgebildet. Die Apsiskalotte wird umrahmt von einer Inschrift, welche besagt, dass die beiden Fürbitter für die Seele des Gatten der Stifterin beten: „Martha, die Nonne, erbaute dieses Opfer für Gott zum Gedenken an Michael Glabas, ihren Ehegatten, der ein hervorragender Krieger und ein würdiger Führer war.“ Der Verstorbene wurde in einem Arkosolium, einem

Oben: Die Pammakaristos-Kirche. Südliche Fassade. Rechts das Parekklesion, links der zurückgesetzte Narthex.

Oben links: Grundriss der Pammakaristos-Kirche. Die Apsis der Hauptkirche ist rekonstruiert. Der von einer Kuppel überwölbte Gebäudevorsprung wurde in osmanischer Zeit angefügt, um Raum für eine Gebetsnische zu schaffen.

Unten: Pammakaristos-Kirche. Blick von der Apsis auf das Parekklesion.

Wandgrab unter einer Rundbogennische, in der Nordwand der Kapelle beigesetzt. Die im Narthex der Kapelle durchgeführten Untersuchungen erwiesen, dass es mindestens vier weitere Arkosolia gab: zwei in der Narthexostwand, eines in der Westwand links des Eingangs – rechts ist die Treppe zur Narthexempore – und eines in der Südwand. Die Errichtung eines Exonarthex um die Süd-, West- und Nordseite der Hauptkirche in der Mitte des 14. Jahrhunderts ist, wie in der Lips-Kirche, auf die Nutzung als Grabstätte zurückzuführen.

Im Vergleich mit anderen Mosaiken der Palaiologenzeit (zum Beispiel mit denen in der Chora-Kirche oder in der Apostelkirche in Thessaloniki) wirken die des Parekklesions ruhiger und weniger manieriert. Vergleicht man die Taufszene des Parekklesions mit jener der Apostelkirche (zwischen 1310 und 1314), so ist festzustellen, dass die Christusfigur dort stärker durchmodelliert ist und die Engelgruppe größere Bewegung und eine faltenreichere Gewandbildung aufweist.

Interessant ist die auffällige Ähnlichkeit des Pantokrators in der Kuppel mit dem auf der Christus-Ikone vom Sinai, einer der ältesten erhaltenen Arbeiten ihrer Art, die in das sechste Jahrhundert datiert wird und wahrscheinlich in Konstantinopel entstand. Hier zeigt sich, wie beständig sich ikonographische Muster trotz der Entwicklung verschiedener Stilrichtungen und aufeinander folgenden „Renaissancen“ der byzantinischen Malerei erhielten: Einzelne Gestaltungselemente, wie Haar- und Barttracht, Augenausdruck und Gewanddrapierung wurden bei bestimmten ikonographischen Typen (Christus Pantokrator, Maria) über Jahrhunderte tradiert.

1455 siedelte der Patriarch Gennadios II., nachdem er von den Türken aus der Apostelkirche vertrieben worden war, in das Pammakaristos-Kloster über. Die dort lebenden Nonnen mussten daraufhin das Kloster verlassen. Das Patriarchat blieb bis 1586, und verschiedene Reisende des 16. Jahrhunderts haben das Aussehen der Anlage in dieser Zeit beschrieben und in Zeichnungen dokumentiert.

1591 beschlagnahmte Murad III. das Gebäude, um es in eine Moschee mit dem Namen Fethiye Cami umzuwandeln. Dabei wurden die vier Säulen im Kuppelraum entfernt und durch weite Bogen ersetzt. Die Nord- und Südwand sowie die Narthexostwand wurden teilweise durchbrochen bzw. abgetragen und durch Pfeilerkonstruktionen ersetzt. Die Hauptapsis riss man ab und errichtete an ihrer Stelle einen Kuppelraum für den Mihrab. Auch die beiden nördlichen Säulen des Parekklesions wurden entfernt. Die Hauptkirche wird weiterhin als Moschee genutzt; das Parekklesion wurde nach umfangreichen Restaurierungsmaßnahmen der Museumsverwaltung unterstellt.

Oben: Pammakaristos-Kirche. Kuppel des Parekklesions. Christus als Pantokrator (Weltenherrscher), umringt von zwölf Propheten.

Unten: Pammakaristos-Kirche, Parekklesion. Der heilige Gregor von Nyssa.

Die Chora-Kirche

Der außergewöhnliche Mosaiken- und Freskenzyklus in der Chora-Kirche, der die Lebensgeschichte Mariens und Jesu nahezu vollständig wiedergibt, hat mehr als jedes andere Kunstwerk dazu beigetragen, dass der Begriff einer Palaiologischen Renaissance, die auf dem Gebiet der Literatur und Philosophie zweifellos stattgefunden hat, auch für die bildende Kunst diskutiert wurde. Nach der Eroberung des Reiches durch die unter venezianischer Führung stehenden Kreuzfahrer und angesichts der wirtschaftlichen Vormachtstellung der italischen Handelsstädte war die lateinische Kultur zum Feindbild geworden. Die Intellektuellen sahen sich genötigt, ein neues byzantinisches Selbstverständnis zu entwickeln, das sich vom Römischen Reich – wie sich Byzanz gleichwohl weiterhin nannte – klar abgrenzte. Gleichzeitig bewog das sinkende Ansehen des Kaisers die politischen Köpfe unter ihnen dazu, in ihren Theorien einen aufgeklärten Fürsten, der sich von Philosophen beraten ließ, an die Stelle dieses Vertreters Gottes auf Erden zu setzen. Der Hellenismus, lange Zeit als Symbol des Heidentums verschmäht, blühte wieder auf. In Opposition zur „Kulturlosigkeit" der Lateiner – und damit zum katholischen Europa – kehrte man zur glorreichen Antike zurück, widmete sich dem Studium antiker Texte und war voller Bewunderung für die Denkmäler und Kunstwerke dieses Zeitalters. Im Zuge der Beschäftigung mit der griechischen Philosophie entwickelte sich der Platonismus zur neuen Ethik und Regierungstheorie.

Diese rein intellektuelle und letztlich dem Heidentum zugeneigte Bewegung entsprach jedoch keineswegs den Bedürfnissen einer Bevölkerung, die sich auf der einen Seite von der Eroberung durch die Türken und auf der anderen von der Ausbeutung durch die italischen Seemächte bedroht fühlte. Wie so oft in Byzanz, nahm die Auseinandersetzung die Form eines theologischen Streits an.

Er entzündete sich an der Bewegung der Hesychasten, einer Richtung der byzantinischen Mystik, die durch Kontemplation und Askese zur Offenbarung gelangen wollte. Die Gegner des Hesychasmus sammelten sich um Barlaam von Kalabrien, der im Sinne Thomas von Aquins forderte, die Wahrheit nach dem Vorbild der antiken Philosophie, das heißt mit Hilfe streng rationaler Kriterien, zu suchen. Gregorios Palamas, dem führenden Vertreter der Bewegung, der später zum Erzbischof von Thessaloniki ernannt werden sollte, gelang es jedoch, die orthodoxe Kirche von der Lehre der Mönche des Berges Athos zu überzeugen. Der Triumph des Hesychasmus erwies sich als folgenschwer: Nicht nur wurde damit die humanistische Strömung auf eine intellektuelle Elite begrenzt und der Bruch zwischen katholischer und orthodoxer Kirche vertieft, sondern er bereitete auch der Ausbreitung des Islam den Boden. Der Islam sollte sich im westlichen Kleinasien und auf dem Balkan nämlich vor allem durch die Lehren herumreisender Derwische verbreiten, die ebenfalls durch asketische Übungen und geistige Versenkung eine mystische Vereinigung mit Gott anstrebten. Der diesen Lehren innewohnende Synkretismus – die Mischung aus Geboten des Islam, manichäischen Elementen aus dem Iran, schamanischen Glaubensinhalten zentralasiatischer Herkunft und der Askese indischer Provenienz – sprach jene Bevölkerungsschichten an, die jede Form intellektueller Auseinandersetzung als europäisches Gedankengut ablehnten.

Es stellt sich daher die Frage, ob die humanistische Bewegung, die – wenn auch begrenzt – durchaus existierte, einen so starken Einfluss auf die bildenden Künste nehmen konnte, dass man von einer Renaissance sprechen kann, in dem Sinne, wie sie in den folgenden Jahrhunderten in Westeuropa stattfand. Die Antwort ist zweifellos negativ. So war zwar eine Erneuerungsbewegung bzw. Rückkehr zu vergangenen Stilepochen zu beobachten – wenn nicht zu den Ursprüngen der griechischen Kultur, so zumindest zu den in den Handschriften überlieferten künstlerischen Traditionen: Der Manierismus der Komnenenzeit wurde von einer neuen Bilddynamik und einer weniger hieratischen Darstellungsweise abgelöst. Aber die räumliche Gestaltung ist weit vom Naturalismus entfernt, den die westliche Malerei dieses Zeitalters anstrebte. Die Farbpalette der Mosaiken und Fresken der Chora-Kirche, die sehr viel umfangreicher ist als die des zeitgenössischen Giotto, die Gewandgebungen, die Lebhaftigkeit der Personen, die Extravaganz der Architekturmotive lassen nichts von einem wie immer gearteten Realismus erkennen, sondern sind fest in der byzantinischen Tradition verhaftet. Und so schwindet auch die Dynamik, die die Zyklen der Chora-Kirche auszeichnet, einige Jahre später mit der Rückkehr zu konventionellen Darstellungen.

Die Herkunft des Begriffs *chora* („Land" im weiteren Sinn), der dem Kloster seinen Namen gab, bevor es in türkischer Zeit Kariye („Dorf") genannt wurde, ist nicht gesichert. Es könnte sich um einen Ortshinweis handeln, da das erste Gebäude vor dem Bau der Theodosianischen Mauer errichtet wurde und sich somit auf dem freien Land befand. Vermutlich bezieht sich der Name aber auf verschiedene Inschriften in der Kirche: So sind in vier Fällen Bildnisse Christi mit der Beischrift „I Chora ton zonton" („Das Land der Lebenden") versehen, und an zwei anderen Stellen wird die Muttergottes als „Chora tou akoretou" („Land des Unerschöpflichen") bezeichnet.

Die Frühgeschichte der Kirche und des dazugehörigen Klosters ist aufgrund zahlreicher Widersprüche in den Quellen unklar. Bereits unter Justinian I. (527–565) oder unter Phokas (602–610) soll ein erstes Kloster gebaut worden sein, dessen Äbte ab Beginn des achten Jahrhunderts in verschiedenen Quellen genannt werden. Die erste Kiche, über die wir genauere Kenntnisse haben, stammt allerdings erst aus der frühen Komnenen-Zeit und soll zwischen 1077 und 1081 von Maria Dukaina, der Schwiegermutter von Alexios I., gegründet worden sein. Die erhaltene Bausubstanz lässt auf eine Kreuzkuppelkirche mit dreigeteilter Ostpartie schließen. Nach teilweiser Zerstörung – eventuell durch ein Erdbeben – ließ Isaak Komnenos, der Bruder des Kaisers Johannes II. Komnenos (1118–1143), die Kirche um 1120 umbauen. Aus dieser Zeit stammen die bis heute erhaltene Mittelapsis und die vier mächtigen Eckpfeiler des Kuppelquadrats sowie die Kuppel. Die Form eines griechischen Kreuzes war nun kaum noch zu erkennen, da die Kreuzarme stark verkürzt waren. In der Lateinerzeit wurden Kloster und Kirche geplündert, und Ende des 13. Jahrhunderts waren beiden Bauten verfallen. Anfang des 14. Jahrhunderts war es der Groß-Logothet (Kontrolleur des Staatsschatzes) Theodor Metochites (1270–1332), der die Gebäude gründlich restaurieren ließ. Metochites, einer der großen Humanisten seiner Zeit, war unter anderem Finanzminister, hatte

Linke Seite: Christus. Ikone, Enkaustik, sechstes Jahrhundert. Katherinen-Kirche, Sinai.

Kariye Cami, Außenansicht. Blick auf die Hauptkuppel und, im Vordergrund, auf eine der beiden Narthexkuppeln.

IC

Kariye Cami, südliche Narthex-
kuppel. Christus umgeben von den
Patriarchen vom Stamme Adams.

Kommentare zu Aristoteles verfasst und besaß eine umfangreiche Bibliothek. Zwischen 1315 und 1320 ließ er die Hauptkuppel erneuern und im Westen der Kirche zwei Narthices errichten, deren äußerer im Süden in ein neu errichtetes Parekklesion mündete. Wie in der Pammakaristos- und der Lips-Kirche, diente das Parekklesion als Grablege der kaiserlichen Familien.

Die Kirche ist Christus geweiht, aber das ikonographische Programm der Mosaiken in den beiden Narthices und im Kirchenraum sowie der Fresken im Parekklesion, das ursprünglich etwa dreihundert Szenen und Einzelfiguren umfasste, ist gleichermaßen Christus wie der Muttergottes gewidmet. In den beiden Kuppeln des inneren Narthex wird der Stammbaum Christi illustriert, während in den übrigen Gewölben und auf den Pendentifs Szenen aus dem Leben Mariens und Christi dargestellt werden.

Der Zyklus beginnt mit den Widmungsbildern über den Eingängen. Der Christus Pantokrator in der Lünette, die sich über der in den inneren Narthex führenden Tür befindet, empfängt den Besucher mit der oben genannten Beischrift. Ihm gegenüber, über dem Haupteingang, ist eine Maria Blacherniotissa dargestellt, die vor ihrer Brust eine Aureole mit dem Christuskind hält und mit der zweiten oben genannten Beischrift versehen ist. Von rechts und links nähert sich je ein Engel mit verhüllten Händen. In der Lünette über der Tür zum Kircheninnenraum ist der Stifter Theodor Metochites in Proskynese (Kniefall) vor dem thronenden Christus dargestellt. In seinen Händen hält er ein Modell der Kirche. In einer großen Rundbogennische südlich der Tür ist eine Deesis mit Christus und Maria sowie zwei kleinfigurigen Oranten abgebildet; Johannes der Täufer ist nicht dargestellt. Bei den Betenden handelt es sich um Isaak Komnenos und die Nonne Melanie. Eine rudimentär erhaltene Beischrift bezeichnet letztere als Dame der Mongolen und nennt den Namen Andronikos Palaiologos. Es könnte sich demnach um die Prinzessin Maria, eine illegitime Tochter von Kaiser Andronikos II. Palaiologos (1282–1328) handeln, die Ende des 13. Jahrhunderts den

Oben links: Kariye Cami, große Deesis im Narthex. Unten der Stifter, Isaak Komnenos.

Oben rechts: Kariye Cami. Christusbild über dem Durchgang vom Exonarthex zum Narthex mit der Inschrift „Stätte der Lebenden“.

Grundriss der Kariye Cami. In der Mitte die von dicken Mauern umgebene ursprüngliche Kirche mit vorgelagertem Exonarthex und Narthex. Letzterer zieht sich im Süden in Form eines Parekklesions um das Gebäude herum.

Rechte Seite: Narthex der Kariye Cami.

Mongolen Taktai, Khan der Goldenen Horde, heiratete. Die Südkuppel des inneren Narthex zeigt im Scheitel den Christus Pantokrator. Darunter, in den Flächen der Rippenkuppel und der Tambourzone, sind die Vorfahren Christi (nach Matthäus 1) mit insgesamt 40 Personen dargestellt. Die Abstammungstafel setzt sich in der Nordkuppel des Narthex fort, wo weitere 28 Personen dargestellt sind sowie eine Muttergottes mit Kind im Scheitel der Kuppel.

In den Gewölbezwickeln der Nordkuppel beginnt der Zyklus der Geschichte der Muttergottes aus dem apokryphen Evangelium, das unter dem Namen Protoevangelium des Jakobus bekannt ist. Es handelt sich um einen von drei narrativen Zyklen, in die die Mosaiken der beiden Narthices unterteilt sind. Der Zyklus wird im Uhrzeigersinn in den beiden mittleren Gewölben des Narthex, den Lünetten, den Bogen und auf der Westseite fortgesetzt. Von den ursprünglich 20 Szenen sind 15 nahezu vollständig und vier teilweise erhalten. Nur eine Szene ist zerstört. Die Darstellung der Geburt der Muttergottes und ihrer ersten sieben Schritte fällt wegen der Bildkomposition und Farbgebung besonders auf.

Der folgende Zyklus, der die Kindheit Christi – diesmal nach den zur Bibel gehörenden Evangelien – erzählt, beginnt auf der Lünette der

Oben: Kariye Cami, sechstes Joch des Exonarthex. Herodes befiehlt den Kindermord.

Nebenstehend links: Narthex der Kariye Cami. Erste Schritte Mariä.

Nebenstehend rechts: Kariye Cami, sechstes Joch des Exonarthex. Die Heilung des Lahmen.

Rechts: Blick vom Exonarthex der Kariye Cami in das Parekklesion.

1

2

3

4

5

1. Exonarthex der Kariye Cami, sechstes Joch. Die Heilung des Lahmen. Unten rechts und links der Kindermord.

2. Exonarthex der Kariye Cami, drittes Joch. Christi „Stätte der Lebenden“ und darüber links die Hochzeit zu Kanaa und rechts Jesus bei der Vermehrung der Brote.

3. Narthex der Kariye Cami. Heilung der Schwiegermutter Petri.

4. Exonarthex der Kariye Cami, zweites Joch. Christus und Johannes der Täufer, dahinter die Apostel Johannes und Andreas.

5. Exonarthex der Kariye Cami, drittes Joch. Die Vermehrung der Brote.

Nordwand des Exonarthex mit dem Traum des Joseph und der Reise nach Bethlehem. Er wird in 13 Lünetten des Exonarthex fortgeführt.

In den sieben Gewölben des Exonarthex sowie den Pendentifs der Südkuppel sind die Wundertaten Christi dargestellt. Der Zyklus beginnt im Norden des inneren Narthex. Die Mosaiken des ersten Gewölbes sind vollständig zerstört. Das zweite Gewölbe zeigt die Versuchung Christi durch den Teufel, den heiligen Johannes, der in der Wüste predigt, und die Berufung der ersten Apostel. Im dritten Gewölbe sind die Mosaiken mit der Hochzeit zu Kanaa und der wundersamen Brotvermehrung nur noch fragmentarisch erhalten.

Im vierten Gewölbe ist ebenfalls nur ein Fragment erhalten, auf dem man die Heilung des Aussätzigen erkennt. Die Mosaiken des fünften Gewölbes sind völlig zerstört, die des sechsten über dem südwestlichen Joch des Exonarthex nur noch fragmentarisch erhalten. Zu erkennen sind die Darstellung des geheilten Gelähmten, der sein Bett auf dem Rücken trägt, sowie jene der Samariterin am Brunnen. Über die Mosaiken des siebten Gewölbes lässt sich keine Aussage machen, da sie nahezu völlig zerstört sind. Der Zyklus endet mit den Heilungsszenen in den Pendentifs der Südkuppel des inneren Narthex und den Lünetten an der Südwand des Kuppeljochs.

Die Lünetten und Gurtbögen sind mit Heiligendarstellungen, teils in ganzer Figur, teils als Brustbild in einem Medaillon, ausgeschmückt. Ursprünglich sollen es 43 Figuren gewesen sein, von denen 34 teilweise oder ganz erhalten sind. Auf den Wandvorlagen zu Seiten des Eingangs in den inneren Narthex befinden sich die Darstellungen der Muttergottes und von Johannes dem Täufer. Die Bildnisse des heiligen Joachim und der heiligen Anna befinden sich an der Wandvorlage zwischen den beiden nördlichen Jochen des Exonarthex: die meisten der übrigen Figuren sind zerstört. Zu Seiten der in den Kirchenraum führenden Tür sind die Heiligen Petrus und Paulus dargestellt.

Im Kircheninnenraum ist keines der Mosaiken, die sich einst über der Marmorverkleidung befanden, erhalten. Mit großer Wahrscheinlichkeit waren in der Kuppel die Darstellung des Christus Pantokrator mit den Propheten angebracht und in den Pendentifs und den Lünetten die großen Feste des Kirchenjahrs. Erhalten sind lediglich eine Koimesis (Marientod) über der Eingangstür sowie die ganzfigurigen Gestalten Christi und der Gottesmutter – die sogenannten Templonionen – zu Seiten des Chorraums.

Narthex der Kariye Cami. Petrus. Die Darstellung der Heiligen scheint über Jahrhunderte hinweg gleich geblieben zu sein.

Narthex der Kariye Cami. Mariä Geburt. Die Bildkomposition hingegen ist Änderungen unterworfen. Der architektonische Hintergrund, die Darstellung der Gewänder und die der Bewegungen finden sich später bei den frühen italienischen Malern wieder.

Das im Süden der Kirche gelegene Parekklesion ist im Unterschied zu den Narthices vollständig mit Fresken ausgestattet. Eine Ausnahme bildet lediglich eines der Arkosolia, das noch Reste der ehemaligen Mosaiken enthält.

Das Parekklesion besteht aus zwei hintereinander liegenden quadratischen Räumen, die von einer Flachkuppel bzw. einer Tambourkuppel mit breiten Gurtbögen überwölbt sind. Im Osten schließt der Bau mit einer halbrunden Apsis ab.

Das Bildprogramm der Grabkapelle ist ausgerichtet auf Tod, Gericht, Auferstehung und das Leben nach dem Tod. Darüber hinaus werden Figuren – Märtyrer, Kirchenväter usw. – dargestellt, deren Leben vorbildlich für den Weg ins Paradies war.

Im Mittelpunkt des ikonographischen Programms der Grabkirche stehen, wie in der gesamten Kirche, Christus und die Muttergottes, wobei hier – der Funktion des Raumes entsprechend – ihre Erlöserrolle in den Vordergrund gerückt wurde. Die Ausmalung lässt sich grob in zwei horizontale Felder unterteilen: eine untere Zone mit den Wandfeldern und Arkosolia und eine obere mit den Lünetten, Gurtbögen und Gewölben. In der Tambourkuppel erscheint die Darstellung der Muttergottes, umgeben von zwölf Engeln, unter denen sich die Fenster des Tambours öffnen. In den Pendentifs sind vier Hymnenschreiber dargestellt, die Kirchenlieder zu Ehren der Muttergottes geschrieben haben.

Die Flachkuppel über dem östlichen Raum sowie die Lünetten in der Südwand enthalten die Darstellung des Jüngsten Gerichts. In der Apsiskalotte ist die Anastasis, die Höllenfahrt Christi, dargestellt. Christus, von einer Mandorla (mandelförmiger Heiligenschein um die ganze Figur) umfangen, zertritt die Tore des Hades und zieht Adam und Eva aus ihren Sarkophagen.

In den Lünetten und Gurtbogen sind Geschehnisse des Alten Testaments wiedergegeben, die als Sinnbilder Mariens zu verstehen sind. Dazu gehören die Jakobsleiter und der Brennende Dornbusch in der Nordlünette, die Überführung der Bundeslade in den Tempel in der Südlünette, der Engel, der die Assyrer vor Jerusalem verjagt, und Aaron mit seinen Söhnen vor dem Altar auf der Wandvorlage der Südseite.

Als Erlöser tritt Christus vor allem in den beiden Szenen auf den Gurtbögen vor der Apsis auf, die die Auferweckung des Sohnes der Witwe bzw. der Tochter des Jairus zeigen.

In der unteren Wandzone sind ganzfigurige Heiligendarstellungen angebracht, in den Arkosolia Medaillons mit Brustbildern. Im Halbrund der Apsis sind die Kirchenväter dargestellt, die von der Muttergottes und Christus (Letzterer ist nicht erhalten) auf den Stirnseiten der Apsis umrahmt wurden. Im Kirchenschiff sind an verschiedenen Stellen insgesamt 20 Soldatenheilige angebracht, die sich auf einer Ebene mit den Gläubigen befinden und diese zu beschützen scheinen.

In der Chora-Kirche gibt es acht Arkosolgräber: vier im Parekklesion (je zwei in der Nord- und Südwand), drei in der Westwand des Exonarthex und eines am Nordende des inneren Narthex. In dem westlichen Arkosolium in der Nordwand des Parekklesions befand sich vermutlich das Grab des Theodor Metochites. Gegenüber lag das Grab von Michael Tornikes, dessen Ordensname Makarios lautete, und seiner Gattin, Eugenia mit Ordensnamen, zwei herausragenden Persönlichkeiten während der Regierungszeit von Andronikos II. Palaiologos.

Die Kirche wurde von Atik Ali Paşa, dem Großwesir Bayazids II., gegen Ende des 15. Jahrhunderts in eine Moschee umgewandelt. Die erste Freilegung der Mosaiken begann 1876. Das amerikanische Byzantinische Institut führte von 1948 bis 1959 eine vollständige Restaurierung durch. Seit dieser Zeit ist die Chora-Kirche Museum. Der Mosaikschmuck des Baus gilt als Höhepunkt und Meisterwerk der Palaiologischen Renaissance.

Ikonen

Am Ende des Kapitels über die byzantinische Kunst in Konstantinopel dürfen einige Bemerkungen zu ihrer weltweit bekanntesten Erscheinungsform, der Ikone, nicht fehlen.

Diese hat ihren Ursprung im römischen Porträt, dessen berühmteste noch erhaltene Beispiele die Grabporträts von Fayoum sind. Seit dem sechsten Jahrhundert gewann die Ikone zunehmend an Bedeutung und konnte schließlich im Bilderstreit triumphieren. So wurde sie nicht nur zum Wahrzeichen der byzantinischen Kunst, sondern auch zum Symbol orthodoxer Frömmigkeit. Dazu trug in erster Linie bei, dass die Gläubigen vom Einfluss ihrer Fürsprache bei Gott und von ihrer Macht, Unheil abzuwenden, überzeugt waren. Man hoffte, dass ihre Vermittlung eine unmittelbare Verständigung zwischen den einzelnen Menschen und Gott ermöglichen würde – ohne die Beteiligung Dritter und ohne

Exonarthex der Kariye Cami, zwischen erstem und zweitem Joch. Heiliger Joachim.

Unten: Parekklesion der Kariye Cami. Erzengel Michael.

Oben: Parekklesion der Kariye Cami, Apsis. Anastasis.

Nebenstehend links: Parekklesion der Kariye Cami, Apsis. Gregor der Große.

Nebenstehend rechts: Parekklesion der Kariye Cami, Apsis. Heiliger Cyrillus.

Kariye Cami, Kuppel des Parekklesions. Muttergottes umringt von Engeln.

intellektuelle Anstrengungen. So rückte die Ikone in den Mittelpunkt der religiösen Praxis, sowohl bei Angehörigen des einfachen Volks als auch in aristokratischen Kreisen.

Die Rolle und Bedeutung der hauptstädtischen Werkstätten für die Herstellung von Ikonen ist wegen deren großer Verbreitung nicht immer eindeutig auszumachen. Fest steht jedoch, dass die Vorbilder für bestimmte Porträttypen, vor allem bei Christus- und Mariendarstellungen, aus Konstantinopel stammen. Die berühmtesten Beispiele sind die Muttergottes von den Blachernen (die Blacherniotissa) als Orantin, die ein Brustbild Jesu im Medaillon trägt; die Hodegetria mit dem Jesuskind auf dem Arm; die Eleusa, die das Jesuskind umarmt, und der Christus Chalkites über dem Eingang des Großen Palastes. Aber in Konstantinopel selbst sind heute kaum noch Ikonen erhalten, so dass man letztlich nur Hypothesen darüber aufstellen kann, welche der in alle Welt verstreuten Exemplare aus der ehemaligen byzantinischen Hauptstadt stammen.

Die älteste Ikone, die hauptstädtischen Werkstätten zugeordnet wird, ist die im Sinai aufbewahrte Christus-Ikone, die in das sechste Jahrhundert datiert wird. Es handelt sich um ein besonders wichtiges Beispiel, repräsentiert es doch einen der Archetypen des Christus Pantokrator, der bis ins 16. Jahrhundert hinein im Scheitel der Kuppeln dargestellt wurde.

Rechte Seite: Madonna von Wladimir. Galerie Tretjakow, Moskau.

Unten: Zwölf Apostel. Puschkin-Museum, Moskau.

Nachdem die Templonauflagen, die den Altarraum vom Kirchenschiff trennen, zu Ikonostasen (Bilderwänden) umgestaltet worden waren, bekamen die Ikonen einen festgelegten Platz in der Kiche. Seit frühchristlicher Zeit bestand die Abschrankung des Altarraums in kleinen Pfosten, die ein angearbeitetes Säulchen mit Basis und Kapitellen trugen; darüber lag ein skulptierter Architrav. Die Stützen waren durch Schraubenplatten miteinander verbunden. Zunächst wurden die Ikonen, die die Deesis, Apostelbilder, christologische Szenen oder solche aus dem Leben des jeweiligen Kirchenpatrons zeigten, auf dem Architrav aufgereiht. Später nahmen großformatige Ikonen auch den Platz zwischen den Säulen ein: So wurden Abbildungen von Christus und der Muttergottes auf beiden Seiten der Mitteltür angebracht. Aufgrund ihres hervorgehobenen Standorts innerhalb der Kirchen, aber auch wegen der wachsenden Zahl privater, religiöser und klösterlicher Einrichtungen gewannen die Ikonen zunehmend an Bedeutung und wurden in immer größerem Umfang hergestellt.

Aus der Zeit vor der lateinischen Eroberung sind jedoch nur sehr wenige Exemplare erhalten, darunter die Ikone der Muttergottes von Vladimir im Typus der Eleusa, die 1130 aus Konstantinopel als Geschenk dorthin gelangte. Dagegen existieren noch zahlreiche Beispiele aus der Ära der Palaiologen, die eine ähnliche stilistische Entwicklung wie die Fresken erkennen lassen, zeichnen sie sich doch durch Bewegtheit, Naturalismus und Reichtum der Farbgebung aus. Die Würde und Eleganz der byzantinischen Ikone sind stilistische Merkmale dieser Epoche. Die schönsten Arbeiten befinden sich heute in Russland: Es handelt sich um *Die zwölf Apostel* im Moskauer Puschkin-Museum sowie um eine Koimesis (Marientod) und ein Fragment der *Muttergottes mit dem Kind* im Museum für Angewandte Kunst, ebenfalls Moskau. Eine *Verkündigung*, die Andronikos II. Palaiologos dem Erzbischof Gregorios von Ochrid schenkte, wird heute in Skopje aufbewahrt.

Ab Mitte des 14. Jahrhunderts wurden in Konstantinopel keine Ikonen mehr angefertigt, zu sehr war die Stadt mit ihrem aussichtslosen Überlebenskampf beschäftigt. Aber auch nach dem Untergang des Byzantinischen Reichs spielte die Ikone in der orthodoxen Welt weiterhin eine bedeutende Rolle.

Die frühen osman

Zweiter Teil

schen Hauptstädte

KAPITEL IV

Bursa: Die Geburt der osmanischen Kunst

Der venezianische Humanist Francesco Sansovino verglich die Türken in seiner 1560 erschienenen *Historia universale dell' origine et imperio de Turchi* mit den Römer und etwa zur gleichen Zeit schrieb Jean Bodin in seinem Werk *Methodus ad facilem historiarum cognitionem*: „Vieles spricht dafür, den Sultan der Türken als Erben des Römischen Reiches anzusehen, denn nachdem er den Christen Byzanz, die Hauptstadt des Oströmischen Reiches, genommen hatte, rang er den Persern das Gebiet um Babylon ab und fügte den alten römischen Provinzen noch das Land jenseits der Donau hinzu." Was die Zeitgenossen Süleymans des Prächtigen (1520–1566) vor allem faszinierte, war die militärische Macht der Osmanen und ihre straffe Organisation, doch könnte man den Vergleich noch weiter führen. Wie den Römern gelang es auch den Osmanen, durch ihren unstillbaren Eroberungswillen und ihre effiziente Verwaltung die unterschiedlichsten Kulturen, die von Zwistigkeiten im Innern und Angriffen von außen erschöpft und zu keiner Erneuerung mehr fähig waren, zu einer neuen politisch-kulturellen Einheit zusammenzufassen. Trotz ihrer zahlenmäßigen Schwäche setzten sie in den eroberten Gebieten ihr politisches System, ihre Sprache und Religion durch. Allen Einflüssen aufgeschlossen, wurden sie zu Schöpfern einer Kunst, welche vor allem durch die Monumentalarchitektur geprägt war.

Anfang des elften Jahrhunderts begannen die Türken ihren Siegeszug in der islamischen Welt. Der erste Türkenstaat unter der Dynastie der Karakhaniden entstand 999 in Transoxanien, dem Gebiet um Buchara und Samarkand im heutigen Usbekistan. Nach der Schlacht von Dandanqan 1040 eroberten die Seldschuken, das führende Haus der türkischen Stämme, den Iran. 1055 übernahmen sie die Macht über das abbasidische Kalifat von Bagdad, 1071 schlugen die Türken die byzantinische Armee bei Mantzikert, und zehn Jahre später entstand in Nachbarschaft zu Konstantinopel das anatolische Seldschukensultanat mit der Hauptstadt Nicäa (das heutige Iznik). Der Taurus, hinter dem Römer und Byzantiner ein Jahrtausend lang die anstürmenden Parther, Sassaniden und Araber hatten zurückhalten können, war keine Grenze mehr.

Durch die Kreuzzüge blieb Byzanz noch einige Zeit von den Türken verschont, sogar einige Teile Anatoliens konnten zurückerobert werden. Die Seldschuken wurden auf die anatolische Hochebene mit Konya als Hauptstadt zurückgeworfen. Andererseits stellten die Kreuzfahrerheere selbst kaum eine geringere Bedrohung dar. Es bildeten sich Kreuzfahrerstaaten in den europäischen Reichsteilen, und 1204 eroberten die Kreuzfahrer im Verlauf des Vierten Kreuzzuges Konstantinopel und errichteten ein Lateinisches Kaiserreich. Der Westen Kleinasiens, die pontische Küste bis hinauf zum georgischen Königreich sowie die Mittelmeerküste bis zu den Kreuzfahrerfürstentümern Syriens konnten jedoch von den Exilkaisern zurückerobert werden.

Auch ihre anatolischen Besitzungen konnten die Byzantiner sichern, während das Seldschukenreich von Konya, das dem wachsenden Druck der turkmenischen Stämme ausgesetzt war, zusammenbrach, ohne dass sich ein dauerhafter Nachfolgerstaat gebildet hätte. Dies geschah kurz nach der Rückeroberung Konstantinopels durch

Vorherige Doppelseite: Das Meisterwerk Sinans, die Selim-II.-Moschee (Selimiye) in Edirne.

Michael VIII. Palaiologos (1258–1282), infolge deren Byzanz seine anatolischen Besitzungen aufgab und sich stärker dem Balkan zuwendete. Die prowestliche Politik Michaels VIII., der die kirchliche Aussöhnung mit Rom anstrebte, entfremdete ihn jedoch der orthodoxen Bevölkerung, die sich der kirchlichen Einheit sowie jeglichen westlichen Einflüssen, denen die geistige Führungsschicht aufgeschlossen gegenüberstand, verweigerte.

Vom Joch der seldschukischen Zentralregierung befreit, aber von den Mongolen bedrängt, dehnten sich die zwölf turkmenischen Emirate Anatoliens, die Schwäche der Byzantiner nutzend, bis zu den Küsten hin aus. Erst das Meer setzte ihrem Expansionsdrang Grenzen. Diejenigen, die sich als Piraten versuchten, mußten es mit den Seemächten Venedig und Genua aufnehmen.

Insbesondere das osmanische Emirat konnte sich seine günstige geographische Lage zwischen dem instabilen Byzanz und den turkmenischen Kleinfürstentümern zunutze machen. Es war das einzige, welches sich über die Meerengen hinweg nach Thrakien und in den Balkan hinein ausdehnte.

Mit der politischen Expansion des Islam brachten die Einwanderer aus dem Osten, aus

Die Eroberung Konstantinopels durch die Kreuzfahrer im Jahr 1204.

Oben: Die Bayazid-I.-Moschee in Bursa. Die frühen osmanischen Moscheen wirken schwerfällig, der Übergang zwischen Saalkuppel und tragenden Wänden ist noch unausgeglichen. Auch die Minarette fügen sich nicht in den Gesamtbau ein, so als wären sie nachträglich hinzugefügt worden.

Rechte Seite: Innenansicht der Bayazid-I.-Moschee. Die Trennung zwischen dem Zentralraum, einem überdachten Innenhof und einem höher gelegenen Gebetssaal ist bereits bekannt, wird hier aber erstmals durch einen Bursa-Bogen gestalterisch betont.

dieser unbebauten Fläche später einmal ein Wohnviertel entstehen, denn trotz der beträchtlichen Größe der freien Fläche wurde das zur Anlage gehörige Krankenhaus 250 Meter außerhalb der Mauer errichtet.

Der Bau der Bayazid-Moschee entspricht mehr oder weniger dem der Murad-I.-Moschee, bot offensichtlich auch Wohnräume für Derwische, spart jedoch das Obergeschoss aus. Die imposante Größe der Moschee des Vorgängers versuchte man bei der Bayazid-Moschee durch sehr hohe Innenräume zu imitieren. Kleine Räume bekamen dadurch die Enge von Brunnenschächten, doch das Äußere des Bauwerks mit seinen Mauern aus Haustein und den wenigen, aber in zierliche Rahmen gefassten Fenstern ist sehr beeindruckend.

Durch das Eingangsportal gelangt man in den Zentralraum, der von einer Kuppel von zwölf Metern Durchmesser überwölbt ist. Von ihm aus gehen drei um drei Stufen erhöhte Iwane ab. Der in der Zentralachse gelegene Haupt-Iwan ist genauso breit wie der Zentralraum und wird ebenfalls von einer Kuppel abgeschlossen. Die Seiten-Iwane sind dagegen nur halb so breit, aber fast genauso hoch und kuppelgewölbt. Zu beiden Seiten werden sie von Räumen flankiert, die man nur über den Zentralraum erreichen kann. Die dunklen, mit Klostergewölben versehenen Räume sind mit Kaminen ausgestattet. Diejenigen auf der Seite des Mihrabs haben eine bemerkenswerte Dekoration aus stuckierten Nischen, die sich über die gesamte Südwand erstreckt.

Zwischen dem Zentralraum und dem Haupt-Iwan mit Mihrab befindet sich ein monumentaler Bogen, der aus zwei Viertelkreisen, die durch einen aufliegenden Architrav verbunden werden, besteht. Die Konstruktion ist als „Bursa-Bogen“ bekannt, der seinen Ursprung in der seldschukischen Architektur hat, hier aber erstmals in monumentalen Ausmaßen ausgeführt wurde. Er kehrt auch in der Vorhalle wieder, wo er alle Pfeiler miteinander verbindet. Die skulptierte Fassade und die Schmuckfriese, die das Gebäude am Rand des Daches umlaufen und die Bogen der Vorhalle zieren, machen aus der Moschee das erste Beispiel osmanischer Monumentalkunst.

Die große Moschee Bayazids I.

Mit dem Bau der Yildirim-Bayazid-Moschee hatte Bayazid I. im Jahr 1391 begonnen. Der Komplex blieb jedoch unvollendet. Eine zweite Medrese, von der in der Stiftungsurkunde die Rede ist, kam nie zur Ausführung.

Einige Jahre später, 1396, gelang Bayazid bei Nikopolis an der Donau ein Sieg über die Kreuzfahrerheere unter dem ungarischen König und späteren deutschen Kaiser Sigismund. Seine Beute ermöglichte ihm den Bau einer Moschee im Herzen von Bursa; ihr Platz war zwischen der Zitadelle und der Orhan-Gazi-Moschee in unmittelbarer Nähe von Orhans Emir Han. Sein Vorfahr hatte mit diesen Bauten bereits die Grundlagen für ein Geschäftsviertel geschaffen, das sich parallel zum Aufstieg des Osmanischen Reiches entwickelte.

Ein europäischer Zeitzeuge, Johann Schiltberger, der im Alter von 15 Jahren bei Nikopolis gefangen genommen und bei den Janitscharen eingegliedert wurde, kam im Jahr 1397 nach Bursa. Von dort aus nahm er an allen Feldzügen unter Bayazid teil, bis er 1402 bei der Schlacht von Angora in die Gefangenschaft der Truppen Timur Lenks geriet. Er muss den Bau sowie die Fertigstellung der Großen Moschee (Ulu Cami) im Jahr 1400 miterlebt haben. In seinen Memoiren schreibt er wenig über die Stadt, bemerkt aber, dass ihr Reichtum mit dem Seidenhandel zusammenhing. Bayazid I. hatte einiges an die

Die Große Moschee in Bursa, Blick auf die Mihrab-Seite. Gut zu erkennen ist die Lage der 20 Kuppeln auf achteckigen Tambouren, die die gleichen Abmessungen, aber unterschiedliche Höhe haben – diejenigen der mittleren Reihe sind die höchsten. Die Position der zweiten Kuppel zu Beginn der mittleren Reihe blieb offen (heute durch eine Glaskuppel überdacht), damit Regenwasser in einen darunter gelegenen Brunnen fallen konnte.

politische Einigung Anatoliens und die Schaffung eines einheitlichen osmanischen Herrschaftsgebietes in Kleinasien gesetzt, bevor er auf seinem Weg gen Osten, bis nach China, von dem mächtigen Mongolen-Khan Timur Lenk aufgehalten wurde, der bis nach Anatolien vordrang und den Sultan 1402 bei Angora, dem heutigen Ankara, besiegte. Seine Bemühungen wie auch das Riesenreich Timur Lenks hatten für den Handel die günstige Folge, dass es weniger Zwischenreiche gab und der Karawanenverkehr sicherer wurde. Bursa bildete den westlichen Endpunkt der Seidenstraße, auf der die europäischen Händler ihre Ware einkauften.

Die Moschee des aufblühenden Handelsviertels wurde bald zu klein, um alle Gläubigen aufzunehmen. Doch der Bau der Großen Moschee kam nicht nur einem wachsenden Bedarf nach, sondern hatte auch ideologische Hintergründe. Die islamische Gesellschaft verstand sich ursprünglich als eine Republik der Händler, der die Moschee als Versammlungsort und Stätte des Gebets diente. Der Herrscher oder seine Statthalter, die in ihren Palästen und Zitadellen residierten, blieben einer Gemeinschaft fremd, deren Herz in den Bazaren und rund um die Große Moschee schlug. Die Moschee zeichnet ein Bild des ursprünglichen Selbstverständnisses: eine Wand mit einer Nische, die die Gebetsrichtung anzeigt, und mehrere Pfeilerfluchten, über denen sich ein weites Dach spannt. Dies ist das Prinzip der arabisch-islamischen Volksmoschee.

Die Anlage wurde mit einer Kolonnade um einen offenen Hof eingefasst, den Mihrab betonte man oft mit einer Kuppel über den nächststehenden vier Pfeilern. Der Beliebtheit der Kuppel im iranischen Kulturraum entsprechend, erhielt sie bald monumentale Ausmaße, während die Witterungsbedingungen in Anatolien dazu führten, dass der offene Hof aufgegeben wurde. Es waren osmanische Baumeister, die schließlich die Kuppel auf vier Wände setzten. Dieses architektonische Prinzip kam erst zur vollen Entfaltung, als die Osmanen die Herrschaft über Konstantinopel erlangten, in Bursa sind jedoch die ersten Schritte zu sehen. Neben der Vorliebe für monumentale Kuppelbauten steht der Wille der Gründer, ihre Verbundenheit mit den religiösen Orden zu bekunden, die in den Anfängen der osmanischen Expansion eine wichtige Rolle gespielt haben.

Doch die Bürgerschaft von Bursa gewann mit dem Aufblühen von Handel und Handwerk an

Selbstbewusstsein. Bayazid I. war den Bürgern eine Geste schuldig. Seine Volksmoschee birgt hinter vier gleichen Fassadenfronten eine Pfeilerhalle mit zwölf Pfeilern und 20 Kuppeln. Diese sind alle gleich groß, nur steigen die Tamboure jeder Reihe von den Seiten zur Mitte hin an, so dass die Mittelachse, die auf den Mihrab zuläuft, betont ist. Die zweite Kuppel in der Mittelachse – zählt man vom Eingang her – besitzt eine Öffnung, unter der sich ein Reinigungsbrunnen befindet. Die Zierleisten der Fensterarkaden, die uns auch in der mamlukischen Architektur Syriens und Ägyptens begegnen, sind möglicherweise ein Hinweis auf einen „arabischen" Einfluss. Diese Demonstration der Gleichheit, die keinen axialen Grundriss oder einen Zentralraum duldet und im Außenbau sogar auf die Vorhalle verzichtet – eine Seltenheit in der osmanischen Architektur – blieb jedoch ein Einzelfall.

Die zweite osmanische Volksmoschee, die in Edirne entstand, hat vier Pfeiler und neun identische Kuppeln, doch sie zeigt bereits, dass alle osmanischen Moscheentypen sich in Richtung eines Elements hin entwickelten: der zentralen Kuppel. In Istanbul wird es keine Pfeilermoscheen mehr geben.

Die Große Moschee in Bursa musste sich in ein dicht bebautes Stadtgebiet einfügen. Für den Bau der Minarette wurden Teile der Stallungen des Emir Han abgebrochen. Bayazid I. fügte im Westen der Moschee eine Medrese für die Prediger sowie einen kleinen Hammam an. Ferner ließ er den ersten Bedestan (überdachten Markt) im Osmanischen Reich errichten. Ein 57 Meter langes und 21 Meter breites Rechteck ist entlang einer Achse mit sechs Pfeilern in 14 kuppelüberwölbte Quadrate aufgeteilt. Auf jeder Seite befanden sich vier Türen. Im Innern war an den Längsseiten Platz für 36 Stände, während unter den äußeren Arkaden 44 weitere Stände untergebracht waren. Die Anlage ist heute Teil des großen Bazars von Bursa.

Der Stiftungskomplex der Grünen Moschee (Yeşil Cami)

Kurz nach der Einweihung der Großen Moschee in Bursa fiel der Sultan in der Schlacht von Ankara am 28. Juli 1402 in die Hände des Feindes. Er starb in Gefangenschaft und hinterließ ein Erbe, um das sich seine drei Söhne, von Timur als Vasallenfürsten eingesetzt, elf Jahre lang stritten. Bursa wurde im Herbst 1402 von den Truppen Timur Lenks besetzt und geplündert. Dass die Osmanen die Macht nicht vollends verloren, ist nur der Schwäche ihrer Gegner – Byzanz, Serbien und der turkmenischen Emirate

Links: Die Kalligrafien der Großen Moschee stammen aus dem 19. Jahrhundert. Während die Malerei durch die Nachahmung westlicher barocker Vorbilder an Originalität einbüßte, bewahrte die Kalligrafie – neben der Architektur die bedeutendste osmanische Kunstform – ihr originäres Wesen.

Rechts: Spiegelsymmetrische Kalligrafie des Gottesnamens Allah und seiner Attribute. Da jede Form gegenständlicher Malerei in den Sakralbauten fehlt, konnte sich die Kalligrafie frei entfalten.

in Anatolien, die der Mongolen-Khan wiederhergestellt hatte – zu verdanken, die dieses Machtvakuum nicht nutzen konnten. Aus dem Machtkampf der Brüder ging 1413 Mehmed I. (1413–1421) als Sieger hervor und vereinte die osmanischen Reichsteile. Seinen Erfolg verdankte er einem neuen effektiven Verwaltungsapparat und seiner Elitetruppe, den Janitscharen. Die Janitscharen setzten sich aus Sklaven, Kriegsgefangenen und zwangsrekrutierten Knaben christlicher Untertanen zusammen. Die einstige Speerspitze der osmanischen Expansion, die Wanderderwische, turkmenische Krieger und andere Abenteurer, waren ihnen nicht gewachsen. Mit dem Wandel der Machtstrukturen verlagerte sich der Sitz der Regierung nach Edirne. Doch Bursa galt nach wie vor als Wiege der Dynastie und gewann auch seine wirtschaftliche Stärke rasch zurück.

Mehmed I. wollte nach der Wiederherstellung des Osmanischen Reiches ein Zeichen setzen und zugleich hinter der herrscherlichen Prachtentfaltung Timur Lenks nicht zurückstehen. Deshalb begann er in Bursa mit dem Bau eines grandiosen Moscheenkomplexes. Wieder war es nicht das architektonische Konzept, das Aufsehen erregte – es entsprach weitgehend dem der Stiftung Yildirim Bayazids – , sondern der äußere und innere Dekor. Der Plan sah eine Hofmoschee mit drei Iwanen und vier Eckräumen als Räumlichkeiten für die Derwische vor. Die Architektur demonstrierte eindeutig die osmanische Macht.

Im Jahr 1414 hatte der Emir von Karaman, einem von Timur wieder eingesetzten Fürstentum mit der Hauptstadt Konya, Bursa angegriffen. Die Zitadelle widerstand dem Angriff, aber große Teile der Stadt waren in Flammen aufgegangen. Im Rahmen des Wiederaufbaus wurde das Moschee-Projekt unter der Leitung des Statthalters Hadjdjj Ivaz begonnen. Er war der Sohn eines Handwerkers und selber Baumeister. Zu dieser Zeit begann die Individualisierung der Künstler, die nicht mehr im Schatten der Macht stehen wollten und ihre Werke selbstbewusst und deutlich signierten. Die Inschrift, die er über den Nischen zu beiden Seiten des Eingangsportals anbringen ließ, lautet: „Der diese Moschee entworfen und ihre Maße festgesetzt hat, ist der ergebenste Diener seines Stifters, Hadjdjj Ivaz bin Ahi Bayazid."

Dank weiterer Inschriften kennen wir auch andere Künstler, die am Bau der Moschee beteiligt waren. Unter den Gefangenen der Truppen Timurs, die 1402 nach Samarkand verschleppt worden waren, hatte sich ein gewisser Ali bin Ilyas befunden. Zusammen mit Bauleuten aus Tabriz (Aserbaidschan) und Damaskus war er in Samarkand zur Arbeit an der Gräberstraße Schah-i-Sindah eingesetzt worden, einem Meisterwerk der Keramikkunst, in dem sich persische, arabische und chinesische Einflüsse verbanden. Als Ulugh Beg, der Enkel Timurs, 1411 Handwerkern und Künstlern erlaubte, in ihre Heimat zurückzukehren, zog auch Ali, der nun den Beinamen Nakkaş (der Dekorateur) trug, mit einer Gruppe von Meistern aus Tabriz nach

Rechte Seite.
Oben: Fassadenfenster der Grünen Moschee. Die Fenster zeichnen sich durch ihren reichen Schmuck aus. Die Laibungen sind mit Stalaktiten verziert. Die beiden Seitenfenster (darunter das vorliegende Beispiel) haben einen skulptierten Fries aus Hadiths, die beiden Innenfenster einen mit Koranauszügen.

Unten: Außenansicht der Grünen Moschee. Vorn die Kuppel des Gebetssaals, hinten die Laternenkuppel des Zentralraums, die vermutlich einen früheren Okulus ersetzt.

Unten links: Mihrab der Orhan-Gazi-Moschee. Der aus Stuck gearbeitete Mihrab könnte original sein, die Bemalung stammt aus späterer Zeit. Der Dekor mit Faltenwurf und Zentralmotiv stammt von der Hand eines zeitgenössischen Künstlers.

Unten, Mitte und rechts: Rosettendekor, stilisierte Blumen und Kalligrafie.

Bursa zurück, wo sie an der Ausschmückung der Moschee Mehmeds I. mitwirkten. Nakkaş Ali hinterließ seine Signatur auf einer Fliese über der Sultansloge: „Die Ausschmückung dieses heiligen Gebäudes geschah durch die Hand des bescheidensten aller Menschen, Ali bin Ilyas Ali, der sein Werk in der letzten Dekade des heiligen Ramadan des Jahres 827 [15.–25. August 1424] fertig stellte". Andere Künstler folgten seinem Beispiel. Neben dem Mihrab befindet sich eine Inschrift in weißen Buchstaben auf blauem Grund: „Werk der Meister von Tabriz". In der Sultansloge steht zu lesen: „Werk Mehmeds, des Exzentrischen". Schließlich heißt es auf den Keramikbändern, die die Wände der Logen im Erdgeschoss schmücken: „Ich traue auf meinen Schöpfer! Möge dieser Bau für immer bestehen bleiben! Möge sein Stifter über seine Feinde siegen! Jeder, der seiner Herrschaft keine Dauer wünscht, soll in der Welt versklavt sein."

Die Widmungsinschrift über dem Eingangstor datiert die Vollendung der Moschee auf Dezember 1419 bzw. Januar 1420, wobei die Künstler offensichtlich auch nach dem Tod des Sultans 1421 bis August 1424 an der Innenausstattung gearbeitet haben. Trotz der Bogenansätze an der Hauptfassade blieb die Moschee jedoch ohne Portikus. Dadurch kommt allerdings die mit Marmor aus Prokonese verkleidete Fassade besonders schön zur Geltung. Im Erdgeschoss ist die Fassade mit je einem Fensterpaar zu beiden Seiten des Portals und im Obergeschoss mit je zwei Balkonen mit Bursa-Bogen und blauen Balustraden gegliedert. Die Fenster sind mit Profilleisten, die Laibungen mit Stalaktiten verziert. Skulptierte Inschriften mit Koranversen und den Worten des Propheten (Hadith) über den Entlastungsbogen sowie ziselierte Arabesken im Tympanon vervollständigen den Dekor. Zwischen jedem Fensterpaar gibt es einen Mihrab, der für die Zuspätkommenden gedacht ist, die sich unter dem Portal zum Gebet einreihen müssen.

Das Eingangsportal ist mit fünf Rahmenleisten dekoriert; direkt über dem Eingang befindet sich eine Bogenrundung mit zwölf Stalaktitenreihen. Die Fläche zwischen Bogen und Rahmen ist mit filigranem Rankenwerk gefüllt. Hinzu kommen noch skulptierte Nischen zu beiden Seiten des Portals. Über allem befindet sich die Widmungsinschrift. Das reich geschmückte Portal sollte als Vorbild für die großen Hofmoscheen des 16. Jahrhunderts dienen.

Durch das Portal gelangt man in eine enge Vorhalle mit zwei byzantinischen Säulenpaaren, die in zwei kuppelgewölbte Räume führt, die den nördlichen Räumen des Seiten-Iwans der Vorgängerbauten entsprechen. Neben den Säulen führen zwei symmetrische Treppen ins Obergeschoss, wo sich für den Herrscher vorgesehene Räumlichkeiten befinden. Es ist gegliedert in die zentrale Sultansloge, die sich durch einen Bursa-Bogen zum Hauptraum der Moschee öffnet, und je eine weitere Loge zu beiden Seiten, die offenbar für die Frauen bestimmt waren, da die Fenster vergittert sind. Dahinter schließen sich Vorräume mit Muqarnas-Gewölben an, die mit den Balkonen über der Fassade in Verbindung stehen. Logen und Vorräume sind gänzlich mit Keramikfliesen und Malereien ausgeschmückt. Der Keramikdekor weist drei Techniken auf: flache, einfarbige Fliesen, bei denen sich sechseckige Formen in dunkelblauer Tönung mit türkisfarbene Dreiecken abwechseln, arabeskenförmig geschnittene Fliesen, gearbeitet in einer Technik, wie sie bereits die Seldschuken verwendeten, und größere vielfarbige Flächen mit Arabesken und floralen Motiven, die nach Art der *Cuerda seca* gebrannt wurden, einer ursprünglich in den Palästen der Mongolen-Khane verwandten Keramiktechnik, bei der mit der Glasur verschiedene Farben aufgetragen und durch unglasierte Konturlinien voneinander getrennt werden.

Die Eingangshalle führt durch einen Gang zum Hauptraum der Moschee. Zu beiden Seiten des Ganges befinden sich zwei um 75 Zentimeter erhöhte Logen, die sich wie in der Sultansloge im

Obergeschoss durch einen Bursa-Bogen zum Zentralraum öffnen. In der Tiefe schließen sich ein Iwan gleicher Größe mit einem Mihrab sowie zwei Seiten-Iwane an. Im Südosten und Südwesten kommen noch zwei Eckräume hinzu. Das Zentrum des Hauptraums nimmt ein Wasserbecken ein. Die darüber liegende Kuppel mit Okulus hat einen Durchmesser von 13 Metern, ihre lichte Höhe beträgt 25 Meter. Die drei Iwane haben die gleiche Höhe wie der Hauptraum und sind ebenfalls kuppelgewölbt. Der Grundriss ist also der gleiche wie in der Bayazid-I.-Moschee. Ganz anders jedoch die Dekoration. Die Wände sind bis zu einer Höhe von 2,80 Meter mit sechseckigen dunkelgrünen Fliesen bedeckt. Diese sind entweder direkt nebeneinander gesetzt oder durch weiße Streifen getrennt und weisen goldene Blütenmuster auf. Darüber laufen arabische Schriftbänder.

Das Grabmal, dessen Standort in den älteren Moscheenkomplexen noch nicht eindeutig festgelegt worden war, findet hier seinen Platz hinter dem Mihrab, wenn auch nicht genau auf der Hauptachse. Das Grabmal Mehmeds I. ist mit einer Höhe von 25 Metern und einer Kuppel von 14 Metern Durchmesser das größte, das jemals für einen osmanischen Sultan gebaut wurde. Mit diesem Grabmal wie mit der gesamten Külliye wollte Mehmed I. ganz offensichtlich die Pracht timuridischer Bauten übertreffen. Der oktogonale Kuppelbau hat an den sieben äußeren Seiten jeweils zwei Fenster übereinander in einem Bogen aus weißem Marmor. Die übrige Fläche ist mit grünlasierten Ziegeln bedeckt. Der Innenraum ist mit sechseckigen Fliesen dekoriert. Auch der Sarkophag des Sultans und der Mihrab bestehen aus Keramik. Neben dem Sultan ruhen drei seiner Söhne, vier seiner Töchter sowie seine Amme. Das Portal des Grabmals trägt die Inschrift „Werk des Ali bin Haci Ahmed aus Tabriz".

Östlich von der Moschee, an der Straße zum Stadtzentrum, liegt die Medrese. Auch hier steht der Schlichtheit des Grundrisses – ein rechteckiger Hof mit Vorhalle und Wohnräumen an drei Seiten sowie einem vorspringenden Lehrsaal – ein verschwenderischer Dekor gegenüber. Heute beherbergt sie das städtische Museum.

Oben links: Grüne Moschee, Loge des Muezzin rechts vom Eingang zum Zentralraum. Die ganze Loge einschließlich der Decke ist mit Kacheln ausgeschmückt. An der Fassadenseite ein Bursa-Bogen mit Inschriften in *Cuerda-seca*-Technik, innen sechseckige olivgrüne Kacheln mit Vergoldungen.

Oben rechts: Grüne Moschee, Detail des Mihrab. In diesem Meisterwerk der frühen osmanischen Keramik ist in Farbe und Technik der Einfluss des timuridischen Stils erkennbar.

Rechte Seite: Grüne Moschee, Blick vom Zentralraum auf den Gebetssaal. Im Vordergrund die Ablage für die Schuhe. Sie deutet darauf hin, dass der Zentralraum ursprünglich ein für rituelle Waschungen bestimmter überdachter Innenhof war. Man zog die Schuhe nur aus, um in den höher gelegenen Gebetssaal zu gehen. Dieser ist das früheste Beispiel für Keramikdekorationen in einer osmanischen Moschee.

Nebenstehend: Grünes Mausoleum, Innenansicht. Der Vielpassbogen der Eingangsfassade ist arabischen Ursprungs und einmalig in der osmanischen Baukunst. Der Bauherr Mehmed I. wollte in seiner Stiftung einen internationalen Stil durchsetzen.

Linke Seite: Grünes Mausoleum, Grabmal Mehmeds I. Die grüne Farbe der Fassadenkacheln wurde namensgebend für den Stiftungskomplex des Sultans, der als Einiger des Osmanischen Reiches in die Geschichte einging. Neben dem Mausoleum Mahmuds II., das 1839–1840 in neoklassischem Stil erstand, ist es das größte osmanische Herrschermausoleum.

Folgende Doppelseite: Grünes Mausoleum, Innenansicht. Der Mihrab und der Sarkophag des Sultans dominieren den Raum. Dieser ist ganz mit Keramikkacheln geschmückt, einschließlich der Stalaktiten und Säulen des Mihrab und des achteckigen Sockels des Sarkophags. Im Hintergrund befinden sich die Gräber der vier Töchter und der drei Söhne des Herrschers, außerdem das seiner Amme.

Links: Grünes Mausoleum, Detail des Mihrab. Die kleinen Säulen sind ganz aus Keramik gefertigt. Der Vielpassbogen wiederholt die Form des gegenüberliegenden Eingangsbogens. Die Motive der Keramikdekoration im Hintergrund, Leuchter und Lampen, sind Abbild des wichtigsten Mobiliars des Mausoleums.

Rechts: Grünes Mausoleum, Detail des Sarkophags Mehmeds I. Der Sockel ist mit Motiven aus dem Mihrab geschmückt, darunter Palmetten. Der Sarkophag selbst trägt eine umlaufende Inschrift mit der Genealogie, der Titulatur und dem Todesdatum (Mai 1421) des Herrschers.

Die Moschee und die Grabmäler der Muradiye

Die Bauleute, die 1424 die Moschee Mehmeds I. fertig stellten, begannen im Mai des darauf folgenden Jahres westlich der Zitadelle mit dem Bau der Moschee seines Sohnes Murad II. (1421–1451). Doch Murad II. residierte vorwiegend in Edirne, wo er 1437 den Bau einer Moschee anordnete, die einen Wendepunkt in der osmanischen Architektur markieren sollte. Die traditionellere Moschee in Bursa hat als Grundriss die Gestalt eines umgekehrten T mit einem zentralen Hauptraum, Seitenräumen auf gleicher Höhe und fast in der gleichen Achse, während der Haupt-Iwan gegenüber dem Rest des Gebäudes vorspringt. Bemerkenswert ist, dass die beiden Seitenflügel und die Vorhalle mit Portikus niedriger sind als die beiden Hauptkuppelsäle. Durch diese dreiseitige Umrahmung der beiden Hauptkuppelsäle gewinnt das Gebäude an Plastizität, so dass die Moschee Murads II. weniger monumental erstarrt wirkt als ihre drei Vorgängerbauten. Als Baumaterial wurde im Rückgriff auf byzantinische Mauertechniken eine Verbindung von Haustein und Ziegellagen verwendet. In der fünfjochigen Vorhalle begegnen uns wieder Spitzbogen, deren Enden mit Klosterge-

Oben rechts: Grünes Mausoleum, Innenraum. Schmuckmotiv in Mandorla-Gestalt auf sechseckigen Kacheln am unteren Teil der Wände. Die in der traditionellen osmanischen Ornamentik wohl bekannten Motive werden jeweils auf beiden Seiten einer Fenster- oder Türöffnung wiederholt.

Unten: Murad -I.-Moschee, Innenraum, Detail eines der Pfeiler des Hauptkuppelsaals. Nachdem die Meister von Tabriz die Grüne Moschee geradezu verschwenderisch ausgeschmückt hatten, übten sie sich in der Muradiye bewusst in Schlichtheit. Keramikkacheln in einfachen geometrischen Formen.

wölbe versehen sind. Allerdings stehen die Pfeiler hier im Wechsel mit zweitverwendeten Granitsäulen.

Die Muradiye hat keine verschwenderische Dekoration aus skulptiertem Marmor und Reliefkeramik; statt üppiger Prachtentfaltung zeugt sie im Vergleich mit früheren Bauten von einem verfeinerten Geschmack. Die Fensterstürze sind mit geometrischen Motiven oder Arabesken in *Cuerda seca* geschmückt. Einfarbige Fliesen, die geometrische Muster bilden, verkleiden die Wände der Iwane. Die gleiche Dekoration findet man in der Medrese.

Das Kennzeichen und der besondere Charme der Muradiye sind die vielen kleinen Grabmäler, die verstreut in einem schattigen Garten liegen. Kein Sultan ließ sich in Edirne bestatten. Nach der Einnahme von Konstantinopel errichteten

Rechts: Moscheenkomplex der Muradiye, Ansicht vom Garten aus. Als erste Moschee verfügt die Muradiye über ein ausgedehntes Gräberfeld mit einem Dutzend Grabmälern aus über einem Jahrhundert. Das Zusammenspiel von Architektur und Landschaft trägt nicht wenig zum Charme der Gesamtanlage bei und macht sie zu einem der schönsten Orte in ganz Bursa.

Links: Murad-II.-Moschee. Erstmals wird hier der Eindruck der Massivität vorangegangener Moscheebauten architektonisch aufgelockert. Bereits von außen sind die einzelnen Räume erkennbar: die hohe Vorhalle hat einen Fassadeneffekt, wie später auch bei den Moscheen in Edirne; die Seitenschiffe, die niedriger als der Haupt- und der Gebetssaal sind, bilden mit diesen ein abwechslungsreiches Kuppeldachensemble.

Folgende Doppelseite: Muradiye, Mausoleum des Prinzen Cem. Das Grabmal wurde 1479 errichtet, um die sterblichen Überreste Mustafas, des ältesten Sohns Mehmeds II., aufzunehmen. Die Qualität der Ausstattung ist unterschiedlich: Die Kacheln beweisen, dass die erste Generation der osmanischen Keramik, die Meister von Tabriz, viel von ihrem schöpferischen Elan eingebüßt hat. Hingegen gehört die Wandmalerei zu den am besten erhaltenen Beispielen aus jener Epoche.

die osmanischen Sultane ihre Grabmäler ausnahmslos in der Hauptstadt. Nur die Angehörigen des Herrscherhauses fanden weiterhin ihre letzte Ruhestätte in Bursa. Die Stiftung Murads II. wurde zum Gräberfeld für die osmanische Herrscherfamilie.

Das erste, 1449 errichtete Grabmal ist das der Hüma Sultan, der Gattin Murads II. und Mutter Mehmeds II. des Eroberers (1451–1481). Es besitzt einen sechseckigen Grundriss und wird von einer Kuppel bedeckt. 1451 ließ Mehmed auch das Grabmal seines Vaters zwischen Moschee und Medrese erbauen. Dabei handelt es sich um einen Bau mit quadratischem Grundriss, in den ein weiteres halb so großes Quadrat eingeschrieben ist. Der innere Bau besteht aus vier Eckpfeilern und vier Säulen in den Zwischenräumen, die gemeinsam einen Tambour mit darüber liegender Kuppel tragen. Den übrigen Bau bedeckt an vier Seiten ein Schrägdach, das über der Eingangshalle zu einem Vordach auskragt. Der Sarkophag steht unter dem Okulus in der Mitte der Kuppel. Der Sultan ist allein in diesem Grabmal beigesetzt, aber in einem anschließenden quadratischen Nebenraum ruhen drei seiner Söhne und eine seiner Töchter.

Das Grabmal, das Mehmed II. für seinen 1474 gestorbenen ältesten Sohn Mustafa errichten ließ, ist als Mausoleum Cems bekannt. Cem, der sich, obwohl er von seinem Vater favorisiert wurde, im Kampf um dessen Nachfolge nicht gegen seinen Bruder Bayazid II. durchsetzen konnte, starb nach jahrelangem Exilaufenthalt in Europa 1495 in Neapel; seine sterblichen Überreste wurden erst 1499 an Bayazid II. (1481–1512) übergeben, der sie in ebendiesem Grabmal beisetzen ließ. Der sechseckige Bau ist innen bis auf halbe Wandhöhe mit sechseckigen einfarbigen Fliesen ausgekleidet, und auch die zeitgenössischen Malereien sind noch vollständig erhalten. Ferner befinden sich dort die Sarkophage zweier Söhne Bayazids II. Das letzte von Mehmed II. errichtete Grabmal, ein kleiner viereckiger Bau mit Kuppeldach, war für eine seiner Ehefrauen bestimmt: Gülfrah Hatun, die Mutter des oben genannten Mustafa, starb 1478 oder 1479. Drei weitere Grabmäler der gleichen Bauart entstanden zwischen 1517 und 1527 und dienten zwei Ehefrauen und einer Schwägerin Bayazids II. als Grabstätte. Zwei beeindruckende achteckige Grabmäler wurden für die beiden Söhne Bayazids II. errichtet. Das Grabmal des 1507 gestorbenen Mahmud ist mit dunkelblauen und türkisgrünen Fliesen mit erhabenen Goldverzierungen ausgekleidet, ergänzt durch blaue und weiße Iznik-Fliesen um die Fenster und den Mihrab sowie Malereien. Von der Dekoration des Grabmals Ahmeds, der 1513 starb, ist nur die Fliesenverkleidung erhalten. Das letzte innerhalb der Muradiye gebaute Grabmal birgt den Leichnam Mustafas, des Sohnes Sultan Süleymans des Prächtigen (1520–1566). Mustafa wurde auf Geheiß seines Vaters 1553 erdrosselt. Das Grabmal entstand jedoch erst 1573 unter der Herrschaft Selims II. (1566–1574). Auch dieser achteckige Bau ist innen mit feinsten Iznik-Fliesen dekoriert.

Bayazid II. ließ in Bursa noch zwei große Karawansereien erbauen, den Koza Han im Jahr 1491 und den Pirinç Han im Jahr 1508. Das ganze 15. Jahrhundert hindurch blieb Bursa eine prosperierende Stadt. Bertrandon de la Broquiere, der Spion des Herzogs von Burgund, berichtete 1432 von unerhörtem Luxus: „Seidentücher aller Art, Edelsteine und Perlen in Hülle und Fülle und vieles mehr, was zu berichten zu lang wäre". Doch die Großen des Osmanischen Reiches bauten nicht mehr in Bursa. Bald lebte die Stadt nur noch in der Erinnerung an die erste Blüte der osmanischen Architektur.

KAPITEL V

Edirne: auf dem Weg zum Großreich

Kurz nachdem Johannes V. Palaiologos (1341–1376) den byzantinischen Thron bestiegen hatte, wurde ihm dieser von dem Feldherrn und Staatsmann Johannes VI. Kantakuzenos (1347–1354) wieder streitig gemacht, der sich in Thrakien zum Kaiser ausrufen ließ. Dies war der Beginn eines jahrelangen Bürgerkrieges, in den auch Bulgaren, Serben und Türken hineingezogen wurden. Als es Johannes V. 1352 gelang, den serbischen Zaren Stephan Duschan und den Kaiser der Bulgaren, Johannes Alexander, als Verbündete zu gewinnen, wandte sich Kantakuzenos an den Osmanensultan Orhan, mit dem er eine seiner Töchter verheiratet hatte, und dieser schickte ihm 10 000 Soldaten unter der Führung seines Sohnes Süleyman. Die Palaiologen wurden geschlagen, und die Osmanen erhielten als Gegenleistung das kleine Schloß Cympe (Çimenlik) auf der Halbinsel Gallipoli (Gelibolu). Kantakuzenos, der sich wohl erst im Nachhinein der Gefahr bewusst wurde, die dieses Geschenk barg, bot Süleyman im darauf folgenden Jahr 10 000 Goldstücke für den Rückzug aus der Besitzung. Noch während der Verhandlungen erschütterte ein Erdbeben Gallipoli. Die Türken setzten nach und fassten in dem durch die Naturkatastrophe entvölkerten Gebiet Fuß. Doch die Ausbreitung in Thrakien kam nur langsam voran. Nach dem Tod Süleymans 1357 setzten die osmanischen Krieger (Gazi) die Eroberung auf eigene Faust fort. So gelang es 1366 einem Kreuzfahrerheer unter dem Befehl Amadeus' von Savoyen, Gallipoli für Byzanz zurückzuerobern, doch Murad I. gewann die Halbinsel zurück. Etwa zur selben Zeit wurde auch das byzantinische Adrianopel besetzt. Über den genauen Zeitpunkt ist man sich bis heute nicht einig, aber vieles spricht für das Jahr 1369. Die Besetzung verlief sehr wahrscheinlich friedlich, da die nicht-muslimische Einwohnerschaft weiterhin die Zitadelle bewohnen durfte. Bis Anfang des 20. Jahrhunderts blieb die Zitadelle ein christlich-jüdisches Viertel. Das hinderte Murad jedoch nicht, die Hauptkirche der Stadt in eine Moschee umzuwandeln. Wie so oft, wenn christliche Kirchen in eroberten Städten unter islamische Herrschaft kamen, gab man ihr den Namen Ayasofya (Heilige Sophia). Von dem Bau war Ende des 19. Jahrhunderts nichts mehr übrig. Nur eine Zeichnung aus der Feder des französischen Architekturhistorikers Auguste Choisy, der am 4. Oktober 1875 in der Stadt war, und eine Fotografie des russischen Konsuls aus dem Jahr 1888 sind erhalten.

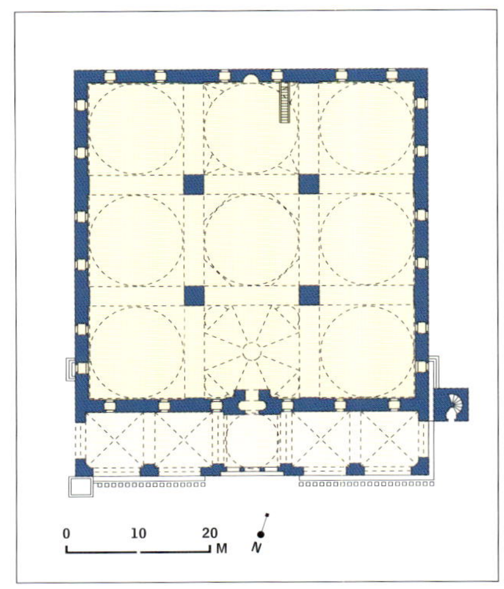

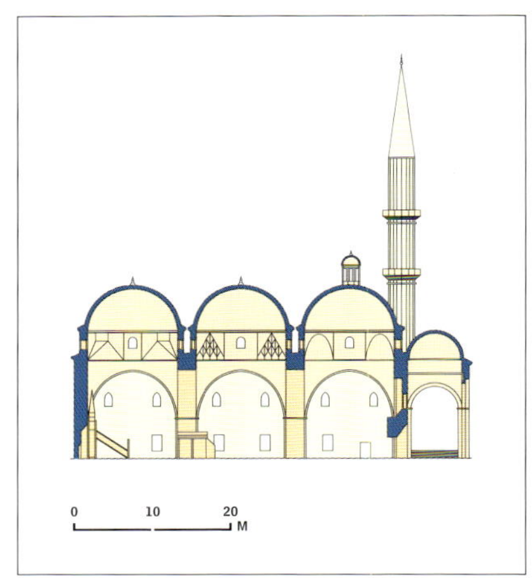

Die Sultan-Bayazid-Moschee

Murad I. fiel nicht lange nach der Eroberung Adrianopels (Edirne) in der berühmten Schlacht auf dem Amselfeld. Seinem Sohn und Nachfolger Bayazid I. ist das einzige erhaltene öffentliche Bauwerk zu verdanken, das vor Beginn des 15. Jahrhunderts in Edirne erbaut wurde. Alle anderen Bauten, von denen die Quellen berichten, wurden im Balkankrieg Anfang des 20. Jahrhunderts zerstört.

Die von Bayazid I. erbaute Moschee entzieht sich der Einordnung in aus Bursa bekannte Schemata. Bereits ihre Lage ist ungewöhnlich; sie befindet sich am gegenüberliegenden Ufer des die Stadt umfließenden Flusses Tunca, an einem Ort, der auch heute noch außerhalb der Stadt-

Nebenstehend: Die Alte Moschee. Wie bei der Ulu Cami in Bursa ist auch hier der streng symmetrische Grundriss des Gebetssaals in vertikaler Richtung durch die unterschiedliche Höhe der Kuppeln in der Mittelachse gebrochen. Hingegen wirkt der schmucklose Säulenportikus, ein Charakteristikum der frühen Moscheen von Edirne, fast schwerfällig.

Linke Seite: Grund- und Aufriss der Alten Moschee. Anders als die übrige Dacharchitektur ruht die Kuppel mit Okulus auf einem oktogonalen Tambour. Auch die Kuppel über dem Eingang unterscheidet sich von den Kuppeln der Seitenschiffe, wodurch die Axialität in dem sonst streng symmetrischen Plan betont wird.

grenzen liegt. Zwar haben wir schon in Bursa gesehen, dass ein Moscheenkomplex als Ausgangspunkt städtebaulicher Entwicklungen konzipiert und deshalb auch außerhalb des Zentrums erbaut wurde, doch dies allein erklärt nicht die Wahl dieses Platzes für die erste Moschee des osmanischen Herrscherhauses in Edirne.

Die Moschee besteht aus einem zentralen Kuppelraum, um den sich drei tonnengewölbte Iwane mit Kuppeln gruppieren; ihm vorgelagert ist ein Vestibül, flankiert von zwei ebenfalls kuppelgewölbten Eckräumen. Die Anlage ist nicht untypisch, doch umso ungewöhnlicher ist die Lage des Mihrab, der sich nicht in dem axial zum Eingang ausgerichteten Iwan, sondern in dem auf der linken Seite gelegenen Iwan befindet. Darüber hinaus liegt der Mihrab nicht in der Außenwand, sondern, um 45 Grad gedreht, zwischen der Außenmauer und der Mauer auf der Eingangsseite. Die korrekte Ausrichtung des offensichtlich erst nachträglich eingefügten Mihrab beweist, dass die Achse der Moschee ursprünglich um 135 Grad von der Richtung nach Mekka abwich. Wichtiger scheint in diesem besonderen Fall die Lage am Fuß des Hügels Hizirlik gewesen zu sein, der als einer der heiligsten Orte der Stadt galt.

Sein Name verweist auf eine synkretistische Legende, die den heiligen Hizir, Bote Allahs und Verkünder des Endes aller Zeiten, mit dem biblischen Propheten Elia verbindet; weshalb man Hizir bevorzugt in ehemals dem Elia geweihten

Namens (Ayasofya) wurde sie in eine Moschee umgewandelt und war zunächst das einzige Gotteshaus, das den Muslimen in der eroberten Stadt zur Verfügung stand. Ansonsten war Mehmed II. gezwungen, der Erwartung seiner Mitstreiter Rechnung zu tragen, die ihm zum Sieg verholfen hatten und das Byzantinische Reich endgültig zerschlagen sehen wollten. Selbst wenn er damals bereits entschlossen gewesen sein sollte, sein eigenes Reich zum Nachfolger des Byzantinischen und Konstantinopel zu seiner Hauptstadt zu machen, wäre jener Zeitpunkt sicher nicht geeignet gewesen, um diese Entscheidung öffentlich zu verkünden. Das mag die Widersprüchlichkeit der Initiativen begründen, die er in der Folgezeit zum Wiederaufbau der Stadt unternahm.

Die erste Sorge Mehmeds II. galt der Wiederbesiedlung der verwüsteten Stadt. Sofort siedelte er seinen Anteil an den Gefangenen, ein Fünftel der Gesamtzahl, vermutlich am Ufer des Goldenen Horns an und veranlasste die ihn umgebenden Würdenträger, das Gleiche zu tun. Seinen Plan, den letzten Großherzog des Byzantinischen Reiches, Lucas Notaras, zum Gouverneur der Stadt zu machen und ihn mit der Wiederbesiedlung zu beauftragen, musste er jedoch fallen lassen. Diese Ernennung hätte, so seine Mitstreiter, gewissermaßen der Rückeroberung der Stadt durch überwiegend griechisch-orthodoxe Einwohner Tür und Tor geöffnet. Mehmed II. respektierte diesen Einwand und ließ Notaras hinrichten. Er befahl, 5000 Familien aus verschiedenen Provinzen nach Konstantinopel zu deportieren, und kehrte am 18. Juni 1453 in die Hauptstadt des Osmanischen Reiches, nach Edirne, zurück.

Bei seinem nächsten Aufenthalt in der Stadt mußte der Sultan feststellen, dass die Wiederbesiedlung stagnierte, und er ernannte am 6. Januar 1454 Gennadios zum Patriarchen von Konstantinopel, um nun doch die griechisch-orthodoxe Bevölkerung des Landes anzulocken. Dann begab er sich nach Bursa, um einen Teil der dort lebenden Kaufleute gewaltsam nach Istanbul zu bringen – ein Versuch, der Aufstände ausgelöst haben muss. Im Laufe des darauf folgenden Sommers brachte er mehrere tausend Gefangene von seinem Serbienfeldzug mit und siedelte sie in den Dörfern des europäischen Umlandes von Istanbul an, um die Sicherheit der Zufahrtsstraßen, aber auch die Versorgung der Stadt mit landwirtschaftlichen Erzeugnissen zu gewährleisten. Sein eigenes Besiedlungskonzept brachte Mehmed II. ernstlich in Gefahr, als er nach einer Volkszählung Ende 1455/Anfang 1456 die neuen Einwohner zu einer Abgabe für Grund- und Hausbesitz verpflichtete. Die

DIE WIEDERBEVÖLKERUNG DER HAUPTSTADT

Nachdem der Sultan den Rest des Herbstes in Adrianopel verbracht hatte, kam er zu Beginn des Winters nach Byzanz. So endete das Jahr 6966 (A.D. 1458), das achte Jahr der Herrschaft des Sultans.

In Konstantinopel angekommen, beschäftigte er sich mit den üblichen Angelegenheiten und widmete seine ganze Aufmerksamkeit den Plänen für die Stadt und ihre Bewohner. Zuerst erkor er diejenigen der von ihm zurückgebrachten Peloponnesier, die in der Beherrschung ihres Handwerks besser als alle anderen zu sein verhießen, und siedelte sie innerhalb der Stadtmauern an. Die übrigen siedelte er in den Dörfern der Umgebung an; er verteilte Korn, Ochsenpaare und alle anderen für den Anfang notwendigen Vorräte an sie, so dass sie in der Lage waren, Landwirtschaft zu betreiben.

Danach schickte er Leute nach Amastris (Amasra), eine Stadt in Paphlagonien mit einem Hafen am Schwarzen Meer, und ließ den größten Teil der arbeitsfähigen Anwohner nach Konstantinopel bringen. Auch holte er aus den von ihm besetzten Gebieten Armenier in die Stadt, die der Klasse der Kaufleute angehörten. Diese und Menschen anderer Völker, die ihm untertan waren, holte er aus ihrer Heimat fort und siedelte sie in seiner Stadt an.

Dann rief er alle wohlhabenden und fähigen Leute zu sich, die sich großen Reichtums und Wohlstands erfreuten, und gebot ihnen, stattliche Häuser in der Stadt zu bauen, wo es ihnen gefalle. Auch wies er sie an, Bäder, Gasthäuser und Marktplätze zu bauen, viele schöne Werkstätten und Orte der Andacht zu errichten und die Stadt mit vielen anderen derartigen Gebäuden zu schmücken und zu zieren und dabei keine Kosten und Mühen zu scheuen, so weit es in ihren Möglichkeiten stand.

Michael Kritobulos von Imbros, *Historien* (1458), III, § 67–70

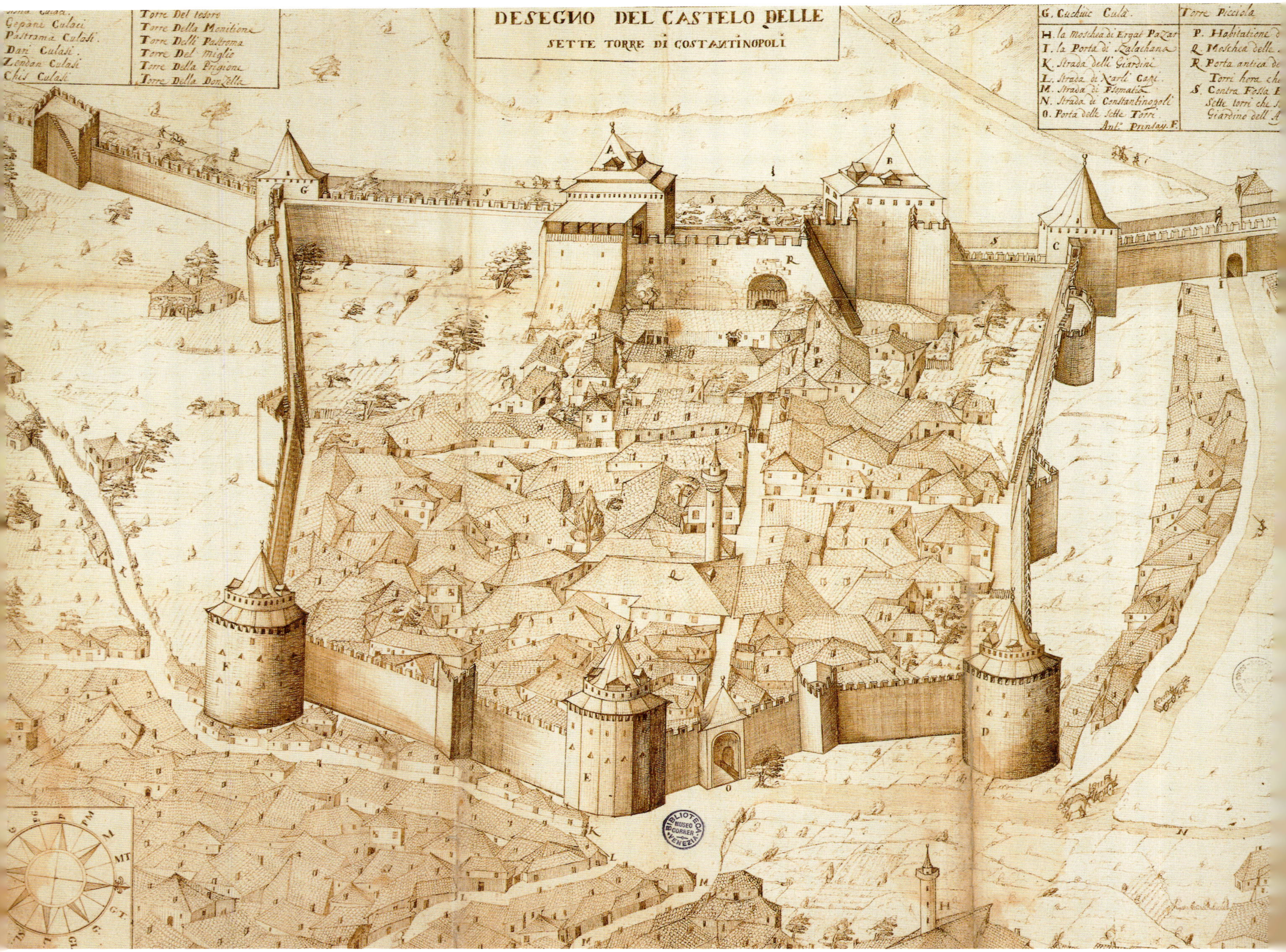

Die Festung Yedikule. Diese Zeichnung aus dem 17. Jahrhundert ist Teil einer illustrierten Handschrift, in der unter dem Titel *Storia di bailo Soranzo* ein Bericht über das Schicksal des gleichnamigen Botschafters der Republik Venedig im türkisch-venezianischen Krieg (1644–1669) gegeben wird. Auf der Karte ist außer der Festung auch das Aussehen der Stadtviertel in jener Epoche minutiös festgehalten.
Museo Correr, Venedig.

ausgelöste Unzufriedenheit führte zu einer Abwanderung, die den Sultan schließlich zwang, die Maßnahme zurückzunehmen. Bereits bei seinem ersten kurzen Aufenthalt in der eroberten Stadt hatte Mehmed II. zwei bauliche Entscheidungen getroffen, die wie die bevölkerungspolitischen Maßnahmen dem Ausbau einer neuen Hauptstadt, die von da an Istanbul hieß, dienten: Zum einen ordnete er die Instandsetzung der Stadtmauern an, die durch den Beschuss während der Belagerung stark beschädigt worden waren, zum anderen den Bau eines Palastes im Stadtzentrum. Dieser Palast entstand auf dem von Theodosios I. angelegten Forum Tauri, im Süden begrenzt von der Mese, im Osten von der Verbindungsstraße, die von der Mese zum Hafen führt und in byzantinischer Zeit den Namen Makros Embolos („Großer Keil") trug und durch die gesamte osmanische Periode bis heute unter dem Namen Uzunçarşi („Langer Markt") ihre Bedeutung als Hauptverkehrsader behielt. Im Norden bildete eine Hanglinie die Grenze des Geländes. Nach

dem Bau des Topkapi Saray beherbergte er den Harem, und als auch dieser gegen Ende des 16. Jahrhunderts dorthin verlegt wurde, lebten die Frauen des verstorbenen Sultans in dem Alten Palast (Eski Saray), wie er von nun an hieß.

Mehmed II. kam im Herbst 1453 erneut nach Istanbul, um den Grundstein zu seinem Palast zu legen. Dort, wo die Theodosianische Landmauer am Marmarameer endete, veranlasste er den Bau einer Festung. Der neue Bau bezog das Goldene Tor, das Festtor der byzantinischen Hauptstadt, mit seinen beiden flankierenden Türmen sowie zwei weitere Türme zur Rechten und Linken (der linke war osmanisch) in ein unregelmäßiges Fünfeck ein, das aus einer Mauer und drei weiteren Ecktürmen gebildet wurde. Die sieben Türme trugen ihm den Namen „Kastell der sieben Türme" (Yedikule Hisar) ein. Militärische Bedeutung besaß die Festung nicht, sie diente zunächst als Schatzkammer, und nachdem Murad III. (1574–1595) den Staatsschatz in den Topkapi Saray verlegt hatte, als Gefängnis für hochrangige Gefangene.

Sowohl den Palast als auch die Festung Yedikule dürfte Mehmed bei seinem Aufenthalt in Istanbul im Herbst 1454 bereits fertig vorgefunden haben. Er beschloss, einen Bedestan bauen zu lassen. Die Gesamtanlage griff die Form der Markthallen von Bursa und Edirne auf, wies jedoch im Innenraum statt einer Einzelreihe aus sechs Pfeilern zwei Reihen zu je vier Pfeilern auf. Somit hatte der Innenraum 15 überkuppelte Joche. Der Markt besaß vier Eingänge, jeweils in der Mitte der Seitenmauern, und Geschäfte an

Panorama von Konstantinopel. Melchior Lorich fertigte diese Zeichnung 1559 in Konstantinopel an; der Künstler gehörte damals zum Gefolge des kaiserlichen Botschafters Ogier Ghiselain de Busbeck. Oben links ist die erste Moschee Mehmeds II. zu erkennen, die durch ein Erdbeben 1766 zerstört wurde. Dank dieser Zeichnung, auf der drei kleine Seitenkuppeln und eine hintere Halbkuppel der Moschee erkennbar sind, konnte der Plan der Moschee rekonstruiert werden. Universitätsbibliothek, Leiden.

Mehmed II. der Eroberer

Mehmed II. nimmt ohne Zweifel einen zentralen Platz innerhalb der osmanischen Geschichte ein. Der Sultan war eine ungewöhnliche Persönlichkeit, ein gebildeter, weltoffener Mensch, dessen Horizont über das politische und religiöse Gedankengut seiner Zeit weit hinausging. Er kam 1430 in einem turkmenischen Fürstentum zur Welt, das sich gerade wieder von den Schrecken der Invasion des Mongolen Timur erholt hatte und sich anschickte, den gesamten

Balkan und Kleinasien unter seine Herrschaft zu bringen. Aufgrund seines günstigen geografischen Standorts war es in der Lage, die Handelswege in den Orient unter seine Kontrolle zu bringen, was ihm den Respekt des christlichen Europa einbrachte, das an seinen Kontoren und Handelsverbindungen in der Region wesentlich stärker interessiert war als am Fortbestehen des byzantinischen Reiches, welches ohnehin auf Konstantinopel zusammengeschmolzen war.

Mehmed II. kam 1451 mit 21 Jahren auf den Thron und verfolgte sein Leben lang das Ziel, die Macht der italienischen Städte zu stürzen und Handel und Wirtschaft im östlichen Mittelmeer unter seine Kontrolle zu bringen. Die Eroberung Konstantinopels stellte nur eine erste Etappe auf diesem Weg dar, die aber geopolitisch und symbolisch von größter Bedeutung war. Durch die Besetzung sowie die vorausgegangene Errichtung einer mit Kanonen ausgestatteten Festung an der engsten Stelle des Bosporus schloss er für ausländische Schiffe den Zugang zum Schwarzen Meer. Erst 1838 sollte in London ein Abkommen zustande kommen, das die erneute Öffnung der Meerenge zur Folge hatte. Zugleich war die Stadt Konstantinopel seit den Tagen des Propheten von höchster symbolischer Bedeutung für den Islam, sodass der Zeitpunkt ihrer Eroberung mit dem Ende der Zeiten gleichgesetzt wurde.

Auf die Einnahme Konstantinopels folgten bis zum Ende seiner Herrschaft unaufhörliche Feldzüge. Gerade in der Anfangszeit bekriegte er schonungslos die letzten turkmenischen Fürstentümer sowie das griechische Reich Trapezunt in Anatolien, das Herzogtum Athen, das Fürstentum Morea und das serbische Königreich auf dem Balkan, Territorien, die in die Einflusssphäre Venedigs und Genuas geraten waren. Nach der Einnahme Trapezunts im Jahre 1461 griff Mehmed II. bereits 1463 Venedig direkt an. Der Krieg, der zu Wasser und zu Lande geführt wurde, dauerte insgesamt 16 Jahre. Besonders die von den Venezianern bewaffneten Albaner machten der osmanischen Armee sehr zu schaffen. Schließlich fasste sie aber an der Adriaküste Fuß und besetzte die Insel Euböa und einen Teil der venezianischen Besitzungen in Griechenland. Währenddessen eroberte Mehmed II. die Krim, auf der er genuesische Niederlassungen zerstörte. Nachdem 1479 ein Friedensvertrag mit Venedig unterzeichnet worden war, bemühte sich Mehmed II. erfolglos um die Eroberung von Rhodos, während seiner Armee in Italien die Besetzung Otrantos in Apulien gelang.

1481 starb Mehmed II. mit 51 Jahren, als er erneut zu einem Feldzug aufbrach. Während er sein Leben lang versucht hatte, sich den Traum eines jeden Renaissancefürsten zu verwirklichen und Herr über Italien zu werden, hatte er Gentile Bellini aus Venedig und Costanzo de Ferrara nach Istanbul kommen lassen, um seinen neuen Palast – den Topkapi Saray – auszuschmücken. Seine Nachfolger setzten sein Werk fort, doch dieser Traum blieb unerfüllt.

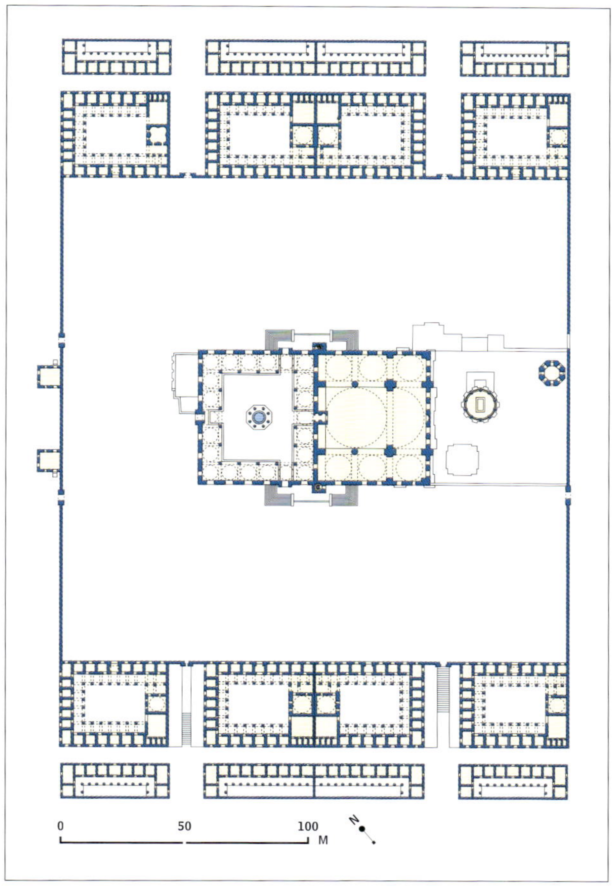

Plan des Moscheenkomplexes Mehmeds II. Im Zentrum die Moschee und der Vorhof, der das Erdbeben von 1766 überstanden hat. Dahinter die Grabmäler Mehmeds II. und seiner Gattin. Auf beiden Seiten die acht Medresen, dahinter die Vorbereitungsschulen. Verschiedene Hypothesen sind zur Erklärung dieses einzigartigen Plans vorgebracht worden. Der Plan könnte auf die Anlage der Apostelkirche zurückgehen, die ebenfalls über Schulen verfügte. Das Vorbild könnte jedoch auch das Ospedale Maggiore in Mailand gewesen sein, dessen Architekt Filarete eine Reise nach Konstantinopel gemacht haben soll.

Linke Seite:
Links: Sultan Mehmed II. (1432–1481).
Öl auf Leinwand. Bellini Gentile (um 1429–1507) zugeschrieben.
National Gallery, London.

Rechts: Geschichte der Belagerung von Rhodos (1483). Dem Großwesir des Sultans Mehmed II. obliegt die Heeresführung bei der Belagerung. Guillaume Caoursin.
Nationalbibliothek, Paris.

den Innen- und Außenwänden; an drei Seiten war er von einer Doppelkolonnade mit Portikus umgeben, die Platz für weitere Geschäfte gegenüber den Marktständen an der Außenmauer bot. Aus diesem Kernbau ging im Laufe der Zeit die große Anlage des Kapali Çarşi (Gedeckter Bazar) hervor, bis heute das Umschlagszentrum der Stadt.

Der Eski Saray und der Bedestan, beide nördlich der Mese gelegen und durch die Uzunçarşi getrennt, bildeten den Kern des frühosmanischen Istanbul. Das unterhalb des Palastes am Goldenen Horn gelegene Viertel, in das die Uzunçarşi führt, erhielt den Namen Taht el-kala' („unter der Zitadelle", heute Tahtakale) wie es in arabischen Städten für Handelsviertel in ähnlicher Lage üblich war. An der Einmündung der Uzunçarşi in die am Hafen entlangführende Straße, an der sich in byzantinischer Zeit die abendländischen und jüdischen Viertel befanden, ließ Mehmed II. vermutlich ab 1455 eines der größten Bäder der Stadt bauen. Über dem Frigidarium für Männer wölbte sich eine Kuppel mit einem Durchmesser von 15 Metern. Dieser frühe Stadtkern unterschied sich erheblich von dem anderer Städte, die die Türken in Anatolien und auf dem Balkan erobert hatten. Denn anders als in Bursa und Edirne, wo sich die Stadt über die engen byzantinischen Stadtmauern hinaus ausgebreitet hatte, fand hier eine Konzentration statt, die die Peripherie der Stadt außer Acht ließ. Eine Erklärung dafür bietet die Tatsache, dass das byzantinische Konstantinopel für damalige Verhältnisse außergewöhnlich groß war. Dennoch sind die baulichen Entscheidungen, die in den ersten zwei Jahren nach der Eroberung Kontantinopels fielen, insofern ungewöhnlich, als man einige Jahre später auf eine gegensätzliche Politik umschwenkte, die wiederum zu einer erneuten Ausdehnung der Stadt führte.

Bereits in dieser ersten Bebauungsphase Istanbuls zeichnete sich eine Entwicklung ab, die sich in der Folgezeit bestätigen sollte: Zu beiden Seiten des Tales, das vom Valens-Aquädukt zur heutigen Atatürk-Brücke führt, bildete sich das religiöse Zentrum der Stadt. Diverse Kirchen wurden von den moslemischen Eroberern genutzt, wobei man sie nicht unbedingt in Moscheen umwandelte. So richtete Mehmed II. in der Kirche des Pantokrator-Klosters, in der sich nach Berichten von Doukas um 1455 Tuchmacher und Schuster niedergelassen hatten, kurze Zeit später eine Medrese ein, die nach ihrem ersten Lehrer, Molla Zeyrek, benannt wurde. Die Kirche des benachbarten Pantepoptes-Klosters beherbergte ein Imaret, während die Kirche des Kyriotissa-Klosters, am östlichen Ende des Valens-Aquädukts nahe der westlichen Umfassungsmauer des Eski Saray gelegen, zur Zawiye des heterodoxen Derwischordens der Kalender wurde, der eine wichtige Rolle bei der Eroberung der Stadt gespielt hatte. Die ersten Moscheen entstanden jedoch in Tahtakale, wo sie von Kaufleuten gegründet wurden. Der Patriarch Gennadios, dem der Sultan die Apostelkirche zugewiesen hatte, bekam die Erlaubnis, in das Pammakaristos-Kloster umzusiedeln, dessen Lage ihm angenehmer gewesen sein dürfte als ein Sitz inmitten der moslemischen Religionsgruppen. Damit war die erste Umgestaltung der Stadt durch die Osmanen abgeschlossen.

Der Stiftungskomplex der Fatih-Moschee

Im Jahr 1459 erfolgten entscheidende Maßnahmen, welche Istanbul zur neuen Hauptstadt machten. Ihnen ging ein symbolischer Akt von großer Bedeutung voraus: der Bau eines Grabmals und einer Moschee, ohne Zweifel der ersten, die nach der Eroberung erbaut wurde. Man errichtete sie über der Grabstätte Khalid bin al-Walids, bekannt unter dem Namen Abu

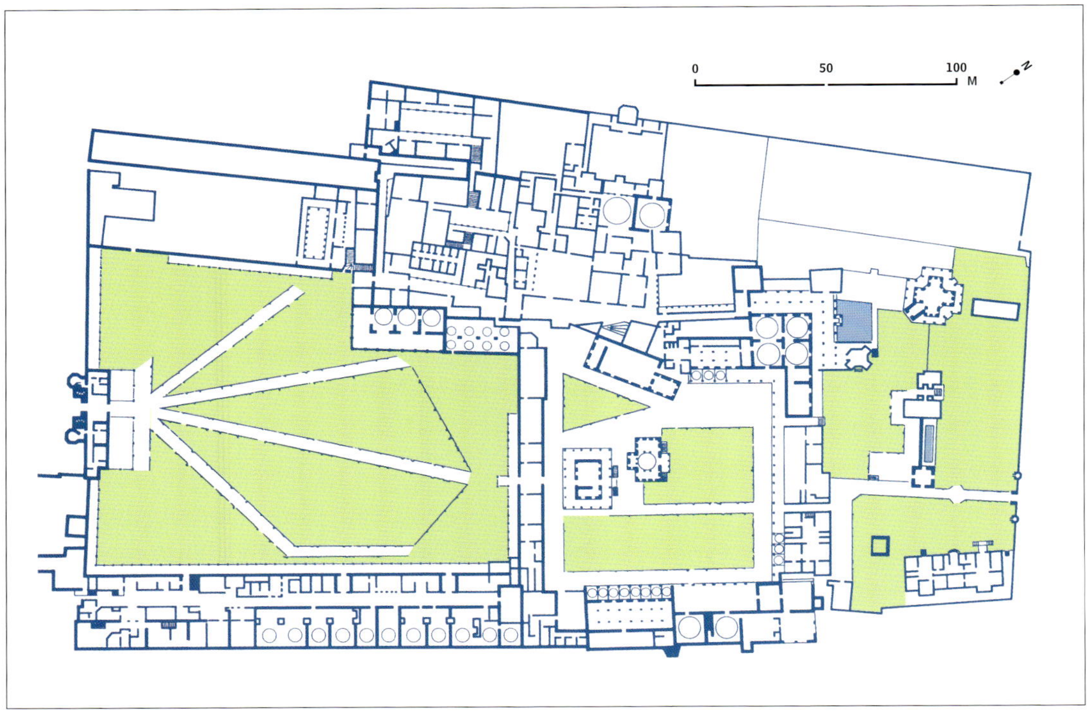

Topkapi Saray. Plan des zentralen Palastareals. Links das Mitteltor (Orta Kapi), durch das man vom ersten in den zweiten Hof gelangt. In dessen trapezförmige Gestalt schieben sich oben die Gebäude für den Staatsrat (drei Kuppelbauten links) und die Schatzkammer (Saal mit acht Kuppeln). Oberhalb des zweiten Hofs liegen die Stallungen, unten reihen sich entlang einem schmalen Gang die Küchen- und Wirtschaftsgebäude. Durch das Tor der Glückseligkeit (Bab üs-Saade) kommt man in den dritten Hof. Gegenüber liegt der Thronsaal, dahinter die Bibliothek Ahmeds III. Rechts vom dritten Hof in der oberen Ecke befinden sich die vier kuppelgewölbten Säle der Sultansgemächer, daran schließen sich die Räume des Staatsschatzes an. Um den Hof gruppieren sich die Schlafsäle der Pagen, dazu schräg versetzt die Moschee. Eine Marmorterrasse führt von den Sultansgemächern zu verschiedenen Pavillons, darunter der Bagdad-Pavillon mit kreuzförmigem Grundriss. Unterhalb der Pavillons erstreckt sich der Garten, auch vierter Hof genannt. Am Ende des Gartens steht ein rechteckiger Pavillon, der unter Abdülmeçid erbaut wurde. Oben in der Mitte schließlich breitet sich der ausgedehnte Gebäudekomplex des Harems aus.

Eyüp, eines Gefährten des Propheten, der bei dem ersten islamischen Ansturm auf die Stadt vor ihren Toren gestorben und begraben worden sein soll. Obwohl einige Berichte behaupten, man habe die Grabstätte noch während der Belagerung entdeckt, machen andere Quellen eine spätere Entdeckung wahrscheinlicher. Wobei die „Entdeckung" eines zu heiligenden Ortes wahrscheinlich dem Zweck diente, die Eroberung der Stadt zu legitimieren.

Nach dem Bau der Eyüp-Moschee am Ufer des Goldenen Horns in dem Stadtteil gleichen Namens traf Mehmed II., genannt Mehmed Fatih („der Eroberer"), weitere äußerst wichtige Entscheidungen zur Umstrukturierung Istanbuls: Er beschloss die Errichtung einer Sultansmoschee auf dem Gelände der Apostelkirche und den Bau eines Sultanspalastes anstelle der Akropolis des antiken Byzanz. Damit trat Mehmed II. als Neubegründer der Stadt, aber auch des Reiches, die Nachfolge Konstantins des Großen an. Seine Moschee und sein Palast waren wie die Apostelkirche und der Kaiserpalast des alten Konstantinopel Mikrokosmen des Universums, die die universelle Berufung des Herrschers bestätigen sollten.

Der Bau der Fatih-Moschee, die 1471 fertig gestellt wurde, ließ durch drei Elemente eine Neuorientierung erkennen: durch die Wahl des Standortes, durch Anlage und Gliederung des Komplexes und durch seine architektonischen Merkmale. Als Standort wählte Mehmed II. die Apostelkirche, in der zahlreiche oströmische Herrscher, darunter Konstantin der Große, beigesetzt waren und an der auch Mehmed seine Grabstätte errichten ließ. Damit war er der erste Sultan, der nicht in Bursa beerdigt wurde. Offensichtlich hatte also ein Umdenken stattgefunden, seit derselbe Sultan die Apostelkirche fünf Jahre zuvor dem Patriarchen Gennadios angeboten und dieser sie erst ein Jahr zuvor verlassen hatte. In den vier Jahren zwischen dem Entschluss zum Bau der Moschee und ihrer Grundsteinlegung fanden wohl die Abbrucharbeiten an der Apostelkirche statt. Das Fehlen jeglicher Spuren alter Bauteile in den neuen Gebäuden zeugt von dem Willen, die Erinnerung an die früheren Bauten komplett auszulöschen und das Gelände vollständig in Besitz zu nehmen.

Bis zu diesem Zeitpunkt stellten die Stiftungskomplexe osmanischer Herrscher üblicherweise eine Kombination von Zawiye, Moschee und Medrese dar, die in einer gewissen Entfernung an die Moschee angegliedert war. Die Üç-Şerefeli-Moschee in Edirne, die auf die Zawiye verzichtete, aber eine Medrese besaß, stellte einen Zwischenschritt auf dem Weg zum Modell der Fatih-Moschee dar, deren Komplex acht Medresen umfasste, an die ebenso viele Grundschulen angeschlossen waren. Die Anlage entwickelte sich zum Ausbildungszentrum für die religiöse Elite des osmanischen Reiches. Die acht Medresen, die alle gleich ausgeführt waren, begrenzten jeweils zu viert in einer Reihe den linken und rechten Rand eines großen Hofes, in dessen Zentrum sich die drei Rechtecke der Gebetshalle, eines Innenhofes und des Gartens mit den Türben des Sultans und seiner Frau aneinander reihten. Die acht Grundschulen lagen ebenfalls in einer Reihe hinter den Medresen. Diese Strenge des Grundrisses könnte die Unterordnung der Ulama, der islamischen Religionslehrer, unter die Macht des Sultans versinnbildlichen.

Die Kuppel der Moschee sollte die der Hagia Sophia übertreffen; allerdings lässt die Rekonstruktion, die man heute von dem ursprünglichen Gebetssaal erstellen kann, der 1766 bei einem Erdbeben zerstört wurde, nur eine einzige Analogie mit der Hagia Sophia erkennen: die Verwendung einer Halbkuppel. Im Mittelpunkt der überlieferten Debatten stand weniger ein architektonischer Vergleich als die Frage nach der inhaltlichen Tragweite des Wettbewerbs um die größte Kuppel. Für die Anhänger Mehmeds II. kam seine Moschee der Hagia Sophia an Schönheit gleich und übertraf sie sogar. Für die Gegner des Projekts war die Hagia Sophia als der von Gott erbaute und den Muslimen versprochene Tempel unübertrefflich, weshalb sie der Moschee

Mehmeds II. nicht nur keinerlei Wert zugestanden, sondern sie als gotteslästerliches Werk verurteilten.

Mehmed II. wählte einen Architekten aus, der in den türkischen Quellen unter dem Namen Sinan der Befreite geführt wird und wahrscheinlich ein zum Islam konvertierter Byzantiner war. Welche Qualifikationen dieser Baumeister, über dessen Vorleben nichts bekannt ist, auch besessen haben mag, so dürften sie wohl kaum über das architektonische Repertoire palaiologischer Architektur hinausgegangen sein. Dennoch war die Lösung, die er für die Fatih-Moschee entwickelte, ebenso originell wie geschickt. Den Seitenschub der Kuppel mit einem Durchmesser von 26 Metern und einer Scheitelhöhe von 44 Metern fing an der Mihrab-Seite eine Halbkuppel auf, an der gegenüberliegenden Innenhofseite der Portikus und zu den beiden anderen Seiten jeweils ein niedriges Seitenschiff, überwölbt von drei Kuppeln, von denen je zwei das Pendant zur Mittelkuppel und eine das Pendant zur Halbkuppel bildeten. Durch diese Aufteilung entstand ein einheitlicher, fast quadratischer Raum, und zwar trotz der beiden Pfeiler, die als Auflage der Kuppel dienten, und der beiden Säulen, die die Bogen der Seitenwände des Mittelschiffes trugen.

Zwar übertraf die Kuppel der Fatih-Moschee in ihren Ausmaßen die Mittelkuppel der Üç-Şerefeli-Moschee mit ihrem Durchmesser von 24 Metern und ihrer Scheitelhöhe von 28,50 Metern, blieb jedoch weit hinter der Kuppel der Hagia Sophia mit ihrem Durchmesser von 31 Metern und ihrer Scheitelhöhe von 56 Metern zurück. Die Quellen schildern den Zorn des Herrschers über die Leistung seines Architekten, den er schließlich gefangen nehmen und totschlagen ließ, was Chroniken und die Grabinschrift Sinans bestätigen. Auch wenn man die wahren Gründe für den Konflikt zwischen dem Sultan und seinem Architekten nicht kennt, so ist sein Scheitern – wenn es denn eines war – sicher vor allem auf die Organisation der Bauarbeiten und der Ressourcen des noch im Aufbau begriffenen Reiches zurückzuführen. Erst mit Süleyman dem Prächtigen und seinem berühmten Baumeister, jenem anderen Sinan, wurden die architektonischen Leistungen erreicht, die Mehmed II. in seinem ungeduldigen Ehrgeiz angestrebt hatte.

Das Erdbeben von 1766, das nur der Innenhof unbeschadet überstand, zeigte, wie gewagt, aber auch anfällig das Bauwerk Mehmeds II. war. Die Moschee wurde anschließend mit vier Halbkuppeln wieder aufgebaut.

Der Topkapi Saray

Auch die Arbeiten am neuen Palast begannen erst um 1465, obwohl der Entschluss zum Bau wahrscheinlich gleichzeitig mit der Planung der Sultansmoschee und ihres Stiftungskomplexes gefallen war. Das ausgewählte Areal, das mit annähernd 60 Hektar fast die Gesamtfläche des antiken Byzantion ausmachte, bot zwei Vorteile. Indem Mehmed II. die Spitze der Landzunge als Standort auswählte, die den Zusammenfluss von Goldenem Horn, Bosporus und Marmarameer beherrscht, unterstrich er eindrucksvoll die strategische Bedeutung der Stadt als Hüterin der umgebenden Meere und Länder und rechtfertigte seinen Titel als Sultan über zwei Kontinente und zwei Meere.

Allem Anschein nach wurde der Palast in zwei Bauphasen errichtet: zunächst die beiden Höfe des Innenpalastes von 1463 bis 1468, anschließend bis 1478 die fast 2,5 Kilometer lange Umfassungsmauer mit 25 rechteckigen, einem zwölfeckigen und zwei achteckigen Türmen sowie drei monumentalen Toren. Diese Mauer war mit der byzantinischen Seemauer verbunden, durch die ein viertes Tor, vor dem Kanonen aufgestellt waren, auf die Landspitze des Saray hinausführte. Dieses Kanonentor (Topkapi) gab dem Palast seinen Namen. Das Hauptportal, Bab-i Hümayun („Tor des Reiches") befand sich etwas versetzt zur Hagia Sophia auf der Kammhöhe. Über dem Eingang befand sich ursprünglich eine heute nicht mehr vorhandene Etage, später

Topkapi Saray. Eine doppelte Kolonnade umschließt die Sultansgemächer und führt in den Harem. Die Tür im Hintergrund geht auf den Goldenen Weg, einen durch den ganzen Harem führenden Gang. Hinten rechts steht einer der Türme, die zur Einfriedungsmauer des inneren Gartens gehörten. Die Marmorverkleidung der Sultansgemächer in mamlukischem Stil geht auf die Regierungszeit Süleymans des Prächtigen zurück, nur die Flachbogen und die schmiedeeisernen Fenstergitter stammen aus dem 18. Jahrhundert.

als Schatzkammer genutzt, in der vor allem der Besitz von Verstorbenen ohne Erben und konfiszierte Vermögen aufbewahrt wurden.

Im Innenhof wohnte der Sultan mit seinen Pagen, während im Außenhof die Staatsgeschäfte abgewickelt wurden. Der Harem befand sich im wesentlichen im Eski Saray und wurde erst im 16. Jahrhundert unter Süleyman dem Prächtigen in den Topkapi Saray verlegt. Diese Aufteilung folgt dem Vorbild eines Feldlagers, das ebenfalls zwei umschlossene Höfe, einen privaten und einen öffentlichen, besaß.

Der als dritter Hof bezeichnete Innenhof ist mit einer Seitenlänge von 118 mal 130 Meter fast quadratisch und wendet sich auf dem Gipfel der Anhöhe dem Bosporus zu. An den Ecken, die dem Goldenen Horn beziehungsweise dem Marmarameer zugewandt sind, lagen die beiden Gemächer des Sultans. Die massive Bauweise des Gemachs zum Goldenen Horn und die luftige, leichte Bauweise des Gemachs zum Marmarameer lassen vermuten, dass es sich ursprünglich um Winter- und Sommerpavillons handelte, die jedoch schon bald unterschiedliche Funktionen übernommen haben dürften, das Winterzimmer als reines Privatgemach des Sultans, das Sommerzimmer als Lustpavillon.

Das Privatgemach ist ein massiver, quadratischer Bau mit 4,50 Meter dicken Mauern im Untergeschoss, an der Nordecke des Hofes gelegen. Es teilt sich in vier gleich große, überkuppelte Räume, wobei die Kuppel über dem Eckzimmer, das dem Sultan als Schlafzimmer diente, die anderen drei Kuppeln überragt. An der Außenfassade des Gebäudes läuft eine Terrasse mit einem zwölfjochigen Arkadengang entlang, der sich gegenüber dem Stadtteil Galata zum Goldenen Horn hin öffnet. Davor liegt ein Wasserbecken. Der Sultan schlief auf einem Bett, das ihm für die Nacht aus mehreren Schichten Matratzen in der Zimmermitte bereitet wurde. In den vier Zimmerecken schliefen vier Pagen, die jeweils zu zweit über den Sultan wachten und ihn nicht aus den Augen ließen. Der im Süden an das Schlafzimmer angrenzende Raum diente als Vorzimmer, während die beiden übrigen Räume dieses Quadrats ein Ensemble aus Entree vom Hof, mit einem Wasserbassin in der Mitte, und einem erhöht liegenden Zimmer bildeten, das der Sultan als Esszimmer und Lesekabinett nutzte. An dieses schloss sich, dem Schlafzimmer gegenüber, ein Ankleideraum an, der den Pagen der Privatgemächer zugleich als Schlafraum diente. In Verlängerung des Vorzimmers gab es zwei weitere Räume, die dem Träger des Sultanschwertes *(silahdar)*, also dem obersten Pagen, als Amtsräume zugewiesen waren. Die vier quadratischen Räume und ihre Verlängerungen zu beiden Seiten des Hofes schmückte eine gezähnte Fassade und ein vorgelagerter Portikus im klassisch osmanischen Stil mit Giebelbogen und Stalaktitenkapitellen.

Rechte Seite: Topkapi Saray, Harem, Schlafgemach des Sultans Murad III. (1578). Eine Perle osmanischer Kunst vor allem wegen der Qualität der Keramik und der Wandmalereien. Die gesamte, vor kurzem restaurierte Ausstattung ist noch original, mit Ausnahme der Türflügel links. In der Mitte ein Brunnen; rechts ein Wandschrank; links Tür zum Festsaal; links und rechts Wandnischen.

Links: Topkapi Saray. Blick auf die Schatzkammer. Der überdachte Teil mit der Eckterrasse gehört zu den Sommergemächern Mehmeds II., aus denen später ein Kuriositätenkabinett und die Schatzkammer wurden. Auch das darunter liegende Geschoss diente als Aufbewahrungsort. In den beiden kuppelgewölbten Räumen befand sich ursprünglich der Hammam des Sultans, sie wurden aber seit Ende des 16. Jahrhunderts anders genutzt. Der Raum zur Rechten ist ein Anbau zur Schatzkammer, derjenige zur Linken gehört zum neuen, im 18. Jahrhundert erbauten Pagenschlafsaal.

Topkapi Saray, Harem, Vorzimmer der Gemächer Murads III., Detail des Wandschranks und der Nischen. Der Rahmen der unteren Nische zitiert die stilisierte Gestalt des Bursa-Bogens, die beiden oberen Nischen erinnern an Motive (Kösebend) aus dem Buchschmuck. Der Wandschrank ist ein klassisches Beispiel für die osmanische Intarsienkunst, die Ebenholz, Perlmutt und Schildpatt verwendete. Die Kacheln, bei denen die Farbe Rot dominiert, gehören zu den schönsten, die die Iznik-Produktion hervorgebracht hat.

Gegenüber den Privatgemächern befand sich am Ostende des Hofes eine Eckterrasse mit Blick auf Bosporus und Marmarameer, an die sich an der Nordseite eine Kammer mit vorkragenden Latrinen anschloss, was darauf hindeutet, dass sie im Sommer als Schlafplatz genutzt wurde. An der dem Meer zugewandten Seite folgte eine Flucht von drei Zimmern, von denen die beiden ersten mit Nischen ausgestattet sind. Überlieferungen deuten darauf hin, dass es sich um ein Kuriositätenkabinett handelte, das als Empfangsraum für hochgestellte Gäste diente. Tatsächlich dürfte der Alkoven in dem Raum unmittelbar neben der Terrasse dem Thron des Sultans vorbehalten gewesen sein. In den darunter liegenden Räumen bewahrte man die kostbarsten Stücke des Staatsschatzes auf, während der Rest in der Festung Yedikule untergebracht war. Das dritte Zimmer diente als Ankleidezimmer des Sultansbades, das einen Großteil dieses Flügels einnahm, heute aber nicht mehr vorhanden ist. Das Hammam diente der Hygiene, aber auch der Entspannung und war mit herrlichen Wandfliesen ausgestattet, die teils in den Fluren des Harems wiederverwendet wurden. An das Bad schloss sich die Kammer der Musikanten an, deren einzige Aufgabe es war, den Sultan während seiner Waschungen zu unterhalten.

Den vier Räumen dieses Pavillons ist ein großer Arkadengang vorgelagert, mit ganz außergewöhnlichen Rundbogenarkaden und ionisch inspirierten Kapitellen. Vermutlich ist er in seiner heutigen Form jedoch erst nach dem Erdbeben von 1766 entstanden.

An das Bad und den für seine Bedienung erforderlichen Hof schloß sich in der Ecke, die den zweiten und dritten Hof verband, eine heute nicht mehr vorhandene Voliere an.

In den Gebäuden, die den zweiten und dritten Hof voneinander trennten, sowie in den gegenüber liegenden Gebäuden zum Garten befanden sich die Unterkünfte der Pagen. Diese wurden ausgewählt unter den Kriegsgefangenen des Sultans oder unter den christlichen Kindern, die man aus den Dörfern verschleppte; mit zwölf bis 13 Jahren kamen sie in den Palast und wurden weißen Eunuchen unterstellt, deren Aga (Vorgesetzter) zugleich der oberste Palastbeamte und Hüter des Tores der Glückseligkeit (Bab-üs Saade) war, das in den dritten Hof führte. Sein Amtszimmer lag, vom zweiten Hof kommend, links neben der Torhalle. An dieses Amtszimmer schloss sich links der kleine Schlafsaal der jungen Pagen an, die nach einigen Jahren in den großen Schlafsaal rechts des Tores umzogen. Alle Schlafsäle hatten dieselbe Breite von etwa sechs Metern, waren aber unterschiedlich lang. Im Inneren reihten sich rund um einen freien Platz in der Mitte Podeste von unterschiedlicher Größe. Auf den größeren Podesten schlief jeweils eine Gemeinschaft von zehn Pagen, während auf den kleineren Zwischenpodesten je zwei weiße Eunuchen schliefen, die Aufsicht führten. Am Ende des Schlafsaales befand sich eine Waschkammer.

Der Aufstieg der Pagen erfolgte nach Verdienst. Wer den großen Schlafsaal verließ, zog um in den Schlafsaal der Privatzimmer des Sultans links vom Sommerpavillon, der später zu seiner privaten Schatzkammer des Sultans wurde. Die Pagen dieser Abteilung kümmerten sich um das Geschirr des Sultans und um die Zubereitung spezieller Getränke und Gewürze, also um alles, was nicht in der Küche des zweiten Hofes erledigt wurde. Eine weitere Beförderung brachte den Pagen in den Schlafsaal der Schatzkammer, die zwischen dem vorigen und den Privatgemächern des Sultans lag. Die in streng hierarchischer Ordnung gegen den Uhrzeigersinn angelegten Schlafsäle brachten die Pagen also, je weiter sie aufstiegen, dem Sultan näher.

Schließlich befand sich im linken Teil des Hofes die Moschee, in der sich alle, die in diesem Teil des Palastes wohnten, also Pagen, weiße Eunuchen und der Sultan – verborgen hinter einem Gitter – viermal täglich zum Gebet versammelten. Das fünfte Gebet des Tages wurde im Schlafsaal verrichtet.

In diesem großen umschlossenen Hof lebte Mehmed II., umgeben von 350 Pagen und einigen Dutzend Eunuchen. Die gesamte Anlage war gleichermaßen Sultanshof wie Palastschule. Ebenso wie aus den Medresen der Fatih-Moschee religiöse Richter, Lehrer und Verwaltungsbeamte hervorgingen, brachte die Spirale, die zum Privatgemach des Sultans führte, zivile Beamte hervor: Entsprechend ihrem Dienstgrad in der internen Hierarchie erhielten die Pagen ein Amt in der Provinzverwaltung zugesprochen und verließen so den dritten Hof des Palastes, den sie vorher nur hatten verlassen dürfen, um den Sultan zu begleiten, für immer.

Die Aufteilung und Nutzung der Räumlichkeiten änderte sich im Laufe der Zeit. Der Pavillon mit der Schatzkammer und dem Reliquienschrein, in dem Mehmed II. Reliquien christlicher Heiliger – eine Hand Johannes des Täufers befindet sich immer noch dort – neben abendländischen Gemälden, chinesischem Porzellan und Edelsteinen aufbewahrte, fand bei seinen Nachfolgern immer weniger Beachtung und wurde mit der Zeit zur privaten Schatzkammer des Sultans. Die Feldzüge Selims I. gegen Persien und Ägypten und Süleymans des Prächtigen gegen Ungarn brachten eine solche Fülle an Reichtümern, dass man die Terrasse und den äußeren Portikus zumauern musste, um sie unterzubringen.

In der Zeit Bayazids II. wurde das Bad 1509 durch ein Erdbeben zerstört. Es wurde mehrfach völlig erneuert, bis Selim II. (1566–1574) dort stürzte und starb. Sein Nachfolger ließ im Harem ein neues Bad bauen, während das alte Anfang des 18. Jahrhunderts abgerissen und durch einen neuen Schlafsaal für Pagen ersetzt wurde.

Auch die Privatgemächer wurden nach und nach aufgegeben und beherbergten stattdessen die Reliquien des Propheten, die man aus Ägypten und Mekka nach Istanbul gebracht hatte. Die Palastschule verkam, wurde allerdings bis ins 19. Jahrhundert beibehalten. Ahmed III. (1703–1730) ließ Mitte des 18. Jahrhunderts diesen Hof umbauen und in seiner Mitte eine Bibliothek errichten.

Es gibt keinerlei Spuren, die erkennen ließen, dass zu den von Mehmed II. errichteten Gebäuden ein Harem gehört hätte. Aus bruchstückhaft erhaltenen Dokumenten geht jedoch hervor, dass es als Pendant zur Palastschule auch eine Schule gab, in der junge Mädchen *(duhteran)* erzogen wurden. Frauen, die Kinder vom Sultan erwarteten, kamen in den Eski Saray, in dem die Familie des Herrschers lebte, andere verheiratete man mit Würdenträgern des Reiches, die aus der Pagenschule hervorgegangen waren.

Die Gebäude dieser Mädchenschule, deren genaue Lage bislang noch ungeklärt ist, ließ Süleyman 1528 renovieren. Aus dieser Zeit stammt auch der lange gepflasterte Gang, der an

Topkapi Saray, Harem, Vorzimmer der Gemächer Murads III., Detail der Keramiktäfelung. Dieses erstaunliche Ensemble befand sich ursprünglich im Hammam des Sultans Mehmed II., der sich an die Schatzkammer anschloss. Selim II. ließ den Hammam neu herrichten. Um 1666 benutzte man die Kacheln dann zur Ausschmückung der Wand, die man im Vorzimmer der Prinzengemächer gezogen hatte.

der Außenmauer des dritten und zweiten Hofes entlang von den Privatgemächern zum neuen Ratssaal führte, der noch heute zur Linken des zweiten Hofes zu sehen ist. Er trug den Namen „Goldener Weg" (Altin Yolu), weil die Sultane hier nach ihrer Inthronisation Gold an die Frauen des Harems verteilten.

Ende des 16. Jahrhunderts verlegte der Sultan den Harem in den Topkapi Saray. Süleyman war der erste, der nach dem Tod seiner Mutter 1534 seine Lieblingsfrau, Hürrem, und ihre Kinder in den Palast holte. Murad III. (1595–1603), der bei seinem Tod 20 Söhne und 29 Töchter hinterließ – die im Kindesalter verstorbenen nicht mitgezählt –, ließ den Harem nach einem Großbrand 1574 von Grund auf umbauen und gab ihm die Form, in der er bis ins 19. Jahrhundert als „Palast der Frauen" erhalten blieb. Der Architekt war offensichtlich Sinan.

Als erstes Gebäude des Harems entstand zwischen 1578 und 1579 das Schlafzimmer des Sultans Murad III. mit einem vorgelagerten

Topkapi Saray, Harem, Festsaal, barocker Brunnen. Mitte des 18. Jahrhunderts kommt es unter dem Einfluss des westlichen Barock und des deutschen und österreichischen Rokoko zu einem grundlegenden Stilwandel in der osmanischen Kunst. Von den Regeln, die für die Dekoration verbindlich waren, blieb nur das Verbot gegenständlicher Abbildung. Die traditionelle Keramik verschwindet, an ihre Stelle tritt eine Nachahmung der Delfter Fayence. In die architektonischen Ensembles ziehen Säulen und Pilaster ein, und barocke Voluten breiten sich aus. Dennoch handelt es sich bei dem neuen Dekorationsstil nicht um die reine Nachahmung westlicher Muster. Auf Gegenstände und Einrichtungen der heimischen Kultur, wie zum Beispiel die Zimmerbrunnen, angewandt, haben die schönsten Beispiele viel künstlerische Frische.

Vestibül, beide vollständig mit wunderbaren Wandfliesen aus Iznik ausgeschmückt. Das Schlafzimmer überwölbt eine Kuppel, die mit einem Durchmesser von 11 Metern gemeinsam mit der des angrenzenden Thronsaales die größte Kuppel des Palastes ist. Unterhalb dieses Ensembles befindet sich ein großes Wasserbecken mit einer Loge für den Sultan. Eine Vorhalle verbindet diesen Gebäudekomplex mit dem Goldenen Weg. In der Ecke, die diese Vorhalle mit dem nördlichen Teil des Goldenen Weges bildet, befindet sich ein mit Marmor gepflasterter Hof. Zwischen 1583 und 1585 entstand, südlich angrenzend an das Schlafzimmer des Sultans, ein Thronsaal, der Empfängen und Haremsfesten vorbehalten war. Er hat die gleichen Ausmaße wie das Schlafzimmer, ist an der Westseite jedoch um einen Portikus und einen Balkon erweitert. Nach Süden schloß sich ein großes Bad an, das ebenfalls vollständig mit Wandfliesen ausgestattet war und das Hammam im dritten Hof ersetzte. Da beide Gemächer Mitte des 18. Jahrhunderts im Rokokostil umgestaltet wurden, ist von ihrer ursprünglichen Ausstattung nichts mehr erhalten.

Auch der zweite Komplex des Harems scheint um 1587 begonnen worden zu sein. Der Eingang zu diesem Komplex befindet sich im zweiten Hof des Palastes hinter dem Ratssaal und führt durch eine Torhalle, die von schwarzen Eunuchen bewacht wurde. Diese bewohnten einen langgestreckten rechteckigen Hof, in den der Goldene Weg mündet. Links des Eingangs befanden sich ihr Gebetssaal, ihr Schlafsaal mit Einzelzimmern, die auf drei Etagen einen winzigen Innenhof umschlossen, und die Wohnung des Agas der schwarzen Eunuchen, der ab dem 17. Jahrhundert das höchste Amt im Palast bekleidete. Zwischen dem Schlafsaal und seiner Wohnung lag die Prinzenschule. Früher wurden die Prinzen gemeinsam mit den Pagen in deren Schlafsaal unterrichtet, später jedoch in den Harem verbannt. Am Ende des Hofes der schwarzen Eunuchen führt ein Tor am Goldenen Weg in den Hauptteil des Harems. Der Goldene Weg läuft an dem großen Innenhof der Valide (Sultansmutter) vorbei, während im rechten Winkel ein Gang auf den Hof der Odalisken führt. Dort befinden sich an der Gartenseite drei Wohnungen für die Lieblingsfrauen des Sultans sowie der Schlafsaal der Odalisken. Das Bad an der Hofseite war den in diesem Teil des Harems lebenden Personen vorbehalten.

Zwischen dem Hof der Odalisken im Süden, den Sultansgemächern im Norden, den tiefer gelegenen Gärten im Westen und dem Hof der Valide im Osten lag die Wohnung der Sultansmutter, eine Miniaturausgabe der Sultansgemächer mit einem Bad, das an das Hammam ihres Sohnes angrenzte, einem Empfangssaal mit 6,50 Meter großer Kuppel und einem Schlafzimmer.

1665 mußte der gesamte Komplex völlig renoviert werden; da vor allem die Innenausstattung

Vorherige Doppelseite: Topkapi Saray, Harem, Festsaal (1583–1585). Der Saal ist der größte Raum des ganzen Palastes. Von der ursprünglichen Ausstattung ist seit dem Umbau von 1755 nichts mehr erhalten geblieben. Die Glasfenster gehen auf das Schlafgemach Murads III., das sich gleich nebenan befindet.

Nebenstehend: Topkapi Saray, Harem, Brunnenplatz. Dieser ist unter dem Schlafgemach Murads III. angelegt und öffnet sich links auf den Park, wo sich ein Wasserbecken unter freiem Himmel befindet. Das Foto ist von der Sultansloge aufgenommen, von wo aus der Herrscher die Odalisken beobachten konnte.

gelitten hatte, wurden die Wandfliesen des 16. Jahrhunderts aus Iznik durch minderwertige, vorwiegend in Grüntönen gehaltene Fliesen aus Kütahya ersetzt. Im 17. und 18. Jahrhundert ließen die Sultane kleine Zimmer, Pavillons und Gebäudeflügel hinzufügen, sodass der alte Komplex sehr verwinkelt wurde. Ahmed I. (1603–1617) ließ 1608 vor dem Schlafzimmer Murads III. eine Bibliothek anbauen, der Ahmed III. 1705/06 seitlich noch ein ausgemaltes Kabinett, das so genannte Früchtezimmer, hinzufügte. Die Vorhalle zum Schlafzimmer Murads III. wurde 1666 verkleinert, um eine zwei Zimmer umfassende Wohnung für den Kronprinzen einzurichten. Im Anschluss an den Thronsaal ließ Osman III. (1754–1757) 1754 einen Hof auf Säulen erbauen, an dessen Ende ein Pavillon auf der Mauer des inneren Gartens stand.

Vor dem Hammam entstanden 1779 unter Abdülhamid I. (1774–1789) und 1790 unter Selim III. (1789–1807) weitere Kabinette, die dem Harem einen labyrinthartigen, finsteren und geheimnisvollen Charakter verliehen. Da die Anzahl der Frauen stetig anstieg und die Sultane immer häufiger die Paläste am Bosporus bevorzugten, kam es zur Vernachlässigung und sogar zum Verfall der Gebäude, die bis heute nicht vollständig restauriert wurden.

Außer dem Hof der Pagen und dem Harem gab es noch einen dritten Privatbereich des Palastes, einen hängenden, ummauerten Garten, den Mehmed II. in der nördlichen Verlängerung der Palastschule anlegen ließ. Dies war der Privatgarten des Sultans, von dem nur noch ein Eckturm, der Bas Lala Kulesi, übrig ist. Anhand der Überreste von Grundmauern sowie aufgrund von schriftlichen und bildlichen Quellen lassen sich jedoch einzelne Entwicklungsschritte nachvollziehen. Hier schuf sich der Sultan zur Zerstreuung und Kontemplation einen geheimen Ort, der vom Arkadengang vor seinen Privatgemächern in Terrassen bis an die äußeren Gärten führte.

An die Terrasse der Privatgemächer schloss sich ein erster Gartenhof an, der etwa halb so groß war wie der Hof der Palastschule und hier und da von Türmen mit Aussichtsterrassen durchsetzt war. Ein Durchgang zwischen dem Schlafsaal der Schatzkammerpagen und dem Zimmer des Schwertträgers verband den Garten mit dem Hof der Palastschule. Auf der Terrasse befand sich neben dem Wasserbecken ein Pavillon aus Bergkristall, der dem Spaziergänger Kühlung bot. 1635 wich er vermutlich dem Revan Köşk, der zum Gedenken an die Eroberung Eriwans durch Murad IV. (1623–1640) erbaut

Nebenstehend, oben: Topkapi Saray, Harem, Hammam des Sultans. Sein Erbauer, Murad III., hatte den Pagenhof aufgegeben und sich ganz in den Harem zurückgezogen. Im 18. Jahrhundert erfolgte ein Umbau. In der Mitte Bassin mit Brunnen und Wasserkaskade.

Unten: Topkapi Saray, Harem, Hammam des Sultans. Durch Öffnungen im Gewölbe fällt Licht von oben ein, das durch den Wasserdampf bei Betrieb des Bades noch diffuser gewirkt haben muss. Im Hintergrund ein kleines Becken.

wurde und dem Sultan als Privatbibliothek diente. Auf einem der Türme am Rand der Terrasse, der in Verlängerung der Nordecke des Pagenhofes mit Blick in Richtung Goldenes Horn steht, ließ Süleyman 1528 einen Lustpavillon errichten, dessen ursprüngliche Dekoration, große Wandfliesen mit chinesisch inspirierten Motiven in Blau und Weiß, teilweise noch heute erhalten ist. Ibrahim der Verrückte (1640–1648) ließ den Pavillon 1641 vergrößern, der seitdem den Namen Beschneidungspavillon (Sünnet Odasi) trägt.

Auf dem Eckturm mit Blick auf das Goldene Horn errichtete Murad IV. anläßlich der Rückeroberung Bagdads 1638 einen zweiten, größeren Pavillon, der als Grundmodell des osmanischen Köşk gilt, welches von den Sultanen und Würdenträgern des Reiches in ihren Lustschlössern, vor allem am Bosporus, immer wieder aufgegriffen wurde. Sein Grundriss hat die Form eines Kreuzes mit abgeschrägten Innenecken oder eines Achtecks, in dem vier sich paarweise gegenüberliegende Seiten durch rechtwinklige Nischen mit Iwanen verlängert sind. Das achteckige Zentrum ist überkuppelt und von einem weit vorkragenden Vordach auf zierlichen Säulen umgeben, die einen ebenfalls kreuzförmigen Wandelgang bilden.

**Linke Seite,
oben: Topkapi Saray, Harem, Hof der Favoritinnen. Der Name geht auf Abdülhamid I. zurück, der für seine Lieblingsfrauen über dem Goldenen Weg einen Gebäudetrakt anlegen ließ, dessen Vordach ganz links im Bild erkennbar ist. In der Mitte die Prinzengemächer (1666), deren zwei Räume innen wie außen mit Kacheln verkleidet sind. Dahinter auf der linken Seite das Schlafgemach Murads III. Über dem Arkadengang, der vom Goldenen Weg in das Schlafgemach führt, befinden sich die Gemächer der Brüder des Thronnachfolgers.**

Unten: Topkapi Saray, Harem, Hof des Sultans Oman III., Detail der Überlaufvorrichtung, in der Regen- und Brunnenwasser gesammelt wird.

chen Religion unbehelligt ließ; vielmehr waren ihm Gebäude, die in seinen Hauptstadtplänen keine Rolle spielten, gleichgültig.

Bayazid II. dagegen verlangte von seinen Würdenträgern in einer Stadt, deren Bevölkerungszahl stetig anstieg, alle verfügbaren Bauten zu nutzen. Und schließlich war er beim Abriss der Kirchen sogar weniger rigoros als sein Vater, dessen Bauprogramm er in reduziertem Maße fortführte. Für den nach ihm benannten Stiftungskomplex wählte er das Gelände innerhalb der Umfassungsmauern des Eski Saray an der Mese. Nach dem Bau des Topkapi Saray war eine deartige Freifläche am Alten Palast überflüssig, außerdem wurden freie Grundstücke in der Stadtmitte knapp. Zudem lag der Bau an der neuen Triumphachse der Stadt, die wie in byzantinischer Zeit am Herrscherpalast neben der Hagia Sophia begann und bis zum Forum Tauri führte. Von dort zweigte sie nach Norden ab, verlief am Valens-Aquädukt entlang, zwischen den Kasernen der Janitscharen und dem Sattlermarkt hindurch über den großen Hof des Stiftungskomplexes Mehmeds II., zwischen Fatih-Moschee und den südlichen Medresen hindurch und endete am Edirne-Tor. Anders als Mehmed II., der einer zentralen Lage seiner Moschee die symbolische Bedeutung des Geländes der Apostelkirche vorgezogen hatte, wählte Bayazid II. mit dem Gelände westlich der Kreuzung von Uzunçarşi und Mese (Divan Yolu) die zentralste Stelle der Stadt für seine Moschee. Die vorgeschriebene Ausrichtung der Moschee erforderte ihren Bau nicht nur diagonal, sondern auch mit der Rückseite zu der Kreuzung Uzunçarşi/Divan Yolu gewandt. Allerdings ermöglichte ihm diese Südost-Nordwest-Ausrichtung, die parallel zu dem hier abzweigenden Teil der Triumphachse zur Fatih-Moschee Mehmeds II. verlief, diese dem Beispiel seines Vaters folgend zwischen den Gebäuden seines Stiftungskomplexes hindurch zu führen. Während dieser jedoch mit seiner

Bayazid-II.-Moschee, Luftaufnahme. Die Gesamtanlage ist ein Beleg für den nüchternen Baustil jener Epoche. Der Architekt hat versucht, die Seitenflügel besser zu integrieren, indem er ihnen die Minarette beigefügt hat, die den Bezug zum Zentralbau stärken.

Bayazid-II.-Moschee, Blick auf die Hoffassade und die Tabhane. Die Wiederaufnahme der Fassade der Moschee bei den Tabhanen verbindet die Annexbauten mit dem Zentralbau.

Grundriss der Bayazid-II.-Moschee

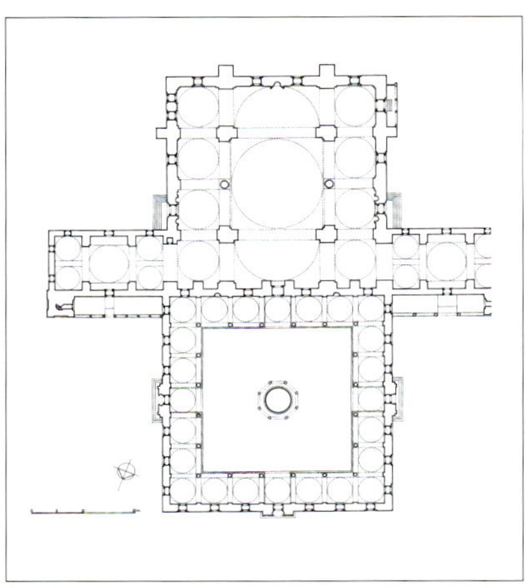

Einrichtung den Kurs der religiösen Lehre festlegen wollte, hatte die Bayazid-Moschee diesen Anspruch nicht und besaß deshalb auch keine vergleichbare Anzahl und Anlage von Medresen. Die einzige Medrese der Külliye Bayazids lag auf der linken Seite der Triumphachse, während alle anderen Gebäude – Karawanserei und Armenküche – rechts von ihr, auf der Seite des Großen Bazars, standen. Nur das Hammam lag noch weiter links an jenem Teil des Divanyolu, der zum Forum Bovis (Aksaray) führte. Das Bauwerk befand sich am Standort der Theodosios-Säule, die auf den Stichen von Ende des 15. Jahrhunderts noch innerhalb der Umfassungsmauern des Eski Saray zu sehen ist. Bayazid II. ließ sie abreißen und Relief-Fragmente als Spolien in den Sockel seines Hammams einbauen.

Die 1500 begonnene und 1505 fertig gestellte Bayazid-Moschee folgte den von Mehmed II. eingeführten Neuerungen in der Moscheearchitektur. Allerdings stützt sich hier die Kuppel nicht mehr nur auf eine einzige Halbkuppel über dem Mihrab, sondern zusätzlich auf eine zweite auf der Eingangsseite und wird somit von vier Pfeilern getragen; seitlich entsteht dadurch Raum für je vier kleinere Kuppeln. Es entstand ein achsensymmetrischer Grundriss innerhalb eines Quadrats von 37 Metern Seitenlänge. Trotz der offensichtlichen Verbesserung der Statik blieben die Baumeister Bayazids II. merkwürdig vorsichtig und gaben der Mittelkuppel einen Durchmesser von nicht mehr als 17 Metern, obwohl Bayazid II. einige Jahre zuvor in Edirne bereits eine Moschee hatte bauen lassen, deren Kuppel auf einem einfachen Mauerkubus ruhte und einen Durchmesser von über 20 Metern erreichte. Dieser Widerspruch erklärt sich durch die wachsende Vorbildfunktion der Hagia Sophia mit ihren Halbkuppeln für den imperialen osmanischen Baustil.

So verschieden die Moscheen Bayazids in Edirne und Istanbul auch sein mögen – der Kubus der Bayazid Cami in Edirne wird in seiner Moschee in Istanbul zur pyramidalen Silhouette, aufgelöst in eine Kuppelkaskade –, zeigen sie doch eine gewisse Verwandtschaft, und sei es auch nur in der Vorliebe für Symmetrie und für das Quadrat, dessen Verwendung hier zur Perfektion gebracht ist. Dem Quadrat des Gebetssaales mit dem eingeschriebenen Quadrat, das die vier Pfeiler bilden, entspricht das Quadrat des mit einem Säulengang umgebenen Vorhofes. In der Mitte der Seiten befindet sich je ein Eingang, wobei das Joch über dem Eingang zum Gebetssaal größer und höher ist, sodass notwendigerweise die vier übrigen Joche der Fassade leicht reduziert wurden. Wie in Edirne sind auch dieser Stiftung Bayazids Tabhane, Derwischunterkünfte, angegliedert – eine Hommage an die frühosmanische Epoche –, die hier in Istanbul ungewöhnliche Annexräume in seitlicher Verlängerung der Hauptfassade bilden. Am Ende dieser beiden Seitenflügel erhoben sich die beiden Minaretts der Moschee.

Der imperiale Stil, der sich in der Istanbuler Moschee Bayazids II. durchsetzte, wurde von den osmanischen Würdenträgern nicht ohne weiteres aufgegriffen. Ihre Bauwerke schwanken zwischen archaischem Stil und einer (ungeschickten) Imitation der neuen Bauweise. Außer der Stiftung Bayazids II. ist das bemerkenswerteste Bauwerk dieser Zeit in Istanbul die Moschee Davut Paşas, der von 1483 bis 1497/98 Großwesir war: 1485 entstanden, stellt sie eines der ersten Beispiele der Monumentalmoschee mit nur einer Kuppel über einem Mauerkubus dar – eine Bauweise, die mit der Moschee Bayazids II. in Edirne ihre Vollendung erreichte.

Die Stadt Amasya war nach Bursa und Edirne das bedeutendste Zentrum der frühosmanischen Architektur. Hier ließ Bayazid II., der dort vor seinem Regierungsantritt Gouverneur war, nach seiner Inthronisation seine erste Moschee errichten. Zwar nimmt dieser Komplex am Ufer des Flusses Yeşilirmak in seiner Strenge und vollkommenen Rechtwinkligkeit bereits das Ensemble in Edirne vorweg, der T-förmige Grundriss der Moschee ohne Vorhof gehört jedoch noch der vorangegangenen Generation an. Dagegen weist die Moschee, die Bayazid II. in der Nachbarstadt Tokat zu Ehren seiner Mutter, Gülbahar Hatun, errichten ließ und die 1485 fertig gestellt wurde, also im selben Jahr wie die Davut-Paşa-Cami in Istanbul, die gleichen Charakteristika auf wie diese: eine Kuppel, die unmittelbar auf einem Mauerkubus ruht, flankiert von zwei Seitenräumen, in denen Derwische lebten. Die Moschee Davut Paşas beeindruckt vor allem durch ihre Monumentalität. Ihre Kuppel hat einen Durchmesser von 18 Metern, gegenüber einem Durchmesser von 11,50 Metern bei der Kuppel in Tokat, und der Gebetssaal ist an jeder Seite von zwei Tabhanen flankiert. Die kubische Wirkung wird jedoch gestört durch eine Mihrab-Apsis mit abgestumpften Ecken und die voluminösen, von Bogen überwölbten Stalaktiten, die den Übergang vom Quadrat des Mauerkubus zum Oktogon der Kuppel in den Konchen prägen. Diese Elemente verderben die Strenge des Innenraums und verraten die Schwierigkeiten der Baumeister, die mit 21,50 Metern Scheitelhöhe zu niedrige Kuppel auf die Mauern aufzusetzen.

Atik Ali Paşa, Großwesir von 1501 bis 1503 und von 1506 bis 1511, ließ, höchstwahrscheinlich während seiner zweiten Amtszeit, einen Stiftungskomplex am Konstantins-Forum in der Nähe der „Verbrannten Säule“ errichten. Die Atik Ali Paşa Cami stellt einen interessanten Versuch der Synthese der verschiedenen Tendenzen dieser Epoche dar. Der überkuppelte Zentralraum wird auf der Mihrab-Seite durch eine Halbkuppel verlängert wie in der Fatih-Moschee, allerdings nicht von drei, sondern von zwei kleinen Kuppeln an jeder Seite flankiert. Auf die Kuppeln zu beiden Seiten der Mihrab-Halbkuppel wurde verzichtet, was einen T-förmigen Grundriss mit einer rechteckigen Mihrab-Nische ergibt, die von einer Halbkuppel überwölbt ist. Diese Anordnung, bei der sich die Hauptkuppel auf zwei zentrale Pfeiler stützt, auf denen die Bogen als Auflage für die Seitenkuppeln ruhen, erinnert sowohl an die Bauweise der Üç-Şerefeli-Moschee in Edirne als auch an die der Rum-Mehmed-Paşa-Moschee im Stadtteil Üsküdar, wobei die Mauern zwischen Zentralraum und Seitenschiffen auf zwei Pfeiler reduziert wurden.

Indem Bayazid II. und sein Hof die byzantinischen Kirchen in Moscheen umwandelten und die antiken Foren bebauten, verwurzelten sie das Osmanische Reich fest in seiner neuen Hauptstadt

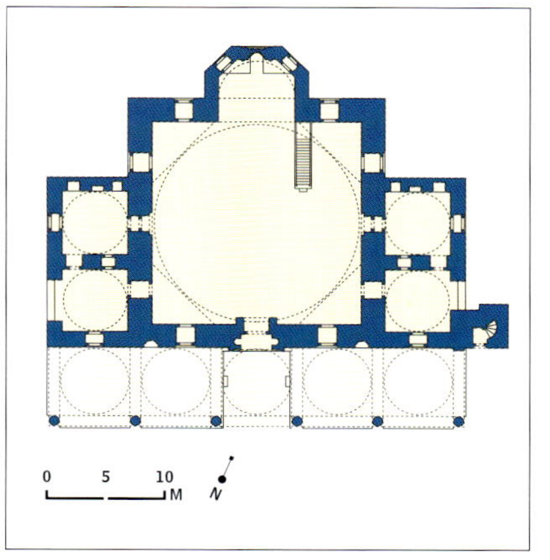

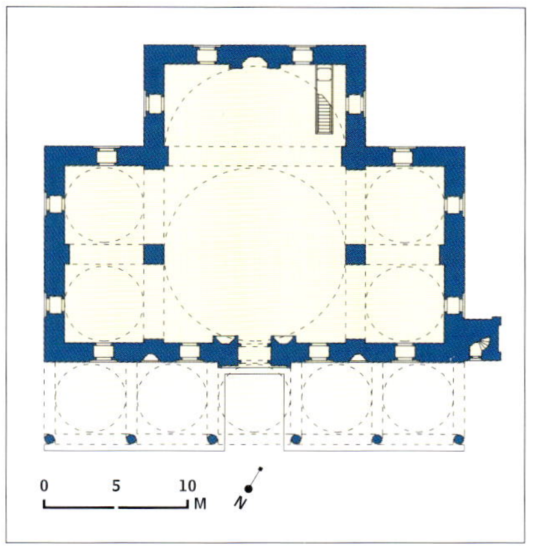

Ganz oben rechts: Grundriss der Davut-Paşa-Moschee. Der Zentralbau mit nur einer Kuppel über dem viereckigen Gebetssaal und mit angeschlossenen Tabhanen folgt dem Vorbild der von Bayazid II. errichteten Provinzmoscheen.

Oben rechts: Grundriss der Atik-Ali-Paşa-Moschee. Diese Moschee steht in der Tradition der von Mehmed II. erbauten Moschee, allerdings hat der von der Halbkuppel überwölbte Raum die Gestalt einer Apsis.

Links: Davut-Paşa-Moschee, Innenansicht. Der Raumeffekt ist nicht so gelungen wie in der Bayazid-II.-Moschee in Edirne. Wegen der geringeren Höhe bildet der Raum über dem quadratischen Grundriss keinen Kubus, sondern einen Quader. Die Kuppeldecke macht einen massiven Eindruck.

KAPITEL VII

Das goldene Zeitalter

Selim I., der während seiner kurzen Regentschaft permanent Krieg führte, fand selbst keine Muße für städtebauliche Maßnahmen und ebnete dennoch der Blütezeit der osmanischen Architektur den Weg. Die auf seinen Persien- und Ägyptenfeldzügen angehäuften Schätze und die Handwerker, die er als Teil der Kriegsbeute aus Tabriz und Kairo mitbrachte, ermöglichten es seinem Nachfolger, Süleyman dem Prächtigen, jene gewaltigen Bauunternehmungen in Angriff zu nehmen, die schließlich unter dessen Nachfolger Selim II. vollendet werden sollten.

Bayazid II., der Vater Selims, der 1512 zugunsten seines Sohnes abdanken musste, starb auf dem Weg ins Exil. In der Stiftungsurkunde seiner Külliye in Istanbul hatte er dem Wunsch Ausdruck verliehen, in der Nähe des Mausoleums Abu Eyüps außerhalb der Stadt beigesetzt zu werden. Über seinem Grab sollte kein Bauwerk errichtet werden, damit die nackte Erde den Regen aufnehmen könne. Selim I. bestattete ihn jedoch in einem Mausoleum hinter seiner Moschee, womöglich weil er fürchtete, eine nicht überbaute Grabstätte könnte seinem Vater die Aura der Heiligkeit nehmen, was wiederum seinem eigenen Ansehen geschadet hätte. Dynastische Interessen standen in diesem Fall über dem Willen des Individuums.

Selim I. eilte von einem Eroberungszug zum nächsten und starb 1520, ohne eigene Bauwerke zu hinterlassen. Sein einziger Sohn, Süleyman, der vom Abendland den Beinamen „der Prächtige" erhielt, während ihn die Türken „den Gesetzgeber" (Kanuni) nannten, folgte ihm ohne jegliche Nachfolgestreitigkeiten auf den Thron. Für seinen Vater ließ er eine Moschee mit Türbe errichten. Er wählte für diesen Komplex eine exponierte Stelle über dem Goldenen Horn, jedoch außerhalb des Zentrums, weit weg von sämtlichen großen Verkehrsadern, am Rand des griechischen Viertels Fener. Die Moschee ist eine Kopie der Moschee Bayazids II. in Edirne, mit dem einzigen Unterschied, dass der Kuppeldurchmesser auf 24,50 Meter erweitert wurde. Allerdings mindern die dafür erforderlichen bautechnischen Maßnahmen den geschlossenen Gesamteindruck. Hätte man diese Kuppel auf einen Raumkubus gesetzt, hätte der Scheitel in einer Höhe von 37,50 Metern liegen müssen; er liegt aber nur bei 32,50 Metern. Der überkuppelte Raum ist kein Würfel, sondern ein Parallelepiped, dessen Seiten nicht so hoch sind wie lang, sodass er gestaucht wirkt – ein Eindruck, der außen wie innen spürbar ist. Zum Abstützen der Kuppel sind zwischen den Fenstern des Tambours Verstrebungen angebracht, wie sie erstmals in der Üç Şerefeli auftauchen und wir sie auch in alten Plänen für die Moschee von Mehmed II. und die Bayazids II. in Istanbul finden. In der Moschee Selims I. sorgen je zwei zusätzliche längere Streben an den Ecken indirekt für eine Verstärkung der vier Eckpfeiler des Bauwerks. Schließlich unterteilen zwei Strebepfeiler die rückwärtige Fassade in drei Abschnitte. Der Bau ist beeindruckend, doch diese gewaltige, nüchterne Moschee in einem so friedlichen Viertel abseits von Lärm und Verkehr steht in einem einzigartigen Gegensatz zu den anderen, reich verzierten Sultansmoscheen der Hauptstadt. Süleyman schuf seinem Vater ein Denkmal an einem einsamen Ort und mit einem unzeitgemäßen Bau.

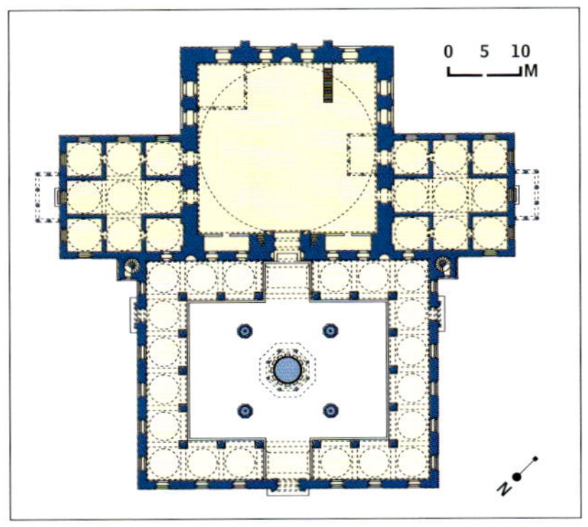

Grundriss der Moschee Selims I. Der Grundriss folgt dem der Moschee Bayazids II. in Edirne, weist jedoch einen wesentlichen Unterschied auf: Der Durchmesser der Kuppel ist größer und somit auch der Gebetssaal. Da die beiden Tabhane nach außen verlegt wurden, ist der Hof wiederum identisch. Die beiden Minarette schließlich bilden nicht die Eckpunkte der Tabhane, sondern flankieren den Hof.

Seit der Eroberung Konstantinopels hatte die Zahl der Architekten christlicher Abstammung bei den großen Bauvorhaben beträchtlich zugenommen; dies zeigte sich jedoch nicht in einem Aufgreifen des byzantinischen Stils oder der entsprechenden Techniken. Es belegt aber, wo die osmanische Verwaltung ihre Mitarbeiter rekrutierte. Man suchte sie unter Kriegsgefangenen und den aus der Knabenlese hervorgegangenen Männern und schloss Muslime – wenn es nicht gerade um religiöse Belange ging – aus. Ein frühes Beispiel ist Ayas bin Abdullah, der als Nachfolger Sinans des Älteren mit der Vollendung der Festung in Konstantinopel beauftragt worden war. Tatsächlich war er ein von Gedik Ahmet Paşa (Großwesir von 1474 bis 1477) in die Freiheit entlassener Sklave, für den er wahrscheinlich einen bedeutenden Komplex in der anatolischen Stadt Afyon baute. Er starb 1487 und wurde in der kleinen Moschee, die er in Istanbul im eigenen Namen errichtet hatte, beigesetzt. Auch Yakub Sah Ibn Sultansah, der als Erbauer der Moschee Bayazids II. in Istanbul gilt, entstammte einer christlichen Familie, wahrscheinlich aus Armenien, und konvertierte während seiner Tätigkeit als Baumeister zum Islam. Wir wissen von ihm lediglich, dass er mit Hüseyin Aga, dem obersten Eunuchen des Palastes, bekannt war, der die Sergios-und-Bakchos-Kirche in eine Moschee umwandeln ließ.

Die Moschee Selims I. Auch von außen erinnert sie an die Bayazids II. in Edirne, doch der Mauerkubus des Gebetssaals ist hier ein Parallelepiped, weshalb der Bau etwas gedrungen wirkt. Strebepfeiler und -bogen verstärken den Eindruck, es bedürfe besonderer Anstrengung, die Kuppel zu stützen.

Oben: Keramikfliese mit kalligrafischem Muster.

Rechts: Moschee Mehmeds II., Tympana der Fenster zum Hof. Verschiedenfarbige Keramik mit einer Glasur in der Art der *Cuerda-seca*-Fliesen. Die einzige Arbeit in Istanbul, die nachweislich von den „Meistern von Tabriz“ stammt.

Unten: Moschee Selims I., Innenansicht. Das Verlegen des Strebewerks nach außen schafft im Innenraum luftige Einheitlichkeit. Da die Bogen, auf welchen die Kuppel ruht, niedriger sind als der Durchmesser der Kuppel, wirkt der Raum dennoch gedrungen.

Wie wir gehört haben, lassen die parallel durchgeführten städtebaulichen Maßnahmen Murats II. in Edirne und Umgebung wie auch die Geschwindigkeit, mit der Bauten wie die Festung Mehmeds II. am Bosporus fertig gestellt wurden, darauf schließen, dass in diesen Zeiten bereits eine institutionelle Vereinigung der Branchen des Bauwesens stattgefunden hatte. Ihre endgültige Form erhielten derartige Organsationen allerdings erst im 16. Jahrhundert unter Süleyman. Er scheint das Amt des obersten Baumeisters eingeführt zu haben. Erster Amtsinhaber war Alaüddin Ali, genannt der Perser, der als Teil der Kriegsbeute, die Selim I. 1514 gemacht hatte, aus Tabriz nach Istanbul kam. Von 1525 an lassen sich die Spuren seiner Tätigkeit verfolgen, doch dokumentiert ist sie erst mit den von Süleyman im Topkapi vorgenommenen Erweiterungen. So gestaltete er zwischen 1525 und 1529 im zweiten Hof den Ratssaal und die staatliche Schatzkammer neu und im dritten Hof den Thronsaal. Er starb 1537 und vermachte sein immenses Vermögen der zum Unterhalt seiner Moschee gegründeten Stiftung in Istanbul.

Die ersten Jahre der Herrschaft Süleymans sind gekennzeichnet von innen- und außenpolitische Erfolgen. In einem Zeitraum von 15 Jahren drangen die osmanischen Armeen nach Tabriz und Kairo vor, sie lagerten vor Wien und eroberten Aleppo, Damaskus, Belgrad, Budapest und 1534 schließlich auch Bagdad. Es begann der Kampf mit Karl V. um den Kaisertitel und das Erbe Roms. Was die Osmanen bei ihren Feldzügen an Reichtümern erbeuteten, an Kunstschätzen und Menschen, ist unvorstellbar. Alle diese Schätze wurden nach der Rückkehr der Kriegshelden zu einem „Ehrenzug der Kulturen“ geordnet, um dem Eroberer der Welt zu huldigen.

Bereits die Vorgänger Süleymans hatten bedeutende Künstler und kostbare Materialien, wie den bunten Marmor am Marmorpavillon Selims I., von ihren Feldzügen mitgebracht. Neue Schulen und Handwerkszweige entstanden in Istanbul, die die osmanische Kunst in kaum zu überschätzendem Maße bereicherten. Zu den wichtigsten Künstlern gehörten zweifellos die „Meister von Tabriz”, die die erste Generation osmanischer Keramik schufen. Sie wirkten zunächst in Bursa und Edirne und scheinen dann Mehmed II. nach Istanbul gefolgt zu sein, denn ihre vielfarbig glasierten Keramikplatten in der *Cuerda-seca*-Technik finden sich in der Moschee des Eroberers, wo sie die Tympana der Fenster zum Hof schmücken. Darüber hinaus haben sie jedoch keinerlei Zeugnisse ihrer Kunst in der neuen Hauptstadt hinterlassen. Mit der Ausschmückung seines im persischen Stil erbauten Pavillons, dem 1472 vollendeten Çinili Köşk, beauftragte Mehmed Meister aus Chorasan, die monochrome Ziegelmosaiken in timurdischer Tradition verwendeten. Danach verschwand die Keramik vorerst bis zur Eroberung von Tabriz durch Selim I. im Jahr 1514. Die von dort verschleppten Handwerker wurden die ersten Meister der Palastwerkstätten, die man zu diesem Zeitpunkt einrichtete. Sah Kulu erfand als Leiter der Malerwerkstätte den Dekor aus Palmetten und großen, lanzettförmigen Blättern, der bald sowohl auf den kaiserlichen Kaftanen als auch auf Geschirr und Fliesen erschien. Seine Tätigkeit am osmanischen Hof ist von 1526 bis zu seinem Tod im Jahr 1556 dokumentiert. Habib, ebenfalls aus Tabriz, war von 1523 an Leiter der Keramikwerkstatt des Palastes, der zwischen sieben und zehn Handwerker angehörten. Die

kleine Produktion war von hoher Qualität und ausschließlich für den Hof bestimmt. Sie brachte die polychrome *Cuerda-seca*-Technik wieder in Mode sowie die blauen Motive auf weißem Grund nach chinesischem Vorbild. Ab Mitte des 16. Jahrhunderts wurden sie durch die Produktion von Iznik abgelöst. Es gibt auch Hinweise auf Handwerker aus Kairo, doch in Istanbul sind keine ihrer Arbeiten dokumentiert.

Dieser Zugewinn an Menschen und Gütern wurde prägend für die ersten Jahre der Herrschaft Süleymans, in welche die Wiederaufnahme der Bautätigkeit an der Palastanlage fällt. Während in diesem Bau der orientalische Stil dominierte, wie unter anderem die vergoldeten und mit Edelsteinen bestückten Decken zeigen, ließ Ibrahim Paşa, Großwesir und Vertrauter Süleymans, zur selben Zeit auf dem Hippodrom einen Palast bauen, dessen große Treppenfluchten eindeutig westlichem Einfluss zuzuschreiben sind. Er ließ außerdem vergoldete Bronzestatuen aufstellen, Darstellungen von Herkules, Diana und Apollo, die er 1526 aus Buda mitgebracht hatte. Sie blieben bis zu seinem Tod im Jahr 1536 stehen.

Wie in Byzanz ein Jahrhundert zuvor, wurden die verschiedenartigen Einflüsse, die dem Reich in dem Maß, wie es sich vergrößerte, zuströmten, in einer gewaltigen Maschinerie zum osmanischen Stil verarbeitet. Um die Mitte des 16. Jahrhunderts war schließlich ein Mann in der Lage, im Rahmen der von Süleyman in der ersten Hälfte seiner Regierungszeit aufgenommenen Bautätigkeit eine geniale Synthese der Formenvielfalt zustande zu bringen: der Architekt Sinan.

Die Şehzade-Moschee

Die Architektur bildete das Universum nach und schuf Abbilder des Paradieses auf Erden. Daher war sie die kaiserliche Kunst schlechthin. Länger als jede andere Stadt der Welt ist Konstantinopel bzw. Istanbul Ort imperialer Selbstdarstellung gewesen. Auch der neue imperiale Stil wurde von einem Architekten ins Werk gesetzt.

Sinan ist wiederum ein typisches Beispiel für das osmanische Rekrutierungssystem. Über die Knabenlese kam er aus einem christlichen Dorf in der Gegend von Kayseri zur Elitetruppe der Janitscharen und stieg, da er sich auf den Feldzügen als militärisches Genie erwies, bald in höhere militärische Ränge auf. Nach dem Tod Alis des Persers erhielt er im Jahr 1537 den Posten des obersten Baumeisters. Sein erster großer Auftrag wurde bereits ein Meisterwerk. Es handelt sich um die unter dem Namen „Şehzade" (Prinz) bekannte Anlage, die zur Erinnerung an Süley-

Oben links: Topkapi Saray, Fassade des Beschneidungssaals, Wandfelder aus Keramik. Auf beiden Seiten eines aus Quadraten zusammengesetzten Feldes zwei Felder, die jeweils von einer einzigen Fliese gebildet werden. Zusammen mit den beiden Pendants auf der anderen Seite des Eingangs zum Beschneidungssaal sind es die einzigen bekannten Beispiele von Keramikfliesen in dieser Größe. Das blau-weiße Muster geht auf chinesische Vorbilder zurück. Wahrscheinlich handelt es sich um Arbeiten aus Stambul unter Anleitung von Palasthandwerkern aus Tabriz.

Oben rechts: Topkapi Saray, Fassade des Beschneidungssaals, Detail der Wandfelder aus Keramik. Dieser Saal, der 1641 an der Stelle eines Pavillons aus dem 16. Jahrhundert errichtet wurde, zeigt auf seiner Fassade eine der besten Keramikarbeiten des 16. Jahrhunderts.

Darunter: Topkapi Saray, Fassade des Beschneidungssaals, Detail einer aus einem Stück gefertigten Wandfliese. Unten sind *ch'ilins* zu sehen, Tiere aus der chinesischen Mythologie. Diese großen Wandfliesen sind gleichzeitig die einzigen der gesamten osmanischen Keramik mit Tierdarstellungen.

Şehzade-Moschee. Dieses erste monumentale Werk Sinans ist streng symmetrisch aufgebaut; kaskadenartig angeordnete Kuppeln und Türmchen bilden eine gleichseitige Pyramide. Die Türmchen sind die Verlängerung der Pfeiler, auf denen die Hauptkuppel ruht, und dienen als Verstärkung der senkrechten Elemente, die dadurch dem Seitendruck der Kuppel besser standhalten können.

mans Sohn Mehmed erbaut worden sein soll, der im Herbst 1543 starb; doch wir haben allen Grund zu der Annahme, dass es sich in Wahrheit um das erste Moscheenprojekt Süleymans handelte, das später zugunsten der Süleymaniye aufgegeben und dann dem verstorbenen Sohn zugeschrieben wurde, dessen Mausoleum dort stand. Sinan selbst berichtet in seiner Autobiografie, dass der erste Stein, und zwar für die Qibla (Gebetswand), im Juni 1543, also vor dem Tod des Prinzen, gelegt wurde. Der Flame Hugone Favolio, der die Stadt im Herbst 1545 besuchte, erwähnt die im Bau befindliche Moschee als die zukünftige Moschee Süleymans.

Die Bauplanung begann vermutlich um 1541, nach der Rückkehr von jenem Feldzug, auf dem Ungarn endgültig unterworfen wurde. Der Fall eines Königreiches, das seit Beginn des 15. Jahrhunderts das Bollwerk der Christenheit gegen den osmanischen Vormarsch dargestellt hatte, scheint ein angemessener Anlass gewesen zu sein. Der vorgesehene Platz, auf der Triumphachse zwischen den Külliyen Bayazids II. und Mehmeds II., war wie geschaffen für den geplanten Komplex. Bevor man mit dem Bau begann, mussten jedoch die Kasernen der Janitscharen vor Ort versetzt werden – zumindest jene auf der nördlichen Seite der Straße. Zwei Jahre später, als Süleyman von einem weiteren Feldzug gegen Ungarn zurückkam, starb Prinz Mehmed und wurde am 16. Oktober 1543 hinter der Moschee beigesetzt. Die Bauarbeiten gingen weiter; jener Teil der Anlage, der im Süden der Prachtstraße geplant war, wurde jedoch nie verwirklicht, weshalb auch die Kasernen dort stehen blieben. Süleyman ließ den Komplex, der nun seinem Sohn gewidmet war, unvollendet und wandte sich einem größeren Projekt zu, das unter dem Namen „Süleymaniye" bekannt wurde. Der Beschluss muss mit der Unterzeichnung des ersten Friedensvertrages mit Karl V. am 18. September 1547 zusammengefallen sein. Dieses Dokument erkannte Karl V. lediglich den Titel „König von Spanien" zu und machte seinen Bruder Ferdinand, Erzherzog von Österreich, dem Sultan gegenüber tributpflichtig für diejenigen Teile Ungarns, die dem Haus Habsburg verblieben waren. So bestärkt in seinem Anspruch auf den Titel des alleinigen Herrschers, stellte sich Süleyman demonstrativ auf eine Stufe mit Justinian, dem bedeutenden byzantinischen Kaiser des sechsten Jahrhunderts, in dessen Regierungszeit die Hagia Sophia entstand. Ihren Plänen folgte die Süleymaniye ganz bewusst, und mit ihr trat sie in den bekannten Wettstreit um die größte Kuppel.

Die Şehzade-Moschee stellt bereits eine wichtige Etappe in der Entwicklung der osmanischen Architektur dar, den Übergang vom orientalisch beeinflussten Stil, der zu Beginn der Regierungszeit Süleymans vorherrschte und vor allem persischen Vorbildern folgte, zum stolzen Puritanismus des neuen, großartigen imperialen Stils. Die Dekoration der Türbe Prinz Mehmeds mit ihrem Fayenceschmuck in *Cuerda-seca*-Technik zeigt noch den Einfluss der Palastwerkstätten, doch die Anordnung der Fliesen und die architektonische Gesamtwirkung sind bereits eindeutig auf das Wirken Sinans zurückzuführen.

Bei der Şehzade-Moschee führte Sinan den Plan der Moschee Bayazids II. in Istanbul zu seiner logischen Vollendung. Er blieb beim Prinzip zweier identischer Quadrate für Gebetssaal und Vorhof, doch erhöhte er die Zahl der Halbkuppeln, welche die zentrale Kuppel stützen, auf vier und erreichte so eine vollkommene Symmetrie. Die zwei seitlichen Halbkuppeln, die er zusätzlich einfügte, ersetzten die beiden kleinen Kuppelpaare in den Moscheen Mehmeds II. und

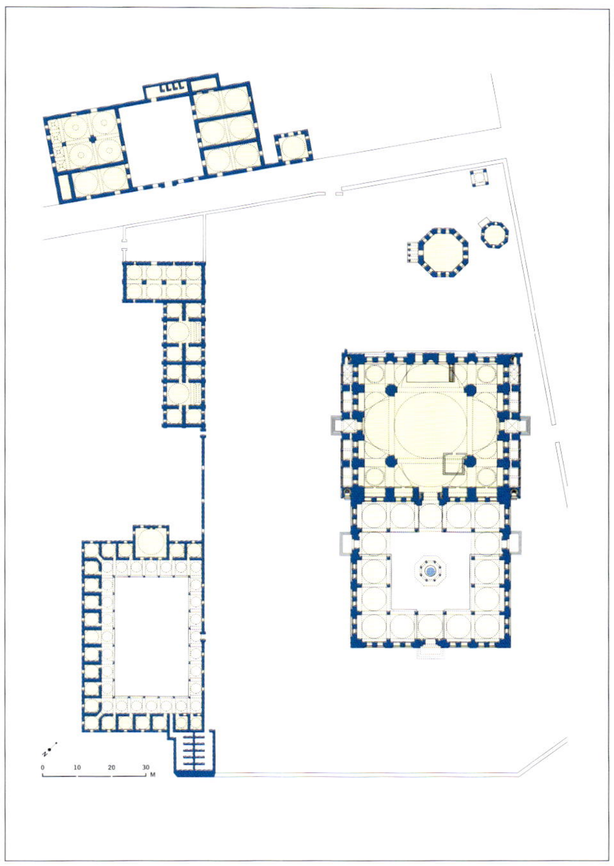

Oben: Şehzade-Moschee. Blick vom Hofeingang aus. Das Spiel der kaskadenartig abfallenden Dächer setzt sich zusammen aus der Hauptkuppel, den kleinen Kuppeln über den Türmchen und denen über den Eckquadraten des Gebetssaals (Hintergrund), aus der Kuppel über dem erhöhten Eingangsteil des Portikus und den Kuppeln rechts und links davon sowie der über dem Reinigungsbrunnen (Vordergrund).

Links: Grundriss des Şehzade-Komplexes, der die strenge Symmetrie der beiden Quadrate zeigt, welche den Hauptbau bilden. Die übrigen Teile der Anlage, die Medrese im Vordergrund, Tabhane und Karawanserei dahinter und ganz hinten auf der anderen Straßenseite die Armenküche, sind im Verhältnis zur Moschee asymmetrisch angeordnet. Daher rührt die Annahme, es könnte sich um einen unvollständigen Bauplan handeln.

Şehzade-Moschee. Blick auf das Bedachungssystem. Die Zentralkuppel ruht auf Bogen, die auf den Pfeilern ansetzen. Der Seitendruck wird von Halbkuppeln aufgefangen, bei denen nicht Pendentifs oder Stalaktiten den Übergang zu den Wänden bilden, sondern wiederum kleine Kuppeln. Trotz fehlender Rippen, Pilaster oder Streben, die gewöhnlich dazu dienen, das Gewicht auf die gesamte Tragekonstruktion zu verteilen, befinden sich sowohl in den gewölbten als auch in den senkrechten Flächen zahlreiche Fenster.

Bayazids II. Die Vierung der Şehzade-Moschee ist von vier Diagonalkuppeln überwölbt. Die statischen Vorteile dieser Anordnung erlauben den erweiterten Kuppeldurchmesser von 19 Metern; die Scheitelhöhe von 37 Metern dagegen bleibt dieselbe wie bei der Bayazid-Moschee.

Die Vereinheitlichung des Raumkörpers wird weiter vervollkommnet. In der Bayazid-Moschee ist der Innenraum auf das Verhältnis vier mal vier ausgerichtet, gegliedert durch die Zahl der Seitenkuppeln. In der Şehzade-Moschee ist das Verhältnis fünf mal fünf, wobei die zentrale Kuppel drei mal drei Planquadrate einnimmt. Dadurch rücken die vier Mittelpfeiler näher an die Ecken, was etwas mehr Raum schafft. Die ungerade Zahl der Planquadrate erlaubt es auch, die Seiteneingänge in der Mitte zu platzieren.

Schließlich nimmt der Vorhof mit seinen in fünf Joche unterteilten Säulenhallen den Grundrissplan des Gebetssaals auf, sodass der von der zentralen Kuppel überspannte Raum dem nicht überdachten Hofteil entspricht.

Das Bemerkenswerteste an dieser Moschee ist die Art und Weise, wie Sinan die Statik nutzte, indem er die Funktion der Element weder an den Fassaden noch im Bedachungssystem zu vertuschen versuchte. So bestehen die Wände des Gebetssaals nicht aus einheitlich starken Mauern, sondern aus den vier Eckpfeilern und pro Seite aus vier Strebepfeilern, was die Fünfteilung unterstreicht. Dazwischen verläuft eine von Fenstern durchsetzte Fassade. Diese läuft an den beiden Seitenwänden mitten durch die Strebepfeiler, wodurch sich im Innenraum Nischen für das individuelle Gebet ergeben, während außen zwischen zwei Streben ein über zwei Joche laufender und von einer Säule gegliederter Portalvorbau eingefügt wurde.

Die Şehzade-Moschee ist die erste osmanische Moschee mit ausgestalteten Seitenfassaden. Was sich umso leichter durchsetzen ließ, als aufgrund der Tatsache, dass die Moscheen entlang den Hauptverkehrsadern standen, die Seiteneingänge häufiger benutzt wurden als diejenigen, die auf den Hof gingen. Auf der Mihrab-Seite verläuft die Fassade in der inneren Flucht der Streben, da Nischen auf dieser Seite im Innenraum keinerlei Nutzen gehabt hätten. So sind die Streben auf der Rückseite der Moschee das beherrschende Element. Dagegen verläuft die Fassade auf der Eingangsseite direkt am Hof entlang und schafft tiefe Nischen im hinteren Teil des Gebetssaals.

Was die Bedachung betrifft, so ließ Sinan außen, neben der zentralen Kuppel, den vier Halbkuppeln und den vier Diagonalkuppeln auch die beiden Trompen erscheinen, die jeweils den Raum zwischen der Halbkuppel und dem Rechteck, in das sie eingeschrieben ist, ausfüllen, und verlängerte die vier zentralen Pfeiler in Form von Türmchen nach oben. Durch das Gewicht der Türmchen ließ sich der Seitendruck der Kuppel besser auffangen. Das unverborgene Tragewerk verleiht der gesamten aufsteigenden Kuppelkonstruktion, die einer Pyramide gleicht, große Plastizität. Die beiden Minarette werden zum ersten Mal nicht vor die Wand gesetzt, sondern dort, wo Gebetssaal und Hof zusammentreffen, in die Seitenfassaden eingefügt und vervollkommnen so die Harmonie. Sinan machte bereits bei der Şehzade-Moschee Anleihen bei der Hagia Sophia und der byzantinischen Architektur, sie fügten sich nahtlos in sein architekto-

nisches Gesamtkonzept ein. Das trifft vor allem auf die Trompen zu, die die Halbkuppeln einrahmen. Sinan ersetzte die Stalaktiten-Dreiecke (Muqarnas), bisher das Hauptcharakteristikum der osmanischen Architektur, durch das Exedra-System, das die Hagia Sophia und die vorbyzantinische Architektur kennzeichnet. Mit einem Unterschied allerdings: In der Hagia Sophia werden Exedren eingesetzt, um damit bestimmte Formen im Grundriss zu erzielen, bei Sinan dagegen dienen die Trompen dazu, den Schub der Zentralkuppel auf das äußere Tragesystem umzuleiten. Ein und dasselbe System hatte also zwei völlig unterschiedliche Bedeutungen: Die byzantinische Architektur verband Bedachungssystem und Grundriss, schuf im übertragenen Sinne eine Verbindung zwischen Himmel und Erde, während die osmanische Architektur den Innenraum, der die Einheit der großen Gemeinde der Gläubigen symbolisieren sollte, so offen wie möglich gestalten will.

Sinan führte in der Şehzade auch zurückgesetzte, durchfensterte Bogen aus, worin man eine Parallele zu den Seitenfassaden der Kyriotissa-Kirche (Kalenderhane Cami) sehen kann, die ebenfalls von jener statischen Aufrichtigkeit gekennzeichnet ist, die Stützwerk von Blendwerk unterscheidet. Die Şehzade birgt besonders viele Ideen, die in der Folgezeit immer wieder aufgenommen und weiterentwickelt werden.

Şehzade-Moschee, Innenansicht. Der Farbwechsel bei den Bogen betont die Tragekonstruktion. Dabei fällt auf, dass so wenig Gewicht wie möglich bis auf den Boden – hier durch die vier Pfeiler und die Außenwände – geleitet werden sollte, damit der Gebetsraum möglichst offen erscheint. Dies steht im Gegensatz zur byzantinischen Architektur, welche stets betonte, dass das Bedachungssystems im Prinzip am Boden begann.

Süleyman der Prächtige

Süleyman besaß alle Charaktereigenschaften und Vorzüge, die dazu geeignet sind, Legenden hervorzubringen. Doch die letzten Jahre dieses größten und vom Glück verwöhnten Herrschers wurden von Intrigen seines Harems und Aufständen seiner Söhne verdunkelt.
Der erste glückliche Umstand seines Lebens war, dass er der einzige Sohn Selims I. war, was ihn vor Bruderkriegen bewahrte. Geboren wurde er am 6. November 1494 in Trapezunt, wo sein Vater, einer der drei erwachsenen Söhne des regierenden Sultans, Bayazid II., als Gouverneur eingesetzt war. Er selbst wurde mit 14 Jahren zum Gouverneur ernannt und 1509 auf die Krim gesandt. 1512 lehnte sich Selim gegen seinen Vater auf, setzte ihn ab und musste sich in der Folgezeit mit seinen Brüdern auseinander setzen. Während seiner Abwesenheit von der Hauptstadt übernahm Süleyman das Amt des Regenten, wurde aber, nachdem Selim 1513 den Thron bestiegen hatte, erneut in die Provinz geschickt, diesmal nach Manisa – ein Gouverneursposten, der traditionell dem Kronprinzen zugewiesen wurde.
Nach dem Tod des Vaters gelangte er am 30. September 1520 mit noch nicht einmal 26 Jahren an die Macht. Süleyman träumte vom Ruhm und den Erfolgen Mehmeds II., an die er anzuknüpfen versuchte. Deshalb war sein erstes Ziel Belgrad, wo Mehmed II. 1456 gescheitert war: Er eroberte die Stadt im Mai 1521, wodurch ihm der Weg nach Ungarn offenstand. Im kommenden Jahr zwang er auf Rhodos die Ritter des Johanniterordens zur Kapitulation. Mit diesen beiden Siegen fielen wichtige Vorposten des Abendlandes in seine Hände.
Der junge Sultan war umgeben von einem kleinen Kreis von Vertrauten, von denen an erster Stelle Hürrem, seine Konkubine, zu nennen ist. Die als Alexandra Lissowska geborene Tochter eines russischen Priesters war von den Tataren entführt und an den Palast verkauft worden. Sie war nicht die erste seiner Frauen, die Süleyman einen Sohn schenkte, trotzdem blieb sie ihr Leben lang seine geliebte Gefährtin. Besonders nahe stand ihm auch der erste seiner Pagen, ein Grieche aus Parga, der den Namen Ibrahim angenommen hatte. Süleyman erhob seinen engsten Freund aus Jugendtagen kurz nach seinem Regierungsantritt, im Juni 1523, zum Großwesir. Lange Zeit war er die wichtigste Stütze seiner Macht. Außerdem gehörte der Kaufmann Alvise Gritti, unehelicher Sohn des venezianischen Dogen Andrea Gritti und einer Adligen aus Galata, zu seinen Vertrauten. Das Stadtviertel Beyoglu ist nach ihm benannt, er selbst trug diesen Beinamen („Sohn des Fürsten") infolge der Stellung seines berühmten Vaters. Als enger Freund Ibrahim Paşas verbrachte er viele Abende im Kreis des Herrschers. Süleymans Mutter, Hafsa Sultan, kam die Aufgabe zu, das Feuer dieser jungen „Eroberer", die alle noch keine 30 Jahre alt waren, zu zügeln. Sie stand dem Harem vor und beriet ihren Sohn. Am 22. Mai 1524 verheiratete Süleyman seine Schwester Hatice Sultan mit Ibrahim Paşa, was mit einem mehrere Tage dauernden prunkvollen Fest im Hippodrom, vor dem Palast des Großwesirs, gefeiert wurde.
Seit der Eroberung Serbiens 1458 durch Mehmed II. hatte das Königreich Ungarn die Rolle des Verteidigers der Christenheit übernommen, aber als im August 1526 die Janitscharen in der Ebene bei Mohács die Ritter Ludwigs II. angriffen, hielten diese nicht länger als zwei Stunden stand. Mittelungarn wurde besetzt, der Osten ein Vasallenfürstentum unter dem Namen Transsylvanien und der Westen vom österreichischen Erzherzog Ferdinand, dem Bruder Karls V., annektiert. Damit begann der Kampf zwischen den Osmanen und dem Heiligen Römischen Reich um den Kaisertitel und die Vorherrschaft in Europa, da beide ihren Anspruch als Erben Roms geltend machten. Süleyman zog 1529 bis kurz vor Wien, konnte es aber nicht einnehmen. Er unternahm noch drei weitere Feldzüge, 1532, 1541 und 1543, während Karl V. am Mittelmeer angriff, Tunis besetzte und Algier belagerte.
Im März 1533 war Hafsa Sultan gestorben, und einige Monate später wurde Süleymans ältester Sohn, Prinz Mustafa, der die Pubertät erreicht hatte, in Begleitung seiner Mutter Mahidevran ins Gouvernement Manisa geschickt. So konnte Hürrem, die Süleyman nach Mehmed (1521) eine Tochter, Mihrimah (1522), und vier weitere Söhne, Abdullah (1523), Selim (1524), Bayazid (1525) und Cihangir (1533), geschenkt hatte, die Führung im Harem übernehmen und ihren Einfluss auf Süleyman ausbauen. Sie siedelte aus dem Alten Palast, in dem bis dahin alle Frauen der kaiserlichen Familie gewohnt hatten, in den Topkapi Saray um, wo der Sultan lebte.
Hürrems Machtzuwachs veranlasste den Großwesir Ibrahim Paşa, die Partei Mahidevrans und Mustafas zu ergreifen. Im Herbst 1533 brach der Großwesir jedoch als Kundschafter zum

Nebenstehend:
Süleyman I. der Prächtige (1494–1566).
Porträt des Sultans Süleyman, Öl auf Leinwand von einem venezianischen Künstler aus dem Umfeld Tizians, um 1530–1540.
Innsbruck, Sammlung Schloss Ambras

Gegenüberliegende Seite:
Porträt Süleymans I., 16. Jahrhundert

großen Feldzug gegen den Iran auf, und Süleyman folgte ihm im Frühjahr 1534. Im Verlauf dieses Feldzugs, der zwei Jahre dauerte, wurden Tabriz und Bagdad eingenommen. Als die Armee im Januar 1536 zurückkehrte, beschuldigte Hürrem Ibrahim Paşa eines Komplotts gegen den Herrscher. Eines Abends wurde er in den Palast gebeten und in der Nacht erdrosselt.

Als absolute Herrscherin im Palast wollte Hürrem einem ihrer Söhne die Nachfolge sichern. Der älteste von ihnen, Mehmed, starb 1543, und Süleyman ließ zu seinem Gedenken die Şehzade-Moschee erbauen. Daraufhin unterstützte sie Selim, der schon zu Lebzeiten den Beinamen „der Trunkenbold“ trug. Ihre Tochter verheiratete sie mit Rüstem Paşa, einem aus Bosnien stammenden ehemaligen Pagen des Palastes, der 1544 den Posten des Großwesirs erlangte. Angesichts des fortgeschrittenen Alters Süleymans regelte fortan ein Triumvirat aus Hürrem, Mihrimah und Rüstem die Regierungsgeschäfte, nicht zuletzt mit dem Ziel den Prinzen Mustafa von der Thronfolge auszuschließen. Es gelang Rüstem Paşa, den Herrscher davon zu überzeugen, dass sein Sohn eine Verschwörung gegen ihn angezettelt habe. Schließlich wurde Mustafa auf dem Weg zu seinem dritten iranischen Feldzug im Sommer 1553 in das Lager des Herrschers gerufen und von den Stummen aus dem Saray im Zelt des Sultans erdrosselt. Der Mord rief derartige Proteste unter den Janitscharen hervor, dass Süleyman gezwungen war, Rüstem zu entlassen. Einen Monat später starb in Aleppo infolge des Schocks, den der Mord an seinem Halbbruder ausgelöst hatte, der jüngste Sohn Hürrems, Cihangir, der der Armee gefolgt war.

Hürrem konnte noch einmal die Macht im Palast an sich ziehen, als sie 1555 Kara Ahmed Paşa, den Nachfolger Rüstem Paşas, hinrichten ließ und letzteren wieder in den Posten des Großwesirs einsetzte. Es war jedoch ihr letztes Eingreifen in die Staatsangelegenheiten, da sie Anfang des Jahres 1558 erkrankte und am 15. April starb. Süleyman baute ihr ein großartiges Mausoleum hinter seiner eigenen Moschee, der Süleymaniye, die gerade vollendet war.

Nach der Abdankung Karls V. und dem mit dem Iran 1555 unterzeichneten Friedensvertrag unternahm der Sultan keinen Feldzug mehr, doch erlebte er noch den tödlichen Kampf zwischen den beiden ihm gebliebenen Söhnen Hürrems, Selim und Bayazid. Eine Schlacht in der Ebene von Konya endete mit der Flucht Bayazids in den Iran, die aber nur einen Aufschub bedeutete: Am 23. Juli 1562 wurden er und seine Söhne in Qaswin im Komplott mit dem Schah erdrosselt. Selim blieb der einzige Erbe.

1565 erlitten die Osmanen vor Malta eine der wenigen militärischen Niederlagen während der Regierungszeit Süleymans, die ihre Ausdehnung im Mittelmeerraum stoppen sollte. 1566 beschloss der alte und kranke Sultan, erneut zu einem Feldzug gegen Österreich aufzubrechen, vielleicht um als Krieger zu sterben. Da er nicht mehr auf das Pferd steigen konnte, wurde er im Wagen bis nach Szeged gefahren, das die Armee vom 5. August an belagerte. Dort starb der Sultan am 7. September, wenige Tage nach der Einnahme der Stadt. Sein Tod wurde bis zur Rückkehr der Armee nach Belgrad geheim gehalten, wo Selim zu ihr stieß und zum Herrscher proklamiert wurde.

Die Süleymaniye

Bei der Standortwahl für seine große Stiftung entschied sich Süleyman gegen ein Gelände direkt an der Triumphachse und beschnitt stattdessen erneut das Areal des Alten Palastes, diesmal auf der Nordseite, welche die Silhouette über dem Goldenen Horn maßgeblich zeichnet. An der Triumphachse lagen zu diesem Zeitpunkt bereits vier prunkvolle Bauten – die Hagia Sophia, Bayazid-, Şehzade- und Fatih-Moschee – neben den etwas bescheideneren wie der Atik Ali Paşa Cami bei der „Verbrannten Säule". Er nutzte die Möglichkeit, das Panorama der Stadt, vom Nordufer des Goldenen Horns aus gesehen, zu prägen, indem er den Komplex auf einen Landvorsprung stellte.

Süleyman befand sich im Zenit seiner Macht, nachdem auch das Abendland das Osmanische Reich als Weltmacht anerkannt hatte – Habsburg war ihm tributpflichtig –, und versuchte erneut, es mit der Hagia Sophia aufzunehmen. Darüber hinaus wollte er wie Mehmed II. mit seiner Fatih-Moschee Lehre und Religion um seinen Komplex herum versammeln. Und noch ein dritter Aspekt war entscheidend: Wie Justinian strebte Süleyman die Legitimation seiner Macht durch die Religion an. Justinian hatte es sich insbesondere zum Ziel gemacht, die dogmatischen Unterschiede zwischen Ost- und Weströmischer Kirche zu überwinden. Der alternde Süleyman trat als Schutzherr der sunnitischen Strenggläubigkeit auf, um damit ein Gegengewicht zur schiitischen Heterodoxie, die sich unter den turkmenischen Stämmen Anatoliens auszubreiten begann, und zu den antinomischen Bruderschaften zu schaffen, auch wenn diese einst das Schicksal des jungen osmanischen Staates gesichert hatten. In diese Richtung hatte ihn Ebussu'ud Efendi beeinflusst, der, als er 1545 zum Großmufti (Shaikh ul-Islam) ernannt wurde, dieses Amt der höchsten Gerichtsbarkeit mit großer Befugnisgewalt ausstattete. Hinter Ebussu'ud Efendi stand die muslimische Bevölkerung des Reiches, die um die Macht und Bedeutung des Amtes dieses Mannes wußte. Die Moschee Süleymans musste also dem Vergleich mit einem imperialen Tempel standhalten und gleichzeitig den strengen Regeln der Orthodoxie genügen sowie in ihrem Umfeld einen neuen Mittelpunkt religiöser Lehre bilden. Die Stiftungsurkunde der Süleymaniye geht ausführlich auf diesen Punkt ein: „Stünde das Ausschmücken der Moscheen mit Silber und Gold in Übereinstim-

Unten rechts: Süleymaniye. Blick auf die vier Säulen, von denen eine aus Alexandria stammt, eine aus Baalbek und die beiden anderen aus Konstantinopel. Für die Chronisten jener Zeit steht dahinter die Aussage, dass die Moschee auf den Thronen der alten Herrscher ruht. Allerdings fangen diese Säulen nur sehr wenig vom Gewicht der Kuppel auf; sie tragen in erster Linie die durchfensterte Schildmauer.

Unten: Moschee Süleymans des Prächtigen, Innenansicht und Kuppel.

Vorhergehende Doppelseite und unten: Die von Sinan erbaute Rüstem-Paşa-Moschee. Innenausstattung aus dem 16. Jahrhundert.

Herrscherfamilie stammenden Auftraggebers errichten zu lassen. Eine doppelte Vorhalle wie bei der Moschee seiner Frau in Üsküdar vervollständigte den Bau und schuf einen stillen Hof über der Betriebsamkeit des Bazars. In der Dekoration aus kostbarer Keramik stellte der Schwiegersohn des Sultans seinen Reichtum zur Schau. Die Fassaden und sämtliche planen Flächen innen sind bis zur Höhe der Bogenansätze mit Fliesen aus Iznik verkleidet, was das Bauwerk geradezu zu einem Keramik-Museum macht. Während seiner ersten Amtszeit als Großwesir (1545–1553) beauftragte Rüstem Paşa Sinan außerdem mit einer Hochschule unterhalb der Mahmud-Paşa-Moschee. Die Besonderheit dieses Baus liegt in einem achteckigen Innenhof mit Vorhalle, eingepasst in einen viereckigen Bau. Während die Zimmerreihe dem Achteck des Hofes folgt, schuf Sinan durch eine geniale Einteilung in den vier Eckflächen weitere Räume und kleine Höfe.

Der Bruder Rüstem Paşas, Sinan Paşa, war Großadmiral der Flotte und beschloss 1555 den Bau einer Moschee in Beşiktaş am Ufer des Bosporus, wo die Flotte in See stach. Für ihn erstellte Sinan eine genaue Kopie der Üç-Şerefeli-Moschee in Edirne – wenn auch im verkleinerten Maßstab. Der traditionellen, fünfjochigen Vorhalle ist ein Hof mit Säulengang vorgelagert. Da der Hof mit Säulengang jedoch ein Privileg der Sultansmoscheen war, wurde dieser an drei Seiten von einer Zimmerflucht umgeben. Es entstand eine Medrese – mehr oder weniger als Alibi –, eine geniale Idee, die Sinan auch bei anderen Wesirsmoscheen anwandte.

Zwei weitere von Sinan entworfene Moscheen wurden ebenfalls von Admirälen in Auftrag gegeben. Bei der Moschee Piyale Paşas, die um 1573 hinter dem Arsenal am Goldenen Horn enstand, handelt es sich um eine traditionelle Pfeilermoschee, deren sechs gleich große Kuppeln an die frühen Moscheen der Bruderschaften erinnern. Außen ist sie von Galerien umzogen. Die 1580 vollendete Moschee des Kiliç Ali Paşa befindet sich in Tophane, ebenfalls ein Hafenviertel. Hier schuf Sinan eine Miniaturkopie der Hagia Sophia, einschließlich der Galerien, die die Seitenschiffe vom Zentralraum trennen. Eine doppelte Vorhalle geht in einen offenen Hof über.

Alle drei Moscheen wurden von einflussreichen Admirälen in Vierteln erbaut, in denen Seeleute wohnten und verkehrten. Es ist bezeugt, dass die Mannschaften hier gemeinsam beteten, bevor ihre Schiffe ausliefen, weshalb ihre Außenanlagen so beschaffen waren, dass sehr viele Menschen dort Platz fanden. Da die Moscheen möglichst geräumig sein mussten, konnte Sinan das Einkuppelsystem nicht anwenden. Denn da es sich nicht um Sultansmoscheen handelte, durfte der Kuppeldurchmesser 15 Meter nicht übersteigen. Ein guter Vorwand für Sinans elegante Kopien berühmter Beispiele des Mehrkuppelbaus.

1553 wurde Rüstem Paşa aus dem Amt entlassen und durch Kara Ahmed Paşa ersetzt, der jedoch zwei Jahre später den Intrigen seines Vorgängers zum Opfer fiel und diesem das Amt des Großwesirs erneut überlassen musste. Kara Ahmet erlebte zwar die Fertigstellung seiner Moschee nicht mehr, sein Vermächtnis zählt jedoch zu den bedeutenden Beispielen frommer Stiftungen. Die 1558 vollendete Moschee steht abseits der großen Verkehrsader, am Topkapi in der Theodosianischen Landmauer. Sinan übernahm den Plan der kurz zuvor vollendeten Sinan-Paşa-Moschee, ließ jedoch die seitlichen Kuppeln weg. Die Hauptkuppel ruht auf sechs Pfeilern, von denen zwei in die Mihrab-Wand und zwei in die Portalnische eingebunden sind, während die letzten beiden in der Saalmitte stehen. Somit berühren zwei Seiten des sechseckigen Kuppelaufbaus die Wände, während die vier anderen von Halbkuppeln eingefasst werden, was den Gebetssaal länglich erscheinen lässt. Die über einem Sechseck konstruierte Kuppel sollte Sinan immer wieder aufgreifen. Zur Moschee gehört ein viereckiger Hof, der deutlich größer ist als der Gebetssaal. In der dem Eingang gegenüberliegenden Hofseite sowie in drei Seitenjochen ist eine Medrese untergebracht. Der Unterrichtssaal der Medrese, die auf jeder Seite acht Räume hat, befindet sich gegenüber dem Eingang zum Gebetssaal.

1565, ein Jahr vor dem Tod Süleymans, wurde Sokollu Mehmed Paşa Großwesir. Er behielt diesen Posten während der Regierungszeiten dreier Sultane inne bis zu seiner Ermordung im Jahr 1579 und zögerte durch sein politisches Geschick das Ende des Goldenen Zeitalters noch etwas hinaus. Auch als Bauherr, mit Sinan als Bauleiter, war er überaus ambitioniert. Sokollu ließ in der Hauptstadt zwei Moscheen errichten und in Eyüp eine Anlage mit Türbe und Medrese. Die erste Moschee, die zwischen 1571 und 1572 fertiggestellt wurde und in der Nähe seines Palastes hinter dem Hippodrom steht, erhebt sich über den Ruinen einer byzantinischen Kirche. Sinan übernahm den Plan der Moschee Kara Ahmet Paşas, ein von vier Halbkuppeln flankiertes Hexagon, das hier jedoch auf den vier Mauern aufliegt, sodass der Grundriss fast quadratisch ist. Auch diesem Bau ist eine Hof-Medrese angeschlossen, deren Räume praktisch den gesamten Vorhof umschließen. Das abfallende Gelände erlaubte einen axialen Treppenaufgang, der unter dem Unterrichtssaal der Medrese hindurch auf den Hof führt und einen phantastischen Blick auf die Fassade der Moschee bietet.

Nurbanu Sultan, die nach der Thronbesteigung ihres Sohnes Murat III. im Jahr 1574 als Valide noch bedeutenden Einfluss auf die Politik nahm, stiftete einen großen Gebäudekomplex oberhalb von Üsküdar am ehemaligen Warenumschlagplatz der großen Karawanen aus Anatolien. Der Komplex umfasst eine große Karawanserei, ein Krankenhaus, eine Armenküche sowie eine Medrese und eine Unterkunft für Derwische. Da es sich um die Stiftung einer Angehörigen der Sultansfamilie handelte, gehört zur Moschee ein echter Hof, an den sich, angepasst an die Beschaffenheit des Geländes, etwas tiefer und mit ungleichen Seitenlängen ein halber Medrese-Hof anschließt. Der Gebetssaal nimmt wiederum die Kuppel über dem Sechseck auf, die in der Folgezeit typisch für die osmanische Architektur wurde. Zwei Ecken ruhen auf Pfeilern, und die vier seitlichen Halbkuppeln werden durch eine fünfte über der Mihrab-Nische ergänzt. Einige Jahre später, um 1583, fügte man auf beiden Seiten je zwei Kuppelräume an, womit erneut, wenn auch zum letzten Mal, auf den Plan der Üç Şerefeli zurückgegriffen wurde. Der Moschee

Die Süleymaniye von der Rüstem-Paşa-Moschee aus gesehen. Vor der Süleymaniye erkennt man die beiden Kuppeln über den Unterrichtsräumen der darunter liegenden Medresen. Im Vordergrund die zum Rüstem-Paşa-Komplex gehörende Karawanserei.

فنادته الملائكة وهو قائم يصلي في المحراب

Gegenüberliegende Seite: Piyale-Paşa-Moschee, Detail des mit Keramikfliesen aus Iznik ausgekleideten Mihrab.

Oben: Sokollu-Mehmet-Paşa-Moschee, Innenansicht mit Kuppel, 16. Jahrhundert, Istanbul.

Rüstem-Paşa-Moschee, Innenansicht. Der für seinen Reichtum bekannte Großwesir und Schwiegersohn des Sultans erbaute diese Moschee, die bis zum Bogenansatz mit Iznik-Keramik ausgekleidet ist, bei der die Farbe Rot überwiegt. In der 1560 vollendeten Moschee hielt diese Art von Keramik erstmals triumphalen Einzug.

Rüstem-Paşa-Moschee, zentrale Kuppel. Man sieht deutlich, dass die Kuppel über acht Bogen auf einem Achteck ruht. Vier dieser Bogen sind in die Seitenwände der Moschee integriert und rahmen Fenster ein, die vier anderen bilden Trompen.

Oben: Rüstem-Paşa-Moschee. Blick auf den Haupteingang zum Gebetssaal. Das hintere Säulenpaar gehört zum Portikus, und auf den erhöhten Flächen rechts und links können die Zuspätgekommenen ihr Gebet verrichten. Die beiden Säulen im Vordergrund tragen das Vordach, die Steinplatten gehören zum offenen Hof.

Rechts oben: Rüstem-Paşa-Moschee, Hauptfassade. Keramikfliese mit einer stilisierten Darstellung Mekkas und der Kaaba in der Mitte. Die Fliese stammt aus dem 17. Jahrhundert.

Oben: Rüstem-Paşa-Moschee, eines der vielen Wandfelder aus Keramikfliesen im Innenbereich.

Oben: Piyale-Paşa-Moschee. Der Raum für Gebete erstreckt sich über den Säulensaal hinaus auf die gedeckten Arkadengänge, welche die Moschee auf drei Seiten umgeben, sowie auf den Umgang über diesen Arkaden und auf den Hof. Die Säulen dort trugen wahrscheinlich eine zeltartige Plane. Dadurch wurde es möglich, beträchtlich mehr Gläubige aufzunehmen.

Rechts: Hof der Rüstem-Paşa-Moschee.

vorgelagert ist eine doppelte Vorhalle innerhalb des großen Vorhofs, wobei die innere, entsprechend der ursprünglich geringen Breite der Moschee, über fünf Joche geht, die äußere mit Vordach über die gesamte Breite einschließlich der Annexräume. Sinan, inzwischen ungefähr 90 Jahre alt, war auch in den 80er Jahren des 16. Jahrhunderts noch tätig. Allerdings scheint es, dass sich die Finanzen des Reiches allmählich erschöpften, weshalb weder der Sultan noch hohe Regierungsbeamte wirklich große Bauvorhaben in Angriff nahmen.

Şemsi Paşa, Wesir und Hofpoet, ließ zwischen 1580 und 1581 in Üsküdar eine kleine Moschee am Meer errichten – ein Raumkubus, eingedeckt mit einer Kuppel über achteckigem Tambour mit vier Trompen –, an die eine Medrese angegliedert war. Einen Flügel der L-förmigen Schule legte Sinan im rechten Winkel zum Ufer an, den anderen auf die Moschee weisend. Die Moschee ist vorschriftsmäßig nach Mekka ausgerichtet und steht schräg in dem von den beiden Flügeln der Schule und dem Uferstreifen gebildeten Hof. Eine solche freie Anordnung der verschiedenen Baukörper eines Komplexes war bis dahin unbekannt.

Im selben Jahr wurde die kleine Stiftung des Wesirs Zal Mahmud Paşa an der Straße nach Eyüp fertig gestellt, die aus einer Moschee und zwei Medresen besteht. Bei der Anordnung der Gebäude richtete sich Sinan nach dem abfallenden Gelände und der Straßenführung. Jene Medrese, die sich auf demselben Niveau wie die Moschee befindet, liegt ihr gegenüber, ohne direkt mit ihr verbunden zu sein, da die Vorhalle der Moschee nicht in diejenige der Medrese übergeht. Der Medrese-Hof hat zwar die Form eines U, doch ist der rechte Flügel durch den schrägen Verlauf der Straße im Osten verkürzt. Diese Asymmetrie wird betont anstatt verschleiert wie bei dem von der Theodosianischen Umfassungsmauer verkürzten Teil des Medrese-Hofs der Mihrimah Sultan Cami am Edirne-Tor. Der Flügel hat keine Vorhalle, und die unterschiedlich großen Zimmer sind nicht überkuppelt, sondern mit Gewölben eingedeckt. Auffällig ist, dass sich der Unterrichtssaal nicht in der Mitte des U befindet, sondern nach links gerückt ist, als habe die Straße ihn verdrängt. Zwischen dem Portalvorbau der Moschee und der Vorhalle der oberen Medrese führt eine Treppe in den Hof der unteren Schule. Diese hat die Form eines L,

Oben: Sokollu-Mehmet-Paşa-Moschee hinter dem Hippodrom. Mit Keramikfliesen verkleidete Spitze des Minbar.

Links: Piyale-Paşa-Moschee, Innenansicht. Die Zahl der Säulen wurde hier auf das absolute Minimum reduziert: zwei Säulen tragen acht Kuppeln. Dieses Mehrkuppelsystem erfordert keine Pfeiler und Streben an den Außenmauern, sodass eine große Fensterzahl möglich wird.

Gegenüberliegende Seite: Sokollu Mehmet-Paşa-Moschee hinter dem Hippodrom. Hier wurde die Kuppel über einem Sechseck aufgeführt, das dennoch auf den vier Außenmauern ruht, weshalb es keiner Säulen im Innenraum bedarf. Die Moschee weist einen reichen Keramikschmuck auf. Die Fliesen an der Mihrab-Wand und an der Spitze des Minbar gehören zu den Meisterwerken der Iznik-Produktion.

Die vom osmanischen Hof vor allem für die Sultansmoscheen in Auftrag gegebenen Teppiche wurden in den großen anatolischen Produktionszentren Uşak, Gördes oder Bergama hergestellt, zum Teil aber auch in Kairo gefertigt und in den Palastwerkstätten, in denen 1526 und 1566 insgesamt 25 Teppichknüpfer angestellt waren. Große Medaillons charakterisieren diese Stücke, die jenen auf Bucheinbänden ähneln. 1585 ließ Murad III. elf Künstler und eine große Menge Wolle aus Kairo holen, aber von der Gründung einer Istanbuler Manufaktur ist nichts bekannt. Der Sultan bekam auch viele persische Teppiche von seinen Würdenträgern geschenkt.

Die heute erhaltenen Teppiche des osmanischen Hofes sind in der ganzen Welt verstreut. Zu den hervorragendsten Beispielen gehören solche mit Ornamenten im *Saz*-Stil und solche, die sich durch die stilisierte Darstellung eines Mihrab auszeichnen. Letztere waren meist aus Seide und dienten als Gebetsteppiche.

Gegenüberliegende Seite: Teppich des osmanischen Hofes, 16. Jahrhundert. Topkapi Saray.

Nebenstehend: Seidenteppich, 17. Jahrhundert. Topkapi Saray.

Unten: Gebetsteppich, 16. Jahrhundert.

KAPITEL VIII

Der Niedergang des Reiches

Beim Tod Mehmeds II. 1481 bildete der Divan Yolu, die ehemalige Mese, die Hauptachse der Stadt. Diese Struktur trat immer deutlicher hervor und bestimmte Ende des 16. Jahrhunderts das Bild Istanbuls – zu einem Zeitpunkt, an dem die Stadtentwicklung als abgeschlossen bezeichnet werden kann. Der Divan Yolu beginnt beim Haupttor des Topkapi Saray, dort, wo sich früher die Chalke, das Tor zum byzantinischen Kaiserpalast, befand, und führt um die Hagia Sophia herum. Diese blieb das Gotteshaus der Herrscher, dorthin begab sich der Sultan zum Freitagsgebet. Die letzten drei Sultane des 16. Jahrhunderts, Selim II. (gestorben 1574), Murad III. (gestorben 1595) und Mehmed III. (gestorben 1603), ließen ihre Türben bei ihr errichten. Ihr gegenüber liegt das Hammam von Haseki Hürrem, der Gattin Süleymans – eine Reminiszenz an die berühmten byzantinischen Zeuxippos-Thermen.

Auch wenn das Augusteion, der Platz vor der Hagia Sophia und das prächtigste Forum der oströmischen Hauptstadt, nach der Zerstörung der Justiniansäule durch Mehmed II. nach und nach bebaut und damit zerstört wurde, blieb doch das Hippodrom zunächst erhalten und wurde auch weiterhin zu großen feierlichen Ereignissen genutzt. So beging man dort zum Beispiel die großen Beschneidungsfeste der Prinzen oder die Hochzeiten der Prinzessinnen mit hohen Würdenträgern. Rund um das Hippodrom entstanden große Paläste. Im Westen baute Ibrahim Paşa, der Großwesir Süleymans, seinen Palast, von dem einige Teile noch heute existieren. Im Osten lagen die Paläste der Großwesire Sinan Paşa, des Bruders Rüstems, Kara Ahmed Paşa und Sokollu Ahmed Paşa, die jedoch beim Bau der Blauen Moschee zum Teil abgetragen wurden.

Oberhalb des Hippodroms markiert eine kleine Moschee, 1490/91 erbaut von Firuz Aga, dem Schatzmeister des Palastes, die Fortsetzung des Divan Yolu. Es folgt der Moscheenkomplex des Großwesirs unter Bayazid II., Atik Ali Paşa, nahe der „Verbrannten Säule“. Die auf der linken Straßenseite gelegene Karawanserei des Komplexes beherbergte seit Mitte des Jahrhunderts die deutschen Gesandten. Vor dem Ende des 16. Jahrhunderts waren dies die einzigen Monumentalbauten auf diesem Teil der Achse.

Anschließend verläuft der Divan Yolu entlang dem Bazar und führt zwischen Moschee und Medrese durch den Komplex Bayazids II. Sie passiert die Mauer des Alten Palastes, der 1541 abbrannte, und führt zur Şehzade-Moschee und den Resten der alten Janitscharenkasernen auf der linken Seite. Schließlich gelangt man in das Tal, das vom Valens-Äquadukt überbrückt wird, und sieht zur Rechten den Bazar der Sattler, dann den großen sogenannten Karaman-Markt, um den die Bewohner der Region um Karaman Anfang der 70er Jahre des 15. Jahrhunderts angesiedelt wurden. Zuletzt folgt der Fatih-Komplex, die Stiftung Mehmeds II., mit der dieser monumental bebaute Abschnitt der Achse endet. Danach führt die Straße an Friedhöfen vorbei sowie an der Moschee, die Sinan für Nişanci Mehmed Paşa erbaute, bis zum Edirne-Tor, wo sich die gewaltige Moschee von Mihrimah, der Tochter Süleymans des Prächtigen, befindet.

Die Uzunçarşi, die den Hafen mit dem Divan Yolu verbindet, trifft hinter der Bayazid-

Gegenüberliegende Seite: Alte Fotografie des Hippodroms. Diese Aufnahme von Robertson, der während des Krimkrieges nach Istanbul kam, ist Teil einer der ältesten Fotoserien über die Stadt. Man sieht, wie sich die Häuser auf das Hippodrom schieben und dass der Boden nicht befestigt war.

Moschee mit ihm zusammen. Im Osten der Kreuzung liegt der Große Bazar, er erstreckt sich entlang der Uzunçarşi bis in das Handelsviertel Tahtakale. Dort war jede Zunft in ihrer eigenen Straße angesiedelt. Die dem Goldenen Horn zugewandten Hänge zwischen dem Tahtakale und der Mauer des Topkapi Saray, die Anfang des 17. Jahrhunderts von städtischen Karawansereien und anderen Handelsgebäuden vollständig eingenommen wurden, bildeten zu jener Zeit das Adelsviertel der Stadt mit Palästen und mehrgeschossigen Wohnhäusern, die zahlreiche Höfe und Wohnungen fassten.

Entlang dem Goldenen Horn lagen zwischen jüdischen und christlichen Wohnvierteln stufenartig angelegte Wasserversorgungsanlagen. Sie befanden sich an dem Uferabschnitt zwischen Topkapi-Mauer und dem Ende des Aquädukt-Tales. Kurz bevor die Theodosianische Umfassungsmauer auf das Goldene Horn trifft, lag außerdem ein griechisches Viertel mit einer weiteren jüdischen Enklave. Die Hänge des Aquädukt-Tales, die im Osten von den Komplexen der Süleymaniye und der Şehzade, im Westen vom ehemaligen Pantokrator-Kloster, der heutigen Zeyrek-Moschee, und der Fatih-Moschee eingegrenzt wurden, gehörten ebenso wie die Viertel um Fatih zu den bevorzugten Wohngebieten der Christen. Im Laufe der Zeit war die christliche Bevölkerung jedoch auf immer kleinere Gebiete zurückgedrängt worden. Der Bau der Moschee Selims I. in den 20er Jahren des 16. Jahrhunderts, der Rückzug des griechischen Patriarchats in das Stadtviertel Fener, der Abriss einer griechischen Kirche am Edirne-Tor zugunsten des Baus der Mihrimah-Moschee – all diese Umstände trieben die christliche Bevölkerung immer weiter dem Goldenen Horn zu, in die Wohngebiete der armen Bevölkerung nahe der Mauer.

Am Ufer des Marmarameeres befanden sich in unmittelbarer Nähe des Topkapi Saray und des Hippodroms die Wohnungen der Würdenträger des Palastes. Jenseits des bis Ende des 15. Jahrhunderts benutzten Galeerenhafens beginnen die griechischen und armenischen Viertel, die sich entlang dem Ufer bis zur Umfassungsmauer erstrecken. Auch hier wurde die christliche Bevölkerung nach und nach an die Küste gedrängt, bedingt durch den Bau des Murad-Paşa-Komplexes auf dem Forum Tauri im Jahr 1473 und die Errichtung der Komplexe Davut Paşas 1485 und Haseki Hürrems 1539 am Rande des ehemaligen Arkadios-Forums. Im Innern der Stadt blieben das Lykos-Tal und die unmittelbare Umgebung der Umfassungsmauer zunächst noch unbewohnt, aber in der zweiten Hälfte des

16. Jahrhunderts entstanden auch hier neue Wohnviertel.

In osmanischer Zeit setzte sich die Stadt aus vier Teilen zusammen: der Stadt innerhalb der Mauern und ihren drei Vorstädten Eyüp, Galata und Üsküdar. Das Zentrum des Vororts Eyüp bildete der Moscheen-Komplex, der dem gleichnamigen Gefährten Muhammads gewidmet war. Die Nutzgärten, die den Ort ursprünglich umgaben, wurden nach und nach in Friedhöfe umgewandelt, denn Eyüp wurde zur Totenstadt der staatlichen Würdenträger. In den Jahren 1568/69 ließ Sokollu Mehmed Paşa hier von Sinan eine Türbe mit Medrese bauen, eine neue Kombination, die im 17. Jahrhundert noch häufig vorkommen sollte.

Die heutigen Stadtteile Karaköy und Beyoglu haben eine besondere Geschichte. Als ehemalige

Handelskolonien der Republik Genua ergaben sich die beiden Vororte, damals mit Namen Galata und Pera, einige Tage nach der Einnahme Konstantinopels dem Sultan. Sie behielten gewisse Privilegien, insbesondere die Erhaltung ihrer Kirchen. In der Folgezeit wurden sie jedoch systematisch mit osmanischen Sakral- und Militärbauten umgeben. Am Goldenen Horn entstand das große osmanische Arsenal mit einer von Sokollu Mehmed Paşa erbauten Moschee; am Bosporus, im Stadtteil Tophane, befanden sich die Kanonengießerei und die Moschee des Admirals Kiliç Ali Paşa. Jenseits der Seemauer, im Fährhafen, ließ Ibrahim Paşa, der engste Freund und Großwesir Süleymans des Prächtigen, seine einzige Moschee in Istanbul bauen, während im Norden, nahe den Weinbergen von Pera, das heute noch bestehende Derwischkloster, das Galata Mevlevi Hane Müzesi, entstand sowie die Militärschule der Janitscharen, Galatasaray genannt.

Innerhalb dieses Rings aus osmanischen Bauten hielt sich eine abendländische Kolonie von griechischen und armenischen Familien. Außerdem siedelten sich dort die europäischen Botschaften an, und es entstand ein internationaler Treffpunkt für Handel und Politik. Die Venezianer, die nach der Eroberung als erste die Beziehungen mit dem Osmanischen Reich aufnahmen, blieben bis Ende des 15. Jahrhunderts in dem ihnen ehemals zugestandenen Gebiet im Zentrum, bis Bayazid II. darauf Ansprüche erhob und sie Mitte des 16. Jahrhunderts nach Galata zogen, gefolgt von den Franzosen, die dort 1535 eine ständige Vertretung gründeten. Die dichte Bebauung Galatas begünstigte jedoch Epidemien, sodass viele Botschaften um 1570 auf die Hügel gegenüber dem Bosporus, zwischen Galatasaray und Tophane, übersiedelten, wo sie bis heute sind.

Der Stadtteil Üsküdar befindet sich auf der asiatischen Seite Istanbuls, also jenseits des Bosporus. Dort waren in antiker Zeit die Städte Chrysopolis und Chalkedon gegründet worden. Während Chalkedon nach der Gründung Konstantinopels zum unbedeutenden Vorort wurde, entwickelten sich Chrysopolis und sein Hafen zum Ausgangspunkt für Handels- und Expeditionsreisen nach Asien. Die Byzantiner nannten die kleine, mit einer Mauer eingefasste Stadt nach einem kaiserlichen Palast „Skutari", woraus im Türkischen „Üsküdar" wurde. Chalkedon wurde zu Kadiköy. Rum Mehmed Paşa ließ 1470 am Rand Üsküdars nahe der Küste einen Stiftungskomplex errichten und Mihrimah 1548 einen weiteren direkt über dem Hafen, der aufgrund des großen Bazars, der sich um die Stiftung ansiedelte, bald sehr frequentiert war. Der weiter im Inland befindliche große Komplex von Nurbanu, der Frau Selims II., scheint keine Urbanisation bewirkt zu haben.

An den Ufern des Bosporus findet man Dörfer, die nach der Eroberung mit Verschleppten aus dem Balkan besiedelt wurden, sowie Gärten und Sultanpavillons. Am europäischen Ufer, zwischen Tophane und Beşiktaş, wo sich das Grabmal von Hayreddin Barbarossa und die von Sinan errichtete Moschee für den Großadmiral Sinan Paşa erheben, liegen sowohl muslimische Viertel, in denen hauptsächlich Seeleute leben, als auch einige christliche Kolonien.

Aufgrund von historischen Schriften und Bildern können wir uns ein Bild vom damaligen Istanbul machen. Die Stadt bestand aus niedrigen Häusern, im Zentrum mit einem Obergeschoss, in den Außenbezirken eingeschossig, die um einen Hof bzw. Garten herum angelegt waren. Meist handelte es sich um Holzhäuser mit Fachwerk, die zur Straßenseite keine Fenster hatten. Einige Dutzend dieser Häuser bildeten ein Wohnviertel mit einer Moschee, einer Schule und einer Zawiye. Drei oder vier Viertel gemeinsam besaßen ein Hammam und einen Brunnen.

Nach einer Volkszählung im Jahre 1478 haben wir keine genauen Daten mehr über die Bevölkerung. Zu diesem Zeitpunkt hatten die Zwangsumsiedlungen mit einer Ausnahme praktisch aufgehört: Nach der Eroberung der Moldaustadt Akkerman im Jahr 1484 verschleppte Bayazid II. noch einmal um die 650 Familien nach Istanbul.

Der kleine Komplex des Gazanfer Aga, oberster Eunuch im Palast, besteht aus einer Medrese, einem Mausoleum und einem Brunnen. Er ist der erste einer Reihe solcher Anlagen, die bis zum Beginn des 18. Jahrhunderts sehr beliebt waren. Der Zustrom der Landbevölkerung, die in der Stadt Unterkunft und eine Erwerbsmöglichkeit suchte, trug zur Popularität dieses neuen Typs bei. Die Medresen nahmen Anwärter auf religiöse Ämter auf.

Außerdem ließen sich etwa tausend jüdische Familien aus Spanien, Portugal und Süditalien infolge der Verfolgungen während der Reconquista Ende des 15. Jahrhunderts hier nieder. Im 16. Jahrhundert gab es keine größeren Bewegungen mehr, da die Bauern ihr Land nicht verlassen durften und die Stadtbewohner an ihre Gilden gebunden waren. Die Bevölkerungszahl Istanbuls erhöhte sich trotzdem Ende des 16. Jahrhunderts auf etwa 150 000 Einwohner, was hauptsächlich dem Zustrom von Sklaven zuzuschreiben ist. Auf den Eroberungs- und Raubzügen entlang den europäischen Grenzen und dem Mittelmeer wurden sehr viele Gefangene gemacht. Da mit dem großen Angebot der Wert sank, konnten sich nicht nur reiche Familien einen oder mehrere Sklaven leisten, sondern auch solche mit mittleren Einkommen. Die Sklaven lebten in den Häusern ihrer Herren oder arbeiteten zu festgelegten Zeiten, waren ansonsten jedoch frei. Angesichts einer erhöhten städtischen Sterblichkeit entschieden sich zahlreiche muslimische Paare, ihre Nachkommenschaft durch die Freilassung und familiäre Integration von Sklaven zu sichern. So wuchs im 16. Jahrhundert in der muslimischen Bevölkerung Istanbuls vor allem der Anteil befreiter und islamisierter Sklaven, während die Zahl der nicht-muslimischen Bevölkerung gleich blieb oder sich sogar verringerte.

Ende des 16. Jahrhunderts änderte sich die Situation grundlegend: Während der Zustrom von Sklaven versiegte, brachten Inflation und hohe Steuern die Landbevölkerung in extreme Notlagen, sodass eine gewaltige Landflucht von Menschen aller Konfessionen einsetzte. Solange die Abwanderung aus den ländlichen Gebieten von staatlicher Seite aus verboten war, konnte nur das Studium an einer Medrese die Niederlassung in der Stadt rechtfertigen. So kam es, dass vor allem religiöse Gruppen die Immigration auffingen, was deren Position stärkte. Die Stiftungen, welche die Medresen unterstützten, zahlten den Schülern Unterkunft, Nahrung und sogar ein bescheidenes Gehalt. Doch damit floss ein Großteil der städtischen Einkünfte in eine Einrichtung, die weder dem Handel noch der Wirtschaft diente und deshalb nicht zum Aufschwung der Stadt beitrug. Nicht-muslimische Einwanderer – insbesondere Christen – fanden Aufnahme in den Gilden der Stadt, die dadurch zum einen beträchtlich anwuchsen, zum anderen zunehmend von diesen beherrscht

Blick auf die Gesamtanlage der Blauen Moschee. Sie folgt völlig dem von Sinan festgelegten Bautypus der osmanischen Moschee. Außergewöhnlich ist nur die Zahl der Minarette, nämlich sechs, die Gebetssaal und Hof einfassen und deren Silhouette das Landschaftsbild prägt.

wurden. Die demographische und soziale Struktur der Stadt hatte sich Ende des 17. Jahrhunderts wieder total verändert. Die Bevölkerung, die Ende des Jahrhunderts 600 000 Einwohner zählte und im folgenden Jahrhundert um weitere 100 000 bis 200 000 anwuchs, bestand zu 40 Prozent aus Nicht-Muslimen. Ende des 16. Jahrhunderts waren es nur 15 Prozent gewesen.

Der Bevölkerungszuwachs insgesamt bewirkte ein beträchtliches Anwachsen der Bevölkerungsdichte und die Ausdehnung der Stadt in die Vororte Galata und Üsküdar.

Die Blaue Moschee

Dass mit dem Tod Sinans die öffentliche Bautätigkeit zum Stillstand kam, war nicht auf einen Mangel an Architekten zurückzuführen, sondern auf einen Mangel an Baustoffen. Statt wie in früheren Zeiten Reichtümer ins Land zu bringen, verschlangen die Kriege ab Ende des 15. Jahrhunderts sowohl Menschen als auch Güter. Obwohl ein Fünftel der Kriegsbeute generell in die Privatkasse des Sultans floss, ließen die Sultane kaum noch Moscheen-Komplexe erbauen, und die Honoratioren, deren Posten im Zuge der Staatskrise unsicher wurden, waren nicht mehr in der Lage, Monumentalbauten zu finanzieren.

Die Architekten jener Zeit waren nichtsdestotrotz sehr gut ausgebildet. Sie waren nicht nur mit dem Entwurf der Bauten befasst, sondern auch mit der Überwachung der Arbeiten, der Kontrolle der Materialien sowie der Auswahl der Handwerker. Auch die Wasserversorgung gehörte zu ihren Aufgaben, weshalb der Leiter dieses Ressorts der wichtigste Mitarbeiter des leitenden Architekten war. Inhaber dieses Postens unter Sinan war Davut Aga, der 1588 seine Nachfolge antrat.

Davut Aga übernahm den Bau eines der letzten Moscheenkomplexe, die von einem Großwesir, nämlich Cerrah Mehmed Paşa, in Istanbul veranlasst wurden; die Vollendung fiel in die Jahre 1593/94. Die Moschee krönt eine Kuppel, die auf sechs Säulen aufliegt. Der Übergang vom quadratischen Grundriss in die Kuppel wird durch vier Halbkuppeln und eine fünfte über der vorspringenden Mihrab-Nische geschaffen. Eine Medrese, ein Hammam und die Türbe des Gründers vervollständigen das Ensemble.

Doch wurden die großen Komplexe allmählich von der Kombination Medrese mit Türbe abgelöst, wie jener Bau von Sokollu Mehmed Paşa in Eyüp. Sie wurden Davut Agas Spezialität. Diese kleinen Einheiten waren besser geeignet, sich den engen Platzverhältnissen in den dicht bevölkerten Vierteln anzupassen. 1595 ließ der mächtige Großeunuch des Palastes, Gazanfer Aga, am Fuß des Valens-Aquäduktes den ersten innerstädtischen Medresenkomplex errichten. Die Medrese weist einen konventionellen Grundriss in U-Form auf, mit dem Unterrichtsraum in der Achse; davor liegt ein erster Hof mit zwölfeckiger Türbe zur Rechten, zur Linken ein achteckiger Wasserspender (Sebil), der auf einer belebten Kreuzung steht.

Gegenüberliegende Seite: Das Bedachungssystem der Blauen Moschee ähnelt dem der Şehzade, wobei gleichzeitig Elemente der Süleymaniye aufgegriffen wurden, wie die abgetreppte Mauer, die die Stützbogen der Kuppel betont, sowie die Hintereinanderstellung von Türmchen und Streben, die jede Fassadenseite dreiteilen.

Oben: Die Blaue Moschee, vom Meer aus gesehen. Das abfallende Gelände erforderte eine hohe rückwärtige Fassade, was den Architekten dazu veranlasste, die Kuppelpyramide auf einen vom Gebetssaal gebildeten Kubus zu stellen. Im Vordergrund die Seitenfassade mit vorgelegten Säulengängen und auf der Ecke der Pavillon mit der Sultansloge.

1557 beschloß die Valide Safiye den Bau eines großen Komplexes mit ihrem Namen im Herzen der Stadt, im ehemaligen venezianischen Viertel, das mittlerweile ein dicht bevölkertes jüdisches Viertel geworden war. Für die Verwirklichung dieses Projekts waren weitreichende Enteignungen notwendig. Tatsächlich begannen die Arbeiten noch im gleichen Jahr. Doch zwei Jahre nach Baubeginn wurde der Hofarchitekt Davut Aga aufgrund seiner freidenkerischen Geisteshaltung hingerichtet. Da auch die finanziellen Mittel fehlten, sollten die Arbeiten erst ein halbes Jahrhundert später wieder aufgenommen werden.

Die Nachfolge von Davut Aga trat 1598 Dalgiç Ahmed Aga an, der seit 1595 für die Wasserversorgung zuständig gewesen war. Die Jahre seiner Amtsperiode (bis 1606) waren geprägt vom Krieg gegen Österreich, sodass der Hofarchitekt nur ein einziges Gebäude zu betreuen hatte, die Türbe des 1603 verstorbenen Mehmed III. im

Hof der Hagia Sophia. Ein Jahr später wurde er, wahrscheinlich auf eigenen Wunsch, zum Statthalter in der Provinz ernannt.

Als Ahmed I. (1603–1617), Sohn und Nachfolger Mehmeds III., mit 13 Jahren den Thron bestieg, war der Krieg gegen die Donaufürstentümer noch im Gange, das safawidische Persien sah seine Chance, verlorene Provinzen zurückzugewinnen, und erklärte dem geschwächten Nachbarn 1603 den Krieg, und in Anatolien waren die Celali-Aufstände noch immer nicht niedergeschlagen. Desertierte oder entlassene Soldaten, arbeitslose Städter und Bauern, die ihr Hab und Gut verloren hatten, revoltierten gegen die Regierung, die bis 1608/09 nicht Herr der Lage werden konnte. Der junge Sultan, ganz unter dem Einfluss seines Erziehers, bekundete tiefe Religiosität. Als 1606 zum ersten Mal ein Friedensvertrag mit Österreich zustande kam, der den Sultan verpflichtete, den deutschen Kaiser als gleichrangig anzuerkennen, und als die anatolischen Unruhen in einem Blutbad endeten, stiftete er einen Moscheen-Komplex, um die Befriedung seiner Gebiete zu feiern. Nach einigem Zögern wählte er das Hippodrom als geeigneten Standort aus. Die Nähe zur Hagia Sophia forderte zum Vergleich heraus, mit der man allerdings nur bezüglich der Baumasse, nicht aber bezüglich der äußerst symbolischen Höhe der Kuppel konkurrierte.

Hofarchitekt war zu diesem Zeitpunkt Sedefkar Mehmed Aga. Wahrscheinlich albanischen Ursprungs, arbeitete er nach seiner Verschleppung zunächst in den Palastgärten. Später spezialisierte er sich auf die Bearbeitung von Perlmutt *(sedef)*, dem er seinen Namen „Sedefkar" verdankte. Das Perlmutt wurde mit Elfenbein, Schildpatt und Ebenholz zu komplexen geometrischen Figuren zusammengesetzt und zierte gewöhnlich Türen und Fenster repräsentativer Bauwerke. Die mathematischen Kenntnisse, die er sich bei dieser Kunst angeeignet hatte, begünstigten Mehmed Agas Karriere als Architekt. Auch er übernahm die Nachfolge Dalgiç Ahmed Agas, nachdem er mit der Leitung der Wasserversorgung betraut gewesen war.

Die Moschee Ahmeds I. ist ein postklassisches Gebäude. Doch das Streben nach einer Synthese aus allem Vorangegangenen und der spürbare Wunsch nach Größe wirken banal und unentschlossen.

Mehmed Aga wählte die symmetrische Şehzade zum Vorbild. Doch er benötigte eine Reihe von Vorrichtungen zum Abstützen der Kuppel von 23,5 Metern Durchmesser und 43 Metern Scheitelhöhe, die den quadratischen

Gebetsraum mit 49 Metern Seitenlänge überspannt. Sie ist etwas größer als die Kuppel der Şehzade und viel kleiner als die der Süleymaniye. Die drei Halbkuppeln, ausgenommen jene an der Mihrab-Wand, lagern auf Halb-Baldachinen, die jeweils von einem Paar Säulen vor der Fassade getragen werden. Jede Halbkuppel wiederum wird von drei Konchen gestützt. Die Zentralkuppel ruht auf vier schweren Pfeilern, deren Wuchtigkeit auch die Ausmalung mit blauen Girlanden nicht mildern kann. Der schwerfällige Eindruck des Stützsystems verliert sich allerdings beim Anblick des lichtdurchfluteten Innenraums und der Fülle von Fliesen und Fenstern. Entlang den äußeren Seitenmauern des Vorhofes befinden sich die Reinigungsbrunnen; die Brunnenanlage in der Mitte des Hofes dient nur der Dekoration. Durch ihre sechs Minarette, die das Bild der Stadt prägen, ist die Blaue Moschee schon von weitem zu erkennen. Die Türbe

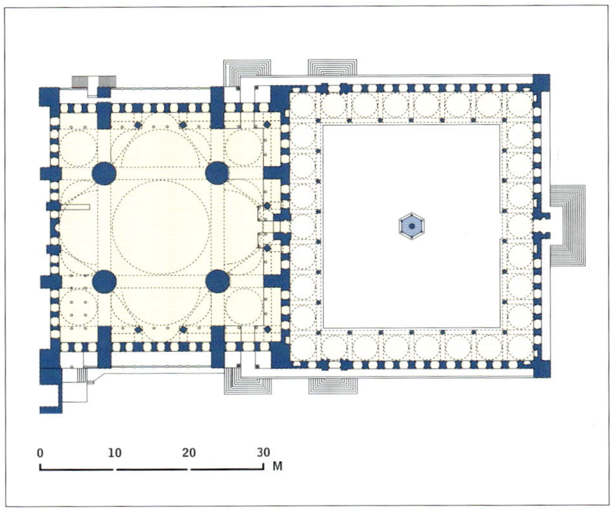

Ahmeds I. liegt am Rand des Hippodroms, der Hagia Sophia zugewandt, statt wie üblich hinter der Moschee, da hier das Gelände zum Marmarameer hin steil abfällt. Die Anordnung der übrigen Gebäude des Stiftungskomplexes ist unübersichtlich und schwer zu beschreiben.

Nachdem sich Ahmed I. im Jahr 1607 für den Bau dieses Komplexes entschieden hatte, vergingen zwei Jahre, ehe die im Osten des Hippodroms gelegenen Paläste abgetragen waren und das notwendige Material zusammengestellt war. Ende 1609/Anfang 1610 erfolgte die Grundsteinlegung, und am 9. Juni 1619 wurde die Einweihung gefeiert – keine sechs Monate vor dem Tod des Sultans. Andere Gebäude des Komplexes, wie die Türbe, wurden erst 1620 vollendet.

Während dieser Zeit wurden in der Stadt zwei weitere Medresen-Komplexe gebaut. Den einen stiftete der Großwesir Kuyucu Murad Paşa (1606–1609), der den Celali-Aufstand in Anatolien niedergeschlagen hatte. Er liegt jenseits des Bayazid-Komplexes auf der linken Seite des Divan Yolu und steht, bedingt durch die aufgelockerte Bauweise und Anpassung an die engen Platzverhältnisse, im Kontrast zum Stil der Sultanskomplexe. 14 Räume, L-förmig angeordnet, sind schräg zur Straßenführung angelegt und umschließen einen an drei Seiten von Säulenhallen umgebenen trapezförmigen Hof. An der schmalsten Stelle des Hofes befindet sich der Gebetssaal, an den sich die quadratische Türbe mit Wasserspender anschließt. Die Straßenfront besteht aus einer Reihe von Läden. Oberhalb der letzten zwei, gegenüber der Türbe, liegt eine Schule.

Die von Ekmekçi Ahmed Paşa gestiftete Koranschule liegt im Viertel Vefa und ist in der klassischen U-Form mit dem Gebetsraum auf der

Oben: Blaue Moschee, Innenansicht, Blick in das Kuppelsystem. Trotz der im Verhältnis zu den Dimensionen der Moschee kleinen Kuppel – sie scheint in der Menge der überreich ausgeschmückten Bogen und Halbkuppeln zu versinken – schafft die im Kuppelsaal herrschende Helligkeit, für die hauptsächlich die durchfensterten Halbkuppeln und Exedren verantwortlich sind, eine heitere Atmosphäre.

Oben links: Grundriss der Blauen Moschee. Die Symmetrie der Şehzade-Moschee, die Sinan als sein Lehrlingsstück bezeichnete, wurde in der postklassischen Architektur zum obersten Prinzip erhoben.

Links: Die Blaue Moschee ist die letzte der großen Sultansmoscheen, die mit Keramikfliesen in großer Zahl geschmückt wurde.
Ihren – touristischen – Namen „Blaue Moschee" trägt sie jedoch wegen des gemalten Dekors, nicht wegen der Fayencen.

Gegenüberliegende Seite: Blaue Moschee, Innenansicht. Bemerkenswert der Kontrast zwischen der Schwere der Pfeiler, welche die Kuppel stützen, und der Transparenz der Mauern, die durch das Spiel der Exedren erreicht wird.

vierten Seite angelegt. In der Säulenhalle sind zwei Halbjoche zwischen zwei vollständige Joche eingefügt, um den Zugang zum Gebetssaal in den Mittelpunkt zu stellen. Diese Anordnung wurde für die Pharmazieschule Bayazids II. in Edirne entwickelt und von Mehmed Aga auch für die Seitenfassade der Moschee Ahmeds I. verwendet.

Die Yeni Cami und die Bauwerke des 17. Jahrhunderts

Nach dem Tod Ahmeds I. kam eine Reihe minderjähriger oder geistesschwacher Sultane auf den Thron, was die Macht des Harems, vor allem der Frauen der Herrscherfamilie, ungeheuer stärkte. Kösem Sultan, die Mutter Murads IV. (1623–1640), war in den ersten Jahren der Regierung ihres älteren Sohnes äußerst einflussreich. Nach dessen Tod begann eine Zeit der Palastintrigen – Kösem Sultan wurde von ihrem Sohn Ibrahim (1640–1648) in die Verbannung geschickt; er selbst fiel einer Palastrevolution zum Opfer, woraufhin sein siebenjähriger Sohn Mehmed IV. (1648–1687) auf den Thron kam. Wirtschaftliche Krisen erschütterten das Land und ließen die hohen Amtsträger schnell scheitern. Die Ruhe an den Grenzen war nur dem in Europa wütenden Dreißigjährigen Krieg zu verdanken.

Der Bayram-Paşa-Komplex mit seinem atypischen Grundriss. Im Vordergrund eine Zawiye in L-Form. Unter der ersten, von Kaminen durchsetzten Kuppelreihe liegen die Zimmer, unter der zweiten liegt der Portikus. Zwischen den Flügeln ein achteckiger Bau, in dem der Orden seine religiösen Zeremonien abhielt. Rechts dahinter das Mausoleum des Stifters mit den vorspringenden Erkern.

Daher wurden in dieser Epoche weder Bauwerke noch Kunstwerke in reichem Maße erschaffen. In den Werkstätten des Hofes wurde praktisch nicht gearbeitet, und das Amt des Hofarchitekten verkam zur Pfründe für Günstlinge. Aus dieser Zeit existieren heute nur noch zwei Komplexe von gewisser Bedeutung. Zwei weitere Medresenkomplexe in der Nähe der Moschee Bayazids II. bzw. der Şehzade wurden während der Umstrukturierung des Straßensystems im 20. Jahrhundert abgetragen.

Der vom Großwesir Bayram Paşa 1635 gestiftete Komplex weist ein neues Baukonzept auf. Das Ensemble auf dem siebten Hügel der Stadt wurde auf zwei Parzellen zu beiden Seiten einer Kreuzung neben dem Komplex von Haseki Hürrem errichtet. Die Medrese mit ihrer U-Form und dem im Mittelteil liegenden Unterrichtsraum ist mit den Anlagen in Bursa verwandt. Auf der zweiten Parzelle steht eine Zawiye. Sie ist wie eine L-förmige Medrese angelegt, mit einer Säulenhalle vor den Kammern, und zwischen den beiden Flügeln, auf dem Hof, befindet sich ein achteckiges Gebäude für die Zeremonien der Bruderschaft. Die Türbe steht im schrägen Winkel zur Kreuzung; ihr vorgestellt ist ein auf die Straße vorspringender Sebil. Bei der Türbe handelt es sich um einen quadratischen Bau mit drei Iwanen in der Mitte jeder Seite außer der Eingangsseite. Der Stil erinnert an die zur gleichen Zeit im Topkapi Saray gebauten kaiserlichen Pavillons, vor allem an den Bagdad-Pavillon, der zum Gedenken an die Einnahme dieser Stadt im Jahr 1638 errichtet wurde.

Kösem Sultan stiftete 1640, in dem Jahr, in dem ihr zweiter Sohn an die Regierung kam, ein kleines Ensemble in Üsküdar. Die Gebäude sind auffallend bescheiden. Die Moschee, deren einzige Kuppel einen Durchmesser von neun Metern hat und auf einem achteckigen Tambour ruht, ist an drei Seiten von einem Holzdach gesäumt. Im gleichen Straßenabschnitt liegt eine kleine Medrese in V-Form, die sich dem Winkel zweier Straßen anpasst, und auf einem kleinen Platz ein Sebil. Auf der anderen Seite befinden sich ein Brunnen, dahinter eine Schule und noch weiter zurückgesetzt das Hammam. Die Bescheidenheit des Ganzen wird durch die Einzigartigkeit der Fliesen in der Moschee ausgeglichen, die zu den schönsten dieses Jahrhunderts zählen.

Als Mehmed IV. 1648 mit sieben Jahren den Thron bestieg, teilten sich Kösem, seine Großmutter, und Turhan Sultan, seine Mutter, die Regentschaft. Diese Konstellation war auf die Dauer nicht haltbar und endete mit der Ermor-

dung Kösems im September 1651. Die Situation besserte sich jedoch nicht. Der türkisch-venezianische Krieg, der 1644 mit der Eroberung Kretas begann, führte zu einer Blockade der Dardanellen durch die venezianische Flotte. Im Reichsinnern war der Verwaltungsapparat grundlegend in Gefahr durch ausufernden Ämterkauf, Einmischungen der Frauen des Harems und Selbstbereicherung inkompetenter Würdenträger. Die zeitweilige Machtübernahme durch die Janitscharen sowie erneute Celali-Aufstände erschütterten das Reich. Manche Großwesire blieben nur einige Monate im Amt, andere wurden noch am Tag ihrer Amtseinsetzung wieder entlassen, bis die Familie Köprülü 1656 eine Art Erb-Großwesirat einführte, das immerhin fast ein halbes Jahrhundert bestehen blieb. Das Familienoberhaupt der Köprülü, Mehmed Paşa, stiftete zum Ende seines Lebens 1660/61 einen Medresenkomplex am Divan Yolu gegenüber der „Verbrannten Säule" und neben dem Sitz der deutschen Gesandtschaft. Die Kammern mit Säulenhalle bilden ein L, das senkrecht zum Divan Yolu steht. Ähnlich wie bei der Zawiye Bayram Paşas befindet sich der achteckige Unterrichtssaal mitten im Hof. Im Zuge der Vergrößerung der Medrese um 1860 wurden der Hof und der zur Straße weisende Flügel der Medrese verkleinert, wodurch sich die Proportionen änderten und die Türbe in die Mitte des Hofes rutschte. Der Sohn und Nachfolger Mehmed Paşas, Fazil Ahmed Paşa (1661–1676), fügte der Medrese einen Bibliotheksbau an. Dieser kleine quadratische Kuppelbau mit dreijochiger Vorhalle, deren mittleres Joch sich in der Auskragung verdoppelt, war der erste seiner Art und sollte im folgenden Jahrhundert sehr beliebt werden.

Oben links: Der Amcazade-Hüseyin-Paşa-Komplex mit dem hervortretenden Sebil. Hinter den durchbrochenen Mauern erkennt man den Friedhof, auf dem die Mitglieder der Familie Köprülü bestattet sind.

Oben: Portiken des ersten und zweiten Stockwerk der Büyük Yeni Han aus dem 18. Jahrhundert. Aus solchen städtischen Karawansereien, die ursprünglich nur als Herberge dienten, wurden mit der Zeit feste Einrichtungen für Handel und Handwerk. Auffällig ist das Fehlen von Spitzbogen, ein Zeichen für den wachsenden Einfluss des Barock.

Nebenstehend: Die Çorlulu-Ali-Paşa-Moschee. Die strenge Bauweise ist typisch für die Zeit zu Beginn des 18. Jahrhunderts kurz vor dem Übergang zum Barock.

Die Klärung der politischen und wirtschaftlichen Lage unter den Köprülü-Wesiren ermöglichte es Turhan Sultan, ein seit 60 Jahren stagnierendes Projekt wiederaufzunehmen, nämlich den Bau der Moschee im jüdischen Viertel, den Safiye Sultan im Jahr 1597 begonnen hatte. Die Arbeiten begannen 1661 und endeten 1664. Da sich der Plan seit der ersten Bauphase nicht geändert hatte und sich am Schema der Şehzade orientierte, ist das Gebäude eher ein Vorläufer

Ahmed III. und die Tulpenzeit

Nach einer Zeit der Unruhen in der ersten Hälfte des 17. Jahrhunderts behielten die osmanische Dynastie und der Hof eine Abneigung gegen den Topkapi Saray und die scheinbar unregierbare Stadt zurück. Mehmed IV. (1648–1687), mit dem Beinamen „der Jäger", der tatsächlich den größten Teil seines Lebens auf der Jagd verbrachte, zog Edirne und die Wälder der Umgebung vor. Seine Brüder und Nachfolger Süleyman II. (1687–1691) und Ahmed II. (1691–1695) lebten ausschließlich dort, ebenso Mustafa II. (1695–1703), der Sohn Mehmeds IV. Doch dann zog die erboste Bevölkerung Istanbuls zum 250 Kilometer von der Hauptstadt entfernten Edirne, um den Sultan abzusetzen und seinen Bruder und Nachfolger Ahmed III. zur Rückkehr zu bewegen. So begann dessen Regierungszeit mit einer Wiedereinsetzung der osmanischen Hauptstadt in ihre alten Rechte.

Die Thronbesteigung Ahmeds III. kennzeichnete auch das Ende eines langen Krieges, der für das Reich verheerend gewesen war. Von 1683 (der zweiten Belagerung Wiens) bis 1699 (Vertrag von Karlowitz) hatten die Feindseligkeiten zwischen der österreichischen Armee, die bis nach Nis und Kosovo hinuntergezogen war und lange Zeit Belgrad besetzt hatte, angedauert. Für die Osmanen endete der Krieg, auch wenn sie einen Teil ihrer Gebiete zurückgewonnen hatten, mit dem Verlust Ungarns sowie der Peloponnes, die Venedig einnahm.

So teilt sich seine Regierungszeit in zwei große Perioden: In der ersten, von 1703 bis 1718, dominierte der Gedanke an Revanche, es war aber auch eine Zeit der Wiederherstellung der Ordnung. Die zweite, von 1718 bis 1730, die später die Tulpenzeit genannt werden sollte, war eine Ära des Vergessens, der Feste und der Sorglosigkeit. Nach der Rückkehr in die aufgegebene Stadt mußte sich Ahmed III. zunächst gegen innere Widersacher durchsetzen. Sein erster Angriff auf das Ausland erfolgte 1711 gegen Russland und war von Erfolg gekrönt. Aber es kam erneut zur Niederlage gegen Österreich und Venedig, trotz der Wiedereroberung der Peloponnes. 1715 verloren die Türken die Provinz Temeșvar und damit ihren letzten Besitz in Mitteleuropa und vor allem Belgrad. 1718 setzte der Frieden von Passarowitz einen Schlussstrich unter die Revanchebemühungen des Sultans. Von nun an ging es darum, den Hof, wenn nicht das Volk, diese Kette von Niederlagen und Katastrophen vergessen zu lassen ... Denn das Schicksal hatte auch vor Istanbul nicht Halt gemacht. Im Juli 1715 war in Bayazid ein Feuer ausgebrochen, dessen Flammen alle Viertel bis an die Küste des Marmarameers verschlang. Der Winter 1715/ 16 war so streng gewesen, dass das Goldene Horn vom Eis eingeschlossen wurde. Mitte Juli 1718 hatte die Stadt einen der größten Brände ihrer Geschichte erlebt, das Feuer hatte das gesamte Zentrum zerstört. Schließlich hatte am 14. Mai 1719 ein Erdbeben immense Schäden verursacht.

Die Würdenträger und Notabeln verließen die Stadt und zogen an die Ufer des Bosporus, und in ihren Residenzen und Lustpavillons, insbesondere in denen der kaiserlichen Familie, blühte ein neues Leben mit Festen und Zerstreuungen auf. Der Meister dieser Festlichkeiten, Damad Ibrahim Paşa, Großwesir und Schwiegersohn des Sultans, gab das erste einer Reihe von rauschenden Festen am 24. Mai 1719 an den „süßen Wassern Europas", wie die Europäer den kleinen Fluss Kagithane getauft hatten, der sich in das Goldene Horn ergießt.

Im April 1720 lud Ibrahim Paşa den Hof in die Tulpengärten seines Palastes ein. Kerzen tragende Schildkröten erhellten die Nacht. Die Tulpe, eine in Istanbul seit dem 16. Jahrhundert kultivierte Blume, war 1562 im Gepäck des Botschafters des Heiligen Römischen Reiches, Ogier Ghiselain de Busbeck, auch nach Europa gekommen. Sie wurde zu einer osmanischen Leidenschaft: Seit der zweiten Hälfte des 17. Jahrhunderts wurden neue Arten gezüchtet, am Anfang des 18. Jahrhunderts enthielt ein „Verzeichnis der Gartentulpen Istanbuls" Namen und Merkmale von nicht weniger als 1108 Arten. In der Tulpenzeit wuchs die Zahl auf 1588 an. Spekulanten, Liebhaber und Sammler rissen sich um die kostbaren Zwiebeln, die astronomische Preise erreichten.

Die Tulpe wurde zum Symbol einer Epoche: Die verzweifelte Suche nach exquisiten Freuden, die die Unbill des Lebens vergessen ließen, rief eine Blüte der Künste, der Musik und Dichtung im Besonderen hervor.

Sie inspirierte auch die Architektur, die am Ufer des Bosporus und des Goldenen Horns träumerische Gartenhäuschen und transparente Lustpavillons schuf. Der Einfluss des Abendlands führte zum osmanischen Barock, der sich insbesondere der mit Wasser verbundenen Bauten annahm: Die monumentalen Brunnen sind zweifellos die markantesten und dauerhaftesten Bauwerke der Epoche.

Die Istanbuler Gesellschaft scheint in dieser unbeschwerten Atmosphäre bis an die Grenzen ihrer Mittel gegangen zu sein, doch ein wirtschaftlicher Aufschwung blieb aus. Ganz im Gegenteil, der scheinbare Wohlstand, zurückzuführen auf den heftigen Konsum des Hofes, war nur ein Strohfeuer, und bald schon folgten der Bewunderung für die Künstler Unmutsbekundungen der Masse. Von 1726 an ging es für den Sultan und den Großwesir nur darum, das Unvermeidbare hinauszuschieben. Aber alle Arten von Zuschüssen vermochten nicht, die wachsende Ungeduld im Volke zu besänftigen. Die labile Situation in den Provinzen und die einsetzende Landflucht ließen die Zahl der Unzufriedenen noch wachsen. Am 28. September 1730 erhob sich das Volk, unter das sich die Janitscharen mischten, und riss alles mit sich. Der Sultan rettete sein Leben, verlor aber seinen Thron, Ibrahim Paşa wurde hingerichtet, und die Menge zerstörte systematisch die vergänglichen Werke der Tulpenzeit. Allein die Brunnen ließ man stehen, die einzigen Gegenstände von öffentlichem Nutzen, die die Zeit hervozugebracht hatte.

Oben: Sultan Ahmed III. (1673–1736).
Resim Galerisi, Istanbul

Gegenüberliegende Seite: *Surname* (Buch der Feste). Fest auf dem Wasser, das zu Ehren Sultan Ahmeds III. gefeiert wurde.
Türkei, um 1720, Miniatur.
Topkapi-Saray-Museum, Istanbul

Gegenüberliegende Seite oben: Bibliothek Ahmeds III. im dritten Hof des Topkapi Saray. Es handelt sich um den ersten eigenständigen Bau dieser Art, wie er im 18. Jahrhundert in Istanbul in Mode kam. Häufige Brände veranlassten die Sammler zum Bau von Häusern aus Stein zur Aufbewahrung ihrer Bücher.

Unten: Brunnen vor dem Portikus der Bibliothek Ahmeds III. im dritten Hof des Topkapi Saray. Er ist das erste Beispiel für den Einsatz von überbordendem Schmuck – der hier immer noch sehr klassizistisch ist, selbst wenn einige Elemente wie die ausgehöhlten Kapitelle anstelle von Brunnenschalen oder das Stalaktitwerk über dem mittleren Brunnen aus dem üblichen Rahmen herausfallen – an, vom religiösen Standpunkt aus gesehen, weniger bedeutenden Monumenten.

als eine Nachahmung der Moschee Ahmeds I. Der Komplex bietet aber auch einige Neuerungen, da es dort weder Medrese, Armenküche noch Hospital gibt, sondern außer der Türbe nur einen prächtigen Sultanspavillon, zu dem eine Rampe hinaufführt. Ein großer überdachter Bazar, der Gewürzbazar, auch Ägyptischer Bazar (Misir çarşisi) genannt, grenzt auf der Festlandseite an den äußeren Moscheehof.

Die Entstehung eines so großen Bazars in diesem Viertel ist ein Zeichen für die Ausweitung der Handelszentren auf Kosten des Siedlungsraumes. Schon um 1640 hatte Kösem Sultan dort, anstelle von alten Palästen, den größten Han der Stadt bauen lassen: den Valide Han. Die städtischen Hans stellten wie schon in Konstantinopel weniger Herbergen als Warenumschlagplätze dar, bei denen sich auch Werkstätten zur Verarbeitung befanden. Durch den Bau weiterer Gebäude dieser Art, darunter der Große Neue Han (Büyük Yeni Han) im folgenden Jahrhundert, wurde das ehemalige aristokratische Viertel zum Viertel der Hans.

Mehmed IV., ein leidenschaftlicher Jäger, hielt sich häufiger in Edirne als in der Hauptstadt auf und ließ die Bautätigkeit ruhen. In der zweiten Jahrhunderthälfte übernahmen die Großwesire Köprülü den Bau der nunmehr traditionell gewordenen Gebäudekomplexe, bestehend aus Medrese und Türbe, entlang der byzantinischen Triumphachse. Kara Mustafa Paşa (1676–1683), der einen Krieg mit Österreich anzettelte und vor Wien von den Habsburgern vernichtend geschlagen wurde, stiftete einen Komplex im Mittelstück des Divan Yolu vor der Bayazid-II.-Moschee und Amcazade Hüseyin Paşa (1695–1702) eine Anlage gegenüber dem Bazar der Sattler kurz hinter dem Valens-Aquädukt. Beide richteten sich nach einem „Familienschema“, sind aber auch vom Komplex Bayram Paşas inspiriert: Der achteckige Unterrichtsraum befindet sich im Hof, der von Räumen, die in L-Form oder in Form eines verkürzten U angelegt sind, umschlossen ist. Die Türbe schließt sich dem Unterrichtsraum und auch der Straße an, der Sebil befindet sich so nah wie möglich an der Türbe, ist aber immer von der Straße aus sichtbar. Diese Anordnung sollte sowohl den Schülern der Medrese als auch den Passanten, die sich am Trinkbrunnen bedienten, die Möglichkeit bieten, ein Gebet für die Seelen der Verstorbenen zu sprechen. Der zweite Komplex weist als Besonderheit eine kleine Bibiliothek auf, ein einfaches, quadratisches und etwas abseits gelegenes Gebäude.

Brunnen und Staudämme

Mit dem Vertrag von Karlowitz endete 1699 der sogenannte Zweite Große Türkenkrieg, der mit der Niederlage der Osmanen bei Wien 1683 begonnen hatte. Im Jahr 1703 zwangen aufständische Janitscharen Ahmed III. (1703–1730) und den Hof, Edirne zu verlassen und sich wieder in Istanbul niederzulassen. Die Rückkehr in die Hauptstadt galt als Neubeginn, was unter anderem Umbauarbeiten im Topkapi Saray und der Bau einer neuen Sultansmoschee (1708–1710) zeigen. Den in Üsküdar errichteten Komplex widmete der Sultan seiner Mutter Emetullah Sultan. Es war der vierte Bau im Namen einer Frau aus der Sultansfamilie. Zweifellos wurde er von den großen Vorbildern aus der Vergangenheit inspiriert. Der Gebetssaal ist – bis hin zu den

Größenverhältnissen – eindeutig als eine Replik der Moschee von Rüstem Paşa zu deuten. Daran angeschlossen ist ein Hof mit Säulenhalle und erhöht liegendem Eingang. Man hätte es kaum deutlicher demonstrieren können, dass die Erneuerung im Zeichen einer Rückkehr zu den Werten des großen osmanischen Jahrhunderts stehen sollte. Dieser Position verschrieb sich auch der Großwesir Çorlulu Ali Paşa, der von 1707 bis 1709 einen neuen Komplex auf dem Divan Yolu bauen ließ. Während die Architektur traditionell blieb, war die Anordnung ungewöhnlich: eine Zawiye und eine Medrese, beide gesäumt von einer Reihe von Räumen mit Säulenhalle, senkrecht zur Straße ausgerichtet und jeweils mit eigenem Hof. Eine kleine Moschee im hinteren Teil des Hofes der Zawiye ist nach Mekka ausgerichtet und liegt deshalb schräg, während sich der achteckige Unterrichtsraum am Eingang des Hofes gegenüber der Medrese befindet. Die Räume werden heute von Teppichhändlern genutzt, und im Hof der Medrese ist ein Café eingerichtet worden.

Die Renovierung des Topkapi Saray durch Ahmed III. brachte nur einen bedeutenden Bau hervor, und zwar die Bibliothek, die seinen Namen trägt und sich in der Mitte des dritten Hofes befindet. Die Außenwände dieses erhöht stehenden Gebäudes sind mit Marmorplatten, das Innere mit Fliesen aus älteren Gebäuden verkleidet. Der Grundriss folgt dem eines Pavillons mit drei überwölbten Iwanen und einer Säulenhalle, zu der eine doppelläufige Treppe führt. Der zentrale Raum ist von den drei Iwanen durch Arkaden abgegrenzt, die jeweils auf zwei Säulen ruhen. Insgesamt bilden also sechs Säulen ein Oktogon, auf dem die Kuppel ruht.

Die Bibliothek Ahmeds III. wurde 1719 im ersten Jahr einer Epoche erbaut, die später als Tulpenzeit bekannt wurde. Die kostspielige Tulpenzucht des Herrscherhauses war das Symbol einer verschwenderischen Hofführung in dieser Zeit, die von innen- und außenpolitischen Krisen bestimmt war. Die politische Stimmung der ersten zehn Jahre des 18. Jahrhunderts war bestimmt von einem Geist der Rache für die erlittenen Niederlagen. Ein erneuter Krieg gegen Habsburg endete nach drei Jahren 1718 jedoch in einem Desaster. Der Niedergang des Osmanischen Reiches war nicht mehr zu leugnen. Die Flüchtlinge aus den verlorenen Provinzen sammelten sich in der Hauptstadt, und die reichen Stadtbewohner gaben ihren Besitz auf und ließen sich am Ufer des Bosporus und der Flüsse am Goldenen Horn nieder. Durch die extrem dichte Bebauung der Stadt kam es häufiger zu Bränden. Am 17. Juli 1718 brach an den Ufern des Goldenen Horns ein Brand aus, der mehrere Tage andauerte und sich bis an die Küste des Marmarameeres jenseits des siebten Hügels ausbreitete. Der Schaden war enorm: 2283 Geschäfte, 171 Moscheen, 152 Paläste und 51 000 Häuser wurden vernichtet. Aus der Not heraus, die Geschädigten schnell und kostengünstig unterbringen zu müssen, baute man Holz-

Oben: Bibliothek Ahmeds III., Innenansicht. Da es verhältnismäßig wenig Buchregale gibt, lediglich zwischen den Fenstern, hat dieses mit Fayenceschmuck herrlich ausgestattete Gebäude mehr von einem Ort beschaulicher Ruhe als von einem Aufbewahrungsort für Bücher.

häuser – die ideale Nahrung für künftige Feuersbrünste, von denen es allein bis zum Ende der Herrschaft Ahmeds III. weitere 25 gab.

Der Prunk, der Luxus, die prachtvollen Bauten und die üppigen Feste dieser Epoche erscheinen unter diesen Bedingungen wie ein Tanz auf dem Vulkan. Die krisengeschüttelte Gesellschaft floh vor der drohenden Verarmung hin zu allem Neuen, das heißt auch in Richtung Europa. Das Ende der Selbstgefälligkeit und Bindung an die eigenen Traditionen, die bisher das osmanische Establishment charakterisiert hatten, war ein Eingeständnis des Scheiterns und stand am Beginn einer weitreichenden Ausrichtung auf den Westen zum Ende des Jahrhunderts.

Leichtfertig setzte diese Epoche auf kurzlebige Pracht. Wenige erhaltene Bilder zeigen Pavillons und Paläste – alle aus Holz gebaut –, die sich im Wasser spiegeln und im Grünen zu schwimmen scheinen. Das Ende der Tulpenzeit kam schlagartig: 1730 brach anlässlich der großen Verluste der Osmanen in Persien eine Revolte los. Der Aufstand nahm solche Ausmaße an, dass Sultan Ahmed III. abtreten mußte. Seinem Neffen und Nachfolger Mahmut I. (1730–1754) gelang es, die Ordnung wieder herzustellen. Nur wenige Gebäude sind aus dieser Zeit des Neubeginns erhalten.

Den einzigen Komplex aus dieser Zeit ließ 1719 bis 1720 der Großwesir und Schwiegersohn des Sultans, Damad Ibrahim Paşa, bauen. Die Anlage ist traditionell: Sie besteht aus Medrese, Bibliothek, Trinkbrunnen und Gräberbereich mit Familienstelen. Sie befindet sich auf dem Divan Yolu neben dem Şehzade-Komplex und zeigt wieder jene Symmetrie, die Sinan einst aufgegeben hatte. Zwei quadratische Räume, der Unterrichtsraum und die Bibliothek, befinden sich beidseits des Portals, das von einer Seitenstraße aus zu erreichen ist. Die Medrese befindet sich auf der Mittelachse gegenüber dem Eingang, der rechte Schenkel der U-förmigen Anlage ist jedoch verkürzt, da ein Teil von Geschäften eingenommen wird, die von der Hauptstraße aus zugänglich sind. Hierin liegt die Besonderheit dieses Komplexes: Eine lange Reihe von Geschäften – 37 auf der Seite des Komplexes und 45 gegenüber – jeweils mit einer vorgelagerten Säulenhalle verwandelt die Triumphstraße durch Arkaden gewissermaßen in eine römische Straße. Der Sebil, der wie gewöhnlich an der Straßenecke platziert ist, trägt bereits barocke Züge. Schon beim Sebil von Amcazade Hüseyin Paşa war eine Abwandlung der Schrägen in Bogen und der Säulchen in Pilaster vorgenommen worden, jetzt kündigten die Zergliederung der Bogen in eine Reihe von Voluten, die Dekoration der Rahmen um die Inschriften und die Kunstschmiedearbeiten der Eisenteile das Barock deutlich an. Die architektonische Erneuerung zeigte sich an jenem Element des Komplexes, das am wenigsten in einem religiösen Zusammenhang steht. Die barocken Voluten passen sich dem Lauf des Wassers an und erinnern dadurch an die römischen Brunnen.

Der osmanische Barock entwickelte sich also zunächst an Brunnen und anderen Wassereinrichtungen, wobei ein aus Europa – insbesondere aus Frankreich, Deutschland und Venedig – stammender dekorativer Stil an lokale Erfordernisse angepasst wurde. Durch diese Synthese entstanden neue Gestaltungselemente, was sich insbesondere an den monumentalen Brunnen aus der Spätzeit der Tulpen-Ära zeigt.

Unten links: Der Sebil der Stiftung Damad Ibrahim Paşas, Großwesirs der Tulpenzeit, in der die ersten Elemente des osmanischen Barock auftraten: die Eselsrücken, die Pilaster und der gelappte Grundriss der Gesamtanlage. Zugleich lassen die Gitter eine sehr komplexe Schmiedearbeit erkennen.

Unten Mitte: Trinkwasserbrunnen am Brunnenhaus Damad Ibrahim Paşas im Stadtteil Üsküdar.

Unten rechts: Eckbrunnen am Brunnenhaus Damad Ibrahim Paşas. Die gedrehten Säulen und die Neuinterpretation von Stalaktitwerk, das hier den Übergang schafft von den abgeschnittenen Mauerecken zum Viereck, sind die wichtigsten Beiträge dieses Brunnens zum Formenvokabular des osmanischen Barock.

Die freie Wasserausgabe war zum einen Ausdruck von Religiosität, sie wurde aber auch immer dringender notwendig in einer sich rapide verdichtenden Stadt. Abgesehen davon waren Rohstoffe und Geldmittel knapp, sodass keine großen Komplexe – auch keine Imarete – mehr errichtet werden konnten. So rückte der Sebil, der gespeichertes Wasser spendete, immer weiter ins öffentliche Blickfeld, man fand ihn an Straßenecken und frequentierten Plätzen. In unmittelbarer Nähe der Gräber der Stifter sollten sie die Passanten zum Gebet im Gedenken an diese Stifter veranlassen und wurden allmählich zu eigenständigen monumentalen Brunnenanlagen.

Wir kennen fünf solcher Bauwerke, die im Zeitraum von vier Jahren erstellt wurden. Die erste Anlage ließ Ibrahim Paşa zwischen den zwei Sultansmoscheen im Hafen errichten. Der Brunnen wurde 1728 fertig gestellt: Er war quadratisch, ganz aus Marmor und mit abgeschrägten Ecken versehen. Zum Wasserschöpfen war auf jeder Seite ein Trog vorhanden, zum Erfrischen kleine Wasserschalen an den Ecken. Stalaktiten schaffen den Übergang vom quadratischen Gesims zu den abgeschrägten Ecken, die gewundene Säulen zieren. Die Vorderseite, die zum Meer gerichtet ist, besitzt zwei Nischen. In die Bogen sind barocke Elemente wie Spiralen und Jakobsmuscheln eingelassen, wie schon beim Brunnen der Emetullah-Sultan-Moschee.

Das gleiche Modell verwendete im folgenden Jahr Ahmed III. für den Brunnen, der den Eingang des Topkapi Saray vor dem Bab-i

Das Brunnenhaus Damad Ibrahim Paşas im Stadtteil Üsküdar. Dieser Brunnentyp, der nicht mehr an ein anderes Gebäude angefügt ist, sondern sich auf einem freien Platz erhebt, tauchte erstmals Ende der Tulpenzeit auf. Er konnte sich noch ein paar Jahre darüber hinaus halten und verschwand dann wieder – von seltenen Ausnahmen abgesehen. Im Hintergrund links die Mihrimah-Sultan-Moschee.

Hümayun schmückt. Es handelt sich um ein quadratisches Brunnenhaus mit vier runden Becken an den Ecken, wobei jeder Brunnen von zwei Nischen flankiert ist. Die Oberfläche ist mit Inschriften, Blumen- und Früchtereliefs verziert. Das weit ausladende Dach mit vier schrägen Flächen ist von einer kleinen Kuppel bekrönt, vier weitere befinden sich über den Trinkbecken.

Die Revolte von 1730, die die Absetzung Ahmeds III., den Tod seines Großwesirs sowie die Zerstörung eines Großteils der Zivilgebäude aus der Tulpen-Ära zur Folge hatte, änderte nichts am architektonischen Geschmack. Sultan Mahmud I. (1730–1754), seine Mutter Saliha Sultan und der Großwesir Hekimoglu Ali Paşa, die neue Troika, stifteten 1732 anlässlich der Einweihung eines neuen Wasserversorgungssystems für die nördlich des Goldenen Horns gelegenen Viertel jeder einen monumentalen Brunnen in der Umgebung von Galata. Der in Tophane neben der Kiliç-Ali-Paşa-Moschee gelegene Brunnen Mahmuds I. mit Nischen auf allen vier Seiten ist ebenfalls eine Nachahmung des Brunnens in Üsküdar; er ist jedoch viel höher und besitzt ein Gesims mit drei Friesen: Das erste ist mit Arabesken verziert, das zweite mit Inschriften, und auf dem dritten sind sechzehn Relieftafeln mit Früchte- und Blumenmotiven angebracht. Die gleichen Reliefs kehren, in senkrechten Reihen übereinander gesetzt, auf jeder Seite zwischen den Nischen und den Brunnen wieder.

Der von Saliha Sultan gestiftete Brunnen befindet sich vor dem von Galata ins Arsenal führenden Tor. Durch seine fünfeckige Form mit einem runden Sebil an einer Seite unterscheidet er sich deutlich von den anderen. Zu beiden Seiten des Sebils sind Wasserbecken angebracht; die drei anderen Seiten sind plan. Auf dem weit vorspringenden Dach ruht eine von sechs Türmchen flankierte Kuppel; eine weitere auf einem hohen kannellierten Tambour befindliche Kuppel bekrönt das Trinkbecken. Doch der Brunnen von Hekimoglu Ali Paşa ist am schlichtesten: Der marmorverkleidete Würfel steht in der Nähe des Einschiffungsplatzes von Kabataş. Zwei Seiten sind plan, in das geschmückte mittlere Drittel der zwei anderen Seiten sind Trinkbecken eingelassen.

Wie wir gesehen haben, stehen die monumentalen Brunnen im Zusammenhang mit dem Ausbau des Wasserversorgungsnetzes. Die Installation neuer Wasserleitungen in Üsküdar und den Vierteln nördlich des Goldenen Horns sind ein Hinweis auf die Expansion der Stadt. Neubau wie Sanierung der alten Wasserleitungen waren abhängig von einer anderen Entwicklung, die

Nebenstehend: Der Saliha-Sultan-Brunnen. Während Mahmud I. ein Brunnenhaus an der Ausfallstraße von Galata zum Bosporus hin bauen ließ, errichtete seine Mutter Saliha Sultan ein solches am gegenüberliegenden Stadtrand, dort, wo Galata auf das Arsenal am Goldenen Horn stößt. Anmut ersetzt Monumentalität und lässt eine zu strenge Symmetrie nicht zu. Der fünfeckige Grundriss des Brunnenhauses bringt den Sebil besonders schön zur Geltung.

ebenfalls großartige architektonische Leistungen hervorbrachte: der Bau von Staudämmen. Diese osmanischen Bauwerke, die sich vom 12. Jahrhundert bis zum Beginn des 19. Jahrhunderts von einfachen Mauern zu mit Strebepfeilern verstärkten gewölbten Stauwerken entwickeln, waren wahrscheinlich die ersten ihrer Art in Europa.

Der erste gemauerte Staudamm gehörte zu einer von Sinan verlegten Wasserleitung und ist unter dem Namen „Schwarzer Damm" (Karanlik Bend) bekannt. Er wurde unter Osman II. (1618–1622) errichtet, ist 46 Meter lang, fünf Meter breit und 7,60 Meter hoch und wird von vier Streben abgestützt. Der zweite Staudamm wurde 1750 unter Mahmud I. dem Zuleitungssystem des nördlichen Goldenen Horns (den „Wassern des Taksin"), das 20 Jahre zuvor eingerichtet wurde, angegliedert. Im mittleren Drittel der Mauer befindet sich ein Vorsprung mit abgeschrägten Kanten, der bereits eine Wölbung andeutet. An den zwei Übergangspunkten sind viereckige Strebepfeiler angebracht, die sich nach vorne und zu den Seiten hin verbreitern.

Das Außergewöhnliche an diesem und auch den nachfolgenden Staudämmen ist, dass diese Zweckbauten zugleich als Erholungsgebiete genutzt wurden. Auf der Oberkante der Mauer wurde ein Spazierweg mit Marmorgeländern angelegt. In der Mitte befanden sich auf beiden Seiten eine große Stele mit einer Inschrift zu Ehren des Sultans und ein Balkon. Auch über den zwei Strebepfeilern waren Balkone angebracht, die, mit vier Eckpfeilern versehen, mit Segeln überdacht werden konnten. Die Steinkugeln, *topuz*, auf den Pfeilern, die zum Befestigen der Zeltschnüre dienten, gaben dem Damm seinen Namen: Topuzlu Bend.

Der Ayvad Bend, der 1765 unter Mustafa III. (1757–1774) an dem gleichnamigen Fluss errichtet wurde, ist ähnlich konzipiert, der abgeschrägte Vorbau nimmt hier jedoch fast die gesamte Länge der Mauer ein. Die Strebepfeiler, die keine konstruktive Funktion mehr hatten, dienten nur noch als Podest für die Balkone und gingen weiter unten in die verbreiterte Mauer über.

1797 ließ Mirihsah Sultan, die Mutter Selims III., den Valide Bendi bauen. Er ist wesentlich größer als der Ayvad Bend: seine Länge beträgt statt 63,50 Meter 95 Meter. Der letzte Staudamm dieser Art, 1839 unter Mahmud II. (1808–1839)

Gegenüberliegende Seite, unten links (zwei Abbildungen): Der Röhrenbrunnen des Brunnenhauses Mahmuds I. In der Konzeption gleicht dieser Brunnen zwar dem von Damad Ibrahim Paşa im Stadtteil Üsküdar, er unterscheidet sich jedoch durch eine ausgeprägtere Monumentalität, die zum einen durch seine doppelte Höhe aufgrund einer zusätzlichen Mauerzone erreicht wird, in erster Linie aber durch die beeindruckende Dimension des Vordaches.

Unten rechts: Das Brunnenhaus Ahmeds III. vor dem Eingang zum Topkapi Saray, das majestätischste Beispiel dieses Brunnentyps. Aus den Röhrenbrunnen an den Ecken wurden hervorkragende Schöpfbrunnen, deren Konturen vom Vordach und den Türmchen auf dem Dach nachgezeichnet werden.

Links oben: Detail des Brunnenhauses Mahmuds I. Eines der charakteristischen Merkmale dieses Brunnens sind die naturalistischen Pflanzen- und Blütenreliefs, Überbleibsel aus der Tulpenzeit, die an das Früchtezimmer Ahmeds III. im Topkapi Saray erinnern.

errichtet, ist 101,55 Meter lang und 15,45 Meter hoch. Die Mauer besitzt keine Strebemauern und ist oben durchgehend 5,60 m, unten 9,40 Meter breit. Ein Vorläufer dieses gewölbten Dammes wurde bereits zwischen 1826 und 1828 nördlich des Sees von Kücükçekmece gebaut, um die dortige Pulverfabrik mit Wasser zu versorgen.

Barocke Stilelemente in der osmanischen Architektur

Die neue Blüte der osmanischen Architektur, die mit der Übernahme barocker Elemente aus Europa im 18. Jahrhundert einsetzte, war zu ihrer Zeit nicht unumstritten. Mit ihr setzte ein Konflikt zwischen Tradition und Moderne ein, der einen bis in unsere Tage sichtbaren Ausdruck im Stadtbild Istanbuls fand. So stiftete Shaikhul-Islam Efendi genau zu der Zeit, als die ersten Brunnen entstanden, im Viertel Çarşamba hinter dem Fatih-Komplex eine sehr schlichte Moschee, die eine genaue Kopie des Würfels der Kaaba in Mekka darstellte. Dort hat heute die sehr glaubensstrenge Derwischbruderschaft der Nagschbandis ihren Sitz.

Der Übergang von einem dekorativen Rokoko zu einer neuen, „barocken“ Baukonzeption vollzog sich jedoch nicht nur deshalb sehr langsam, weil es Widerstände zu überwinden galt, sondern auch weil man sie noch nicht beherrschte. Auch unter den Maurern, Bildhauern und Architekten gab es sowohl Traditionalisten als auch Innovatoren, wobei wir Letztere heute nicht mit Namen kennen. Ob die Bauwerke, die Neuerungen zeigen, tatsächlich, wie von entsprechender Seite oft behauptet wurde, das Werk ausländischer Meister oder Christen waren, lässt sich nicht mehr feststellen. Es ist wohl falsch anzunehmen, dass Künstler mit griechisch-orthodoxem oder gregorianisch-armenischem Bekenntnis, die in der osmanischen Gemeinschaft aufgewachsen waren, dem Barock näher standen als die osmanischen Muslime. Zweifellos vollzog sich ein allmählicher Reifungsprozess, angetrieben von dem Erneuerungswillen des Hofes. Sollten dabei tatsächlich Nicht-Muslime eine bedeutende Rolle gespielt haben – was für das 18. Jahrhundert nicht bewiesen ist –, rührt das eher von der wachsenden Bedeutung und Autonomie der christlichen Zünfte her, im Vergleich zu denen die osmanischen Handwerker restriktiveren Zunftbestimmungen unterstanden.

Hekimoglu Ali Paşa, Großwesir unter Mahmud I., veranlasste 1734 den Bau einer Wesirmoschee. Er wählte eine Kuppel mit sechseckigem Unterbau, der von sechs schweren Säulen getragen und von fünf Halbkuppeln flankiert wird, von denen sich eine über dem Mihrab-Iwan befindet. Das Gebäude liegt etwas erhöht, breite Freitreppen führen zur Vorhalle sowie zu den zwei Seiteneingängen. Die Moschee besitzt zwei Portale. Das erste, außen vom Sebil und innen von der Türbe flankiert, gibt einen Blick auf die Säulenhalle der Moschee frei. Das zweite führt in ein überwölbtes Vestibül, über dem die Bibliothek liegt. Es war üblich, die Bibliotheken im Obergeschoss einzurichten, wahrscheinlich aus Sorge vor der Feuchtigkeit des Bodens. Die Anlage war also weitgehend traditionell, der Sebil blieb das einzige barocke Element. Diese Beschränkung bedeutete im Grunde ein Bekenntnis zur alten Form.

Der Trinkbrunnen nimmt auch in dem Komplex von Haci Mehmed Emin Aga, einem Offizier der Kavallerie, der aus Sebil, Brunnenhaus und Friedhof besteht, eine Sonderstellung ein, dennoch kann man hier vom ersten barocken osmanischen Ensemble sprechen. Der Sebil, ein halbes abgerundetes Zehneck, wird von zwei identischen Elementen flankiert, wovon das eine die Eingangstür, das andere den Brunnen darstellt. Akanthuskapitelle, rechtwinklige Pfeiler, die die Säulchen des Sebil bis zum Dach verlängern, Bogen, die sich aus einer Folge kon-

Links: Topuzlu Bend, Blick vom Stausee aus. Die Bend gehören zu den ersten bekannten Staudämmen der Welt, die eine Krümmung aufweisen. Die Entwicklung von geraden, von Strebewerk gestützten Mauern hin zu den gekrümmten Anlagen vollzog sich zwischen dem 17. und dem Beginn des 19. Jahrhunderts, der 1750 errichtete Topuzlu Bend mit seinen „abgeschnittenen“ Mauerflächen liegt auf der Hälfte des Weges.

Gegenüberliegende Seite.
1. Karanlik Bend, der älteste der Staudämme, der 1620 auf dem von Sinan angelegten Leitungsnetz erbaut wurde. Es handelt sich um einen geraden, von Stützmauern verstärkten Damm.

2. Topuzlu Bend. Die aus 15 zweizeiligen Versen bestehende Inschrift auf der Einweihungstafel ist auf das Jahr 1750 datiert.

3. Topuzlu Bend, Blick vom über den Pfeilern der Stützmauern angebrachten Strebewerk auf den Stausee. Im Hintergrund die Steintafel mit der Inschrift zu Ehren Mahmuds I., deren Standort, Größe und Inhalt auf die Bedeutung schließen lässt, die dieser Art von Bauwerk zukam.

4. Der Staudamm Mahmuds II. Die letzte Stufe der Entwicklung ist erreicht, die Krümmung perfekt. Von der technischen Leistung abgesehen, handelt es sich um ein gelungenes Beispiel der von Mahmud II. geschätzten neoklassizistischen Architektur. Die Einweihungsinschrift datiert aus dem Jahr 1839, dem letzten seiner Regierungszeit.

5. Valide Bend, Einweihungstafel. Wie bei den anderen Staudämmen dieser Zeit steht sie an zentraler Stelle und unterstreicht den monumentalen Charakter des Bauwerks. Die Inschrift besteht aus 34 Versen.

6. Die im Belgrader Wald, dem gewaltigen Wasserreservoir der Stadt, errichteten Bend waren keine reinen Zweckbauten. Ihre Umgebung galt als Ausflugsgebiet, im Wald ging der Herrscher auf die Jagd. Deshalb wurden auf dem Topuzlu Bend auch Säulenbalkone errichtet. Zwischen die Säulen gespannte Stoffbahnen schützten die Ausflugsgesellschaft vor der Sonne.

1

2

3

4

5

6

Ganz unten links: Das Schöpfbrunnen-Haus Mehmed Emin Agas. Die enge Verbindung des osmanischen Barock zum Wasser führte zu intimistischen Monumenten, die wiederum Quellen der Inspiration wurden.

Ganz unten rechts: Schöpfbrunnen der Stiftung Hekimoglu Ali Paşas. Er baute 1734–1735 noch im klassischen Stil die erste große Wesirsmoschee seit dem Ende des 16. Jahrhunderts. Eine Neuerung ist der Schöpfbrunnen an der Ecke der Umfassungsmauer des Komplexes.

Unten: Grundriss der Nuru Osmaniye mit ihrem Hof in Hufeisenform.

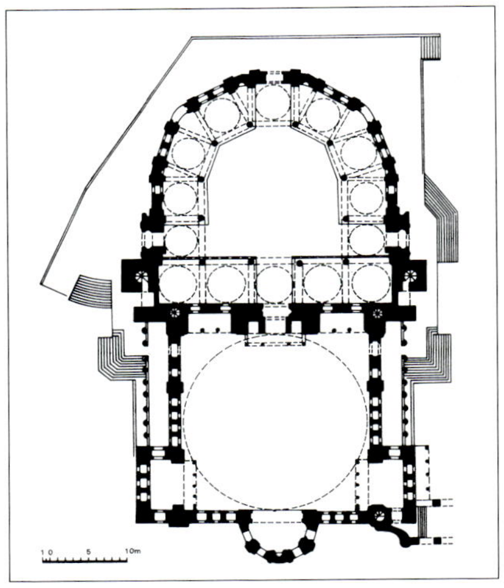

kaver und konvexer Bogenlinien zusammensetzen, Platten zwischen den Pfeilern, die mit Kartuschen gleicher Musterung verziert sind, Blätterkränze, die die antiken Marmorarbeiten oberhalb des Beckens und der Tür einrahmen, weisen auf die allmähliche Stiländerung hin.

Die Vertreter des neuen Stils widmeten sich bald einem anderen, wenig sakralen Gebäude: der Bibliothek. Als fester Bestandteil der Stiftungen seit der Jahrhundertwende erfuhr erstmals die 1715 von Ali Paşa hinter dem Şehzade-Komplex gebaute Bibliothek eine freiere Gestaltung. 1741 schließlich erbaute Atif Efendi eine Bibliothek mit barocken Stilelementen. Sie lag verborgen in einem Hof hinter einem nur für Angestellte zugänglichen Gebäude. Um die Bücher vor Feuchtigkeit zu schützen, legte man sie über einem Untergeschoss aus Arkaden an. Sie besteht aus einem rechtwinkligen Mittelbau mit Klostergewölbe und einer neuneckigen Apsis, bei der jede zweite Seite von zwei übereinander liegenden Fenstern durchbrochen ist. Vor jedem Fenster wurde eine Nische als Leseplatz eingerichtet; zwischen der Apsis und dem Mittelbau befindet sich eine trapezförmige Fläche, die durch zweisäulige Arkaden vom Hauptraum abgegrenzt ist. Hinter dem Hauptraum gibt es einen kleineren, mit einer Tür versehenen Raum, der zur Aufbewahrung der Bücher dient. Diesen Grundriss könnte man leicht auf eine barocke Kirche übertragen: der rechtwinklige Mittelbau als Längsschiff, die Nischen als Apsiskapellen, das Trapez als Altarraum und der Aufbewahrungsraum als Narthex.

Nuru-Osmaniye-Moschee

1748 beschloss Mahmud I., in der neuen Bauart eine Moschee zu errichten. Der Architekt ist nicht bekannt. Der Herrscher zeigte sich sehr engagiert bei diesem gewagten Unternehmen. Er setzte die Enteignung eines der am dichtesten besiedelten und zweifellos begehrtesten Plätze der Stadt, beim Eingang zum Großen Bazar neben der „Verbrannten Säule", durch. Die Nuru-Osmaniye- Moschee liegt erhöht auf einer Terrasse und ist über zwei große Aufgangsrampen erreichbar, wie sie für die spätosmanische Zeit charakteristisch waren.

Bereits beim Grundriss unterlag der Erneuerungswille jedoch der Tradition, die einen rechtwinkligen Gebetssaal forderte. Es blieb also bei einem quadratischen Zentralbau mit nur einer Kuppel, die man ohne Säulen, Pfeiler oder Strebepfeiler wie bei der Mihrimah-Moschee Sinans auf den quadratischen Raumkubus setzte. Sie hatte einen Durchmesser von 24,75 Metern. Nachdem man der Tradition diesen dreifachen Tribut gezollt hatte – kanonischer Grundriss, Reverenz an Sinan und große Kuppel –, wandte man sich den kleineren Elementen mit mehr

Entschlossenheit zu: Spitzbogen, Stalaktiten- oder Rautenkapitelle und Eckpfeiler wurden verbannt und durch Rundbogen oder Bogen mit konvex-konkaven Voluten und durch kannelierte, Voluten- oder Akanthuskapitelle ersetzt. Auch die Stalaktitengewölbe verschwanden. Die sehr hohen Galerien erinnern an Theaterlogen, und die fünfeckige Apsis des halbkuppelüberwölbten Mihrab an eine christliche Apsis. Der Hof hat die Form eines Hufeisens, ähnlich dem Grundriss der Bibliothek von Atif Efendi. Da er am äußersten Ende der Terrasse liegt, ist er praktisch unzugänglich und besitzt auch kein Reinigungsbecken. Seit der Zeit Sinans ist die Nuru Osmaniye die originellste Moschee Istanbuls. Am Außenbau können die großen Eckpilaster mit ihren weit vorkragenden Gesimsen und die geschweifte Form der Segmentgiebel über den vier von weitem erkennbaren Strebebogen der Kuppel als barocke Bauelemente benannt werden. Der Schaft der Minarette ist kanneliert und schließt mit einer Steinspitze anstelle der bleibezogenen Holzkonstruktion ab.

Die Moschee liegt auf der rechten Seite des Weges, der zum Eingang des Großen Bazars führt. Eine große überdachte Zugangsrampe führt zu einem Sultanspavillon, von dem eine Brücke zur Sultansloge abgeht, die wie gewöhnlich zur Linken des Mihrab liegt. Die Brücke setzt sich aus drei Bogen zusammen, von denen der mittlere und größte an eine Seite des großen Hofes anschließt, an dem Bibliothek und Türbe liegen. Die Bibliothek steht auf einem Sockel und weist einen symmetrischen Grundriss auf. Sie ist jedoch über zwei asymmetrische Treppen zu beiden Seiten des Saales mit den Buchbeständen zu erreichen, einen rechteckigen Raum mit abgerundeten Ecken, der mit einer Kuppel überdeckt ist. Der Lesesaal bildet eine Ellipse mit einer Apsis auf der einen Längsseite, die gegenüberliegende Seite grenzt an den Lagerraum. Im Inneren gliedert eine Kolonnade, der Form der Wände angepasst, den Saal, der von einer Kuppel und zwei Halbkuppeln überwölbt ist. Neben der Bibliothek befindet sich die Türbe. Hinter ihrer geradezu überladenen Fassade verbirgt sich ein einfacher quadratischer Grundriss. Im großen Hof befinden sich links vom Durchgang und etwas eingerückt eine Medrese und eine Armenküche. Der mit Pfeilersimsen und Säulen überreich geschmückte Sebil steht an dem zum Großen Bazar führenden Tor.

Mahmud I. erlebte die Fertigstellung seiner Moschee nicht. Sein Bruder und Nachfolger, Osman III. (1754–1757), in dessen Regierungszeit der Bau abgeschlossen wurde, ließ Mahmud nicht in der Türbe neben der Moschee begraben, sondern in der von Turhan Sultan in der Yeni Valide. Die im Dezember 1755 eingeweihte Moschee erhielt den wohlklingenden Namen „Licht Osmans“, Nuru Osmaniye. Doch auch beim Tod Osmans III. ordnete dessen Nachfolger Mustafa III. die Grablegung seines Vorgängers in der Yeni Valide an. Folglich liegt in der Türbe der Nuru-Osmaniye-Moschee kein Herrscher begraben.

Oben: Bibliothek des Atif Efendi, Innenansicht des Lesesaals. Rechts und links sowie im Hintergrund die Lesenischen; in der Mitte hinter der Arkade der Hauptdurchgangsraum.

Links oben: Bibliothek des Nuru-Osmaniye-Komplexes. Der Bau einer Bibliothek, bei der die Architektur nicht an religiöse Konventionen gebunden ist, erlaubt gewisse Freiheiten. Sie könnte von Borromoni inspiriert sein, aber möglicherweise auch von der Architektur danubischer Fürstentümer. Der große, elliptische Baukörper beherbergt den Lesesaal, der kleine die Bücher selbst. Dahinter erkennt man das Mausoleum.

Nebenstehend: Hufeisenförmiger Hof der Nuru Osmaniye. Der Hof wurde hier zum fast funktionslosen Anhängsel in einen Winkel der Umfassungsmauer gezwängt. Das erklärt seine Form, die ihn wiederum zu etwas Einzigartigem in der osmanischen Architektur werden ließ. In der Form der Arkaden, bei deren Bogen es sich eindeutig nicht um Spitzbogen handelt, mag man den Ansatz von Hufeisenbogen erkennen.

Unten: Grundriss der Bibliothek Atif Efendis. Unten der Raum mit den Büchern, oben der Lesesaal mit seinen Nischen.

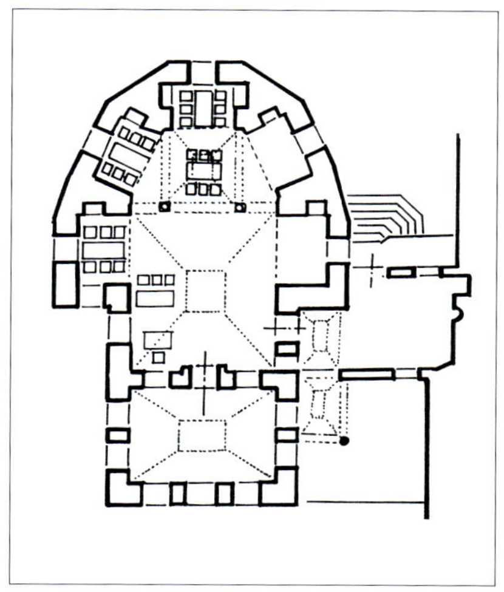

Nuru Osmaniye, Innenansicht. Auch wenn die Moschee innen im Vergleich zur Außenansicht eher konservativ wirkt, haben wir es hier mit einem neuen Raumkonzept zu tun. Durch die Größe der Fenster und die Logen mit den Säulen erinnert sie eher an den Thronsaal von Dolmabahçe als an die Süleymaniye.

und goldfarbenen Säulen aus Marmorstuck ausgestattet ist und außerdem eine erhöhte Decke hat, wobei das Licht durch große seitliche Öffnungen in den Raum dringt.

Die Ausschmückung dieser Zimmer sind ein frühes Beispiel des osmanischen Orientalismus. Die Osmanen wandten spanisch-maurische Dekorformen, zunächst zaghaft, in großen geometrischen Arabesken an den Decken von Beylerbey und im Mosaik des Vorzimmers, dann kühner in den angebauten Pavillons des Palastes an.

Die ungewöhnlichsten Werke der Balians sind zweifellos die beiden Pavillons am Meer, in denen Männer und Frauen getrennt auf die Überfahrt warteten. Sie bestehen aus je einem Achteck, das zur Hälfte über das Gitter um den Palast hinausragt, und einer tiefen, rechtwinkligen Säulenhalle auf der Gartenseite. Jede Wand der Gebäude läuft nach oben spitz zu; die acht Spitzen treffen sich in der Mitte, sodass ein zeltförmiges Dach entsteht. Auf der Meeresseite sind die Wände von rechtwinkligen Fenstern und darüber liegenden runden Öffnungen durchbrochen, die zusammen von einem Gesims mit der Form eines maurischen Hufeisenbogens umrahmt werden. Die Fassade des Portikus besteht aus fünf Jochen, deren Bogen – in Wirklichkeit Halbkuppeln – auf Säulen mit korinthischen Kapitellen ruhen, die in Stalaktitenkapitelle übergehen. In der Tiefe wird der Portikus von drei Reihen kleiner Kuppeln bekrönt, die in eine waagrechte Decke ohne jegliche Stütze gehauen wurden, was ihre funktionelle Nutzlosigkeit deutlich belegt. Diese Operettenarchitektur war eine Parodie auf die osmanische Architektur. Das Dach in Zeltform erinnert an die nomadischen Ursprünge der Osmanen, die überzeichneten Bogen entsprechen westlichen Klischees, der fünfjochige Portikus spielt auf die klassischen osmanischen Moscheen an, die in Stalaktitenkapitelle übergehenden korinthischen Kapitelle auf das byzantinische Erbe, und die aufgereihten kleinen Kuppeln parodieren die osmanische Kuppel-Leidenschaft.

Da sich Abdülaziz nicht mit einer einfachen Sommerresidenz zufrieden geben wollte, begann er mit dem Bau eines großen Palastes (1864–1872) am europäischen Ufer des Bosporus zwischen

Oben: Beylerbey-Palast, Pavillon an der Anlegestelle, vom Meer aus gesehen. Das Dach in Zeltform verweist auf die nomadische Vergangenheit der Sultansfamilie; die Rahmung der Fenster und der Rundfenster lassen an Hufeisenbögen denken, Symbole des Orientalismus, die jedoch in der osmanischen Architektur bislang fehlten.

Unten links: Beylerbey-Palast, blauer Salon, Blick zum Treppenabgang.

Unten: Beylerbey-Palast, Grundriss des ersten Stockwerks. Auch wenn in Dekoration und Möblierung die bislang gültige architektonische Formensprache komplett über den Haufen geworfen wurde, weist der Grundriss der osmanischen Paläste der letzten Epoche immer noch sämtliche Merkmale eines traditionellen Wohnsitzes auf. Ein zentraler Quersaal durchschneidet die Längsachse des Gebäudes und zeigt sowohl auf die Meer- als auch auf die Landseite. Er teilt es in zwei gleich große Bereiche, von denen jeder seinen eigenen Treppenaufgang hat. In beiden Bereichen gehen die Zimmer von einem zentralen Raum ab, wodurch auf Flure verzichtet werden kann. Schließlich ist jeder Raum vom nächsten abgesetzt, so dass seine Lage von außen erkennbar wird. Zimmerfluchten lehnte die osmanische Architektur zu allen Zeiten ab.

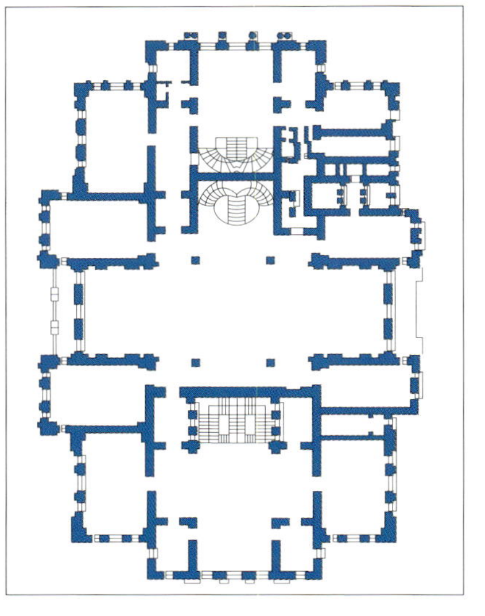

Oben: Beylerbey-Palast, Decke des Portikus vor dem Pavillon an der Anlegestelle, Männerseite.

Ganz oben: Çiragan-Palast, vom Meer aus gesehen. Dieser als Dauerresidenz konzipierte Palast entspricht dem Stil des Dolmabahçe Saray mit seiner Abfolge von Quersälen als ordnenden Elementen für die Zimmer und der Aufteilung in zwei Bereiche durch einen zentralen Raum. Die Dekoration dagegen weist einen weit höheren orientalischen Einschlag auf. Der Palast wurde bei einem Brand im Jahr 1902 beschädigt und vor kurzem restauriert; heute ist darin ein Luxushotel untergebracht.

Beşiktaş und Ortaköy: des Çiragan-Palastes. Dieser „Palast aus Tausendundeiner Nacht" wurde mit vier Millionen Goldstücken veranschlagt und realisiert. Bei aller Verspieltheit befolgt er strenger als die anderen Paläste dieser Generation das Prinzip dreier zentraler Räume – in Kreuzform und als Durchgangsräume –, die durch zwei lange Gänge zu beiden Seiten der im vorderen Teil befindlichen Prunkzimmer miteinander verbunden sind, während zwischen den zwei Gängen Treppen und Bedienstetenzimmer angeordnet sind. 1910 durch einen Brand zerstört, wurde er um 1980 restauriert und zu einem Luxushotel umgebaut.

Zur gleichen Zeit beschloss Pertevniyal Sultan, die Mutter Abdülaziz', der Altstadt eine letzte Sultansmoschee zu schenken, die zwischen 1869 und 1871 im Aksaray errichtet wurde. Die Brüder Balian lassen dabei das Vorbild der Nuru Osmaniye außer Acht, indem sie den quadratischen, zentralen Kuppelraum beibehalten. Nach byzantinischem Vorbild sitzt die Kuppel auf einem Tambour mit sechzehn von Fenstern durchbrochenen Seiten. An der Außenfassade ermöglicht die Befreiung von traditionellen Vorgaben allerdings ein erstaunliches Zusammenspiel von neogotischen und neoosmanischen Elementen. Drei Fassaden – die vierte Seite wird vom Sultanspavillon eingenommen – sind vertikal in fünf Joche und horizontal in zwei Etagen unterteilt. In den fensterlosen Eckjochen, die die Pfeiler des Unterbaus verdecken, befinden sich in beiden Etagen MihrabMotive, die einen Spitzbogen andeuten. Die drei mittleren, leicht vorspringenden Joche werden von einem dreieckigen Giebel bekrönt, der unten mit Stalaktitenschmuck versehen ist. Innerhalb dieser Gruppe springt das mittlere Joch noch weiter vor, und das untere Fenster ist mit einem Giebel versehen, das den Giebel über den drei mittleren Jochen im Kleinen wiederholt. Jede dieser Gruppen aus drei Jochen besitzt sechs Fenster mit Spitzbogen. Die von einer Rosette überbrückten Doppelbogen erinnern an gotische Zwillingsfenster. Genauso verhält es sich mit den sechzehn Fenstern des Tambours. Mit der Pertevniyal-Moschee stellten die Balians so ihre Innovationsbereitschaft unter Beweis.

1876 wurde Sultan Abdülaziz von der Flotte, die ihre Kanonen auf den Palast richtete, zum Rücktritt gezwungen. Abdülhamid II. (1876–1909), sein zweiter Nachfolger nach nur 90 Tagen Herrschaft Murads V., zog sich aus Angst vor einem Putsch und Sehnsucht nach Abgeschiedenheit auf die Hügel hinter Çiragan zurück. Hier wurde der letzte osmanische Sultanspalast (Yildiz) erbaut. Die Bauform des geschlossenen Gebäudes scheint aufgegeben worden zu sein. Wieder scheinen einzelne Pavillons ohne Ordnung in einem Garten verteilt worden zu sein. Aber das lag wohl daran, dass das Reich über keine Mittel mehr verfügte und die eher bescheidenen Pavillons aufs Geratewohl gebaut wurden.

Sarkis Balian errichtete die ersten dieser Pavillons, aber sein letztes größeres Werk, und zugleich das letzte der Balians, ist die Yildiz-Moschee vor dem Eingang des Palastes, die aus den Jahren 1885/86 stammt. Sie kündigt jedoch nicht das Ende einer Epoche an – im Gegenteil: In mancherlei Hinsicht stellt sie einen Fortschritt in der Entwicklung der osmanischen Moschee dar. Sarkis Balian löste das Problem des Sultanspavillons, der die gesamte Vorderseite der Moschee einnimmt und mit der Struktur des Gebetssaales unvereinbar ist: Der Pavillon wurde in zwei Flügel aufgeteilt, die das Hauptgebäude der Moschee flankieren und so die Fassade freilegen, so dass eine architektonische Einheit entsteht, allerdings zum Preis der „Säkularisation" des Gebetssaales, der nun das Aussehen eines Thronsaals erhält. Das bedeutete wiederum, man brach auch mit der letzten Konvention der osmanischen Moschee. Der Gebetssaal ist um ein Vielfaches größer als die rechtwinkligen Seitenteile des Sultanspavillons und doppelt so lang wie breit. Die Decke ist flach und nur in der Mitte von einer kleinen Kuppel unterbrochen, die rein dekorativen Charakter hat. Die Kuppel von Yildiz gewinnt ihre Daseinsberechtigung aus der Erkenntnis, dass man keine Kuppel mehr braucht.

Die osmanische Architektur des 19. Jahrhunderts, die fast ausschließlich von der Familie Balian repräsentiert wird, ist keine dekadente Kunst, der es an Inspiration fehlt. Ihre Anleihen an vielfältige geografische und historische Vorbilder und deren künstlerische Wiedergabe belegen, dass der beharrliche Wille, die osmanische Gesellschaft der westlichen Kultur anzugleichen, kein blinder Opportunismus war, sondern Wunsch nach Synthese. Insofern verkörperte die Architektur der osmanischen Hauptstadt bis zuletzt in höchstem Maße den Reichsgedanken.

Oben: Yildiz-Moschee. Der Sultanspavillon liegt nicht mehr vor der Fassade, sondern teilt sich in zwei Baukörper, die rechts und links an den Gebetssaal angefügt wurden. Dafür wirkt die Vorhalle, die nun, lange nach dem Verschwinden des Portalvorbaus der klassischen osmanischen Architektur, wieder auftaucht, hier wie ein zusätzlicher Raum.

Nebenstehend: Pertevniyal-Sultan-Moschee. Die Balians schufen eine Kuppel über einem hohen, polygonalen Tambour nach byzantinischem Vorbild und versuchten sich am gotischen Stil, den sie mit Elementen der frühen osmanischen und sogar der seldschukischen Kunst kombinierten.

Die westlichen Architekten und das nationale Aufbegehren

Mitte des 19. Jahrhunderts wurde rigoros mit der städtebaulichen Erneuerung Istanbuls begonnen. Die städtische Bauplanung sah den Durchstoß großer Straßen und die Anlage von ausgedehnten Plätzen und Kais vor. Sackgassen wurden verboten, und die engsten Gassen sollten auf mindestens sechs Meter verbreitert werden. Das mag illusorisch klingen in einer Zeit, in der die größte Straße der Stadt, der Divan Yolu, dieses Maß nur mit Mühe erreichte. Die Methode war einfach: nach jedem Brand wurden die zerstörten Flächen neu eingeteilt, die Straßen vergrößert und ihre Linienführung neu festgelegt, so dass die Stadt bald ein völlig verändertes Bild zeigte. Deshalb erscheint heute selbst der historische Kern Istanbuls als ein modernes Stadtzentrum, in dem sich einzelne alte Baudenkmäler erheben.

Nach dem Brand im Laleli-Viertel 1854 wurde die erste Parzellierung im Jahr 1856 von dem italienischen Ingenieur Luigi Storari vorgenommen. 1865 zerstörte ein großer Brand, der sich vom Hafen bis zum Marmarameer ausbreitete, das Viertel, in dem sich das Großwesirat sowie verschiedene Ministerien befanden, sodass ein neues Regierungsviertel entstand. Ende des Jahrzehnts machte die Einrichtung einer Pferdebahn die Verbreiterung der Straßen – darunter der Divan Yolu – und den Abriss alter Bauwerke notwendig.

Die europäische Kolonie in Galata und Pera, deren Position während des Krimkrieges noch stärker geworden war, indem Franzosen, Engländer und Italiener an der Seite von Osmanen gegen die Russen kämpften, forderte eine eigene Gemeindeverwaltung, die ihr im Dezember 1857 versuchsweise zugestanden wurde. Diese Gemeindeverwaltung, deren Amtssprache Französisch war, bewirkte die ersten Durchbrüche in der Genueser Stadt. Hinzu kam, dass der Brand von 1831 in Pera die meisten Botschaften zerstört und damit einen Bauwettbewerb zwischen den Großmächten ausgelöst hatte. Das Ergebnis war indes wenig beeindruckend, da man stärker darauf bedacht war, zu beeindrucken als wirklich wertvolle Gebäude hervorzubringen. Die Architekten, die die französischen, englischen und später auch die deutschen Paläste bauten, waren in ihren Heimatländern meist völlig unbekannt. Die Tessiner Brüder Gaspare und Giuseppe Fossati, die 1837 aus St. Petersburg kamen, um die neue russische Botschaft zu bauen, zählen zu den wenigen, die ein gewisses Maß an Bekanntheit und Kompetenz besaßen. Während ihres 20-jährigen Aufenthaltes in Istanbul errichteten sie für die osmanische Regierung, die Würdenträger des Reiches und Bewohner der europäischen Kolonie zahlreiche öffentliche und private Bauwerke, von denen heute jedoch kaum noch etwas zu sehen ist. Allein durch ihre Restaurierung der Hagia Sophia ab 1847 sind sie bis heute in Erinnerung geblieben.

Zwei andere ausländische Architekten dagegen prägten mit ihren Werken die Stadt am Ende des 19. Jahrhunderts tatsächlich und trugen damit zur letzten Entwicklungsphase der osmanischen Architektur bei: Der erste, Alexandre Vallaury (1850–1921), ein Vertreter der Schule der Schönen Künste von Paris, wurde in Istanbul geboren und starb auch dort. Seine Gebäude bieten Neues und lassen kaum den Versuch einer Synthese von westlicher und osmanischer Kultur erkennen. Sein Museum der Archäologie, das zwischen 1891 und 1907 in drei Phasen gebaut wurde, ist neoklassizistisch; der Sitz der Osmanischen Bank, errichtet in den Jahren 1890–1892, lässt sich aufgrund seiner Fassade zur Straße und der Ausstattung des Innenraums der Neorenaissance zuordnen, während die zum Goldenen Horn blickende Fassade durch große, zwischen den Etagen angebrachte Vordächer eher neoosmanisch wirkt. Das Gebäude des osmanischen Reichsschuldenamtes, welches mit der Verwaltung der Auslandsanleihen betraut war, stellte Vallaury 1897 fertig. Es zeigt eigene schöpferische Merkmale, aber trotz einiger Bezüge zum Çinili Köşk, dem persischen Pavillon von Mehmed II. – besonders auffällig bei der fünfeckigen Apsis, in der sich das Büro des Direktors befand –, ließ sich Vallaury allem Anschein nach vom internationalen orientalischen Zeitgeist beeinflussen. Das trifft auch auf die 1903 fertig gestellte staatliche Medizinschule zu, deren Türme das asiatische Ufer in Haydarpaşa beherrschen.

Yildiz-Moschee, Innenansicht. Die über einem hohen, polygonalen Tambour ausgeführte Kuppel, die sich über einem Flachdach erhebt und auf zwei mitten im Raum stehenden Stützen ruht, negiert die traditionelle Kuppelfunktion geradezu und kennzeichnet damit das Ende einer der Hauptentwicklungen der osmanischen Architektur.

1

2

Der zweite Architekt ist Raimondo d'Aronco (1857–1932), der in Italien geboren wurde, 1893 nach Konstantinopel kam und bis 1909 dort lebte. Er wurde sehr schnell zum Lieblingsarchitekten Abdülhamids und so in gewisser Weise Nachfolger der Balians, ohne jedoch einen offiziellen Titel zu tragen. Zweifellos fähiger als Vallaury, verlieh er der osmanischen Architektur durchaus neue Formen, aber seine Bemühungen blieben punktuell und konnten sich nicht in den Entwicklungsprozess dieses Jahrhunderts einfügen. Man kann dies an seinem ersten Bau, der Vergrößerung des Pavillons des Yildiz-Palastes, bekannt unter dem Namen „Chalet", feststellen, der in zwei Bauphasen um 1879 und zwischen 1887 und 1889 von Sarkis Balian errichtet worden war. In der ersten Phase schuf Balian ein Holzchalet, das ein Durchgangszimmer als Mittelpunkt hatte, und fügte später anlässlich des Besuchs von Kaiser Wilhelm II. ein weiteres hinzu. Aus Anlass eines neuerlichen Aufenthalts des Kaisers nahm d'Aronco die Arbeiten wieder auf und baute an die bestehenden Gebäude einen langen, zu beiden Seiten von Zimmern gesäumten Gang an. Zum ersten Mal wurde der traditionelle osmanische Grundriss, der sich auf einen Mittelpunkt konzentrierte, in eine Zimmerflucht nach westlichem Vorbild umgestaltet.

Ab 1900 wurde d'Aronco Anhänger des Jugendstils. Die Anwendung dieses Stiles auf traditionelle Zweckbauten stellt die interessanteste Arbeit dieses Architekten in Istanbul dar, wofür es zwei Beispiele gibt: die 1905 errichtete Türbe bzw. Bibliothek von Shaikh Zafir im Stadtteil Beşiktaş und einen kleinen Eckbrunnen in Galata.

Als im Jahr 1908 die jungtürkische Bewegung die Regierung an sich riss, gab Vallaury seinen Posten als Architekturprofessor an der 1883 gegründeten osmanischen Akademie der Schönen Künste auf, und d'Aronco kehrte nach Italien zurück. Die nationalistische Welle, die durch Europa lief und durch den Krieg auf dem Balkan auch das Osmanische Reich erfasste, läutete das Ende der Regierung ein. Mit dem Strom an Flüchtlingen stieg die Einwohnerzahl Istanbuls am Vorabend des Ersten Weltkrieges auf eine Million. In dieser Situation entstand die nationale Architektenbewegung, die eine Rückkehr zu den traditionellen, das heißt „nationalen" Werten forderte, und eine Abkehr von den kosmopolitischen „Verirrungen". Zwei herausragende Repräsentanten dieser Strömung sind Kemaleddin Bey (1870–1927) und Vedad Bey (1873–1942), die ihr Architekturstudium in Berlin bzw. in Paris absolvierten. Spitzbogen und die kleinen Kuppeln, die die Ecken der Gebäude markieren, verliehen großen öffentlichen Bauwerken wie der Hauptpost oder den Verwaltungsgebäuden der religiösen Stiftungen (Vakif Han) eine funktionelle Nüchternheit. Die von Kemaleddin Bey 1913 am Bosporus errichtete kleine Bebek-Moschee mit einer Kuppel auf achteckigem Tambour und dreijochiger Säulenhalle will ein Manifest der nationalen Architektur darstellen. Sie ist der Ausdruck des Willens, mit dem Reichsgedanken zu brechen, der sich in dieser Stadt 16 Jahrhunderte lang behaupten und stets erneuern konnte. Moscheen nach dem Vorbild Sinans überschwemmen die Vorstädte Istanbuls. Paradoxerweise stagnierte die republikanische nationalistische Bewegung trotz ihres

3

4

5

Gegenüberliegende Seite:
1. Sezessionistischer Brunnen von Raymondo d'Aronco. D'Aronco war bereit, sämtliche traditionellen osmanischen Bauten entsprechend der Formensprache des Jugendstils zu verändern.

2. Das Gebäude der Hauptpost. Der Putsch der Jungtürken im Jahr 1908 und die Geburt des türkischen Nationalismus brachte auch in der Architektur eine nationalistische Bewegung mit sich, die sich jedoch damit begnügte, Neues mit althergebrachten Elementen auszuschmücken.

3. Mausoleum Shaikh Zafirs. Raymondo d'Aronco ist der einzige Architekt der Jahrhundertwende, der definitiv mit den osmanischen Reminiszenzen brach. Er führte die Wiener Sezession auf einem Gebiet ein, auf dem man es am wenigsten erwartet hätte: beim Bau des Mausoleums eines Shaikhs einer mystischen Bruderschaft.

4. Für den Sitz der osmanischen Zollbehörde wählte der Architekt Alexander Vallaury einen Neo-Mogul-Stil.

5. Bankhaus im Bankendistrikt von Galata. Die osmanischen oder ganz allgemein „orientalistischen" Elemente wurden zu bloßen Zitaten an Gebäuden, die eine völlig andere Funktion hatten als die früheren städtischen Bauwerke.

Nebenstehend: Moschee von Bebek. Kemaleddin Bey, einem der maßgeblichen Vertreter der nationalistischen Bewegung in der Architektur, gelang hier noch kurz vor Ausbruch des Ersten Weltkriegs eine bewusste Rückkehr zum Altertum. Es war der Beginn einer langen Reihe von Nachahmungen; die osmanische Moschee kehrte zu den von Sinan geschaffenen Vorbildern zurück.

Modernitätsanspruches aufgrund ihres Bedürfnisses nach historischer Legitimation gerade auf jenem Gebiet, auf dem das für reaktionär gehaltene Reich bis zu seinem letzten Atemzug zu Neuerungen fähig gewesen war.

Der Erste Weltkrieg ruft die Nationalstaaten ins Leben. Bei Kriegsende, das für die Türken erst im Jahr 1922 kommt, ist Istanbul nicht länger die Regierungshauptstadt des Landes. Am 1. November 1922 erfolgt die Verlautbarung der Kemalisten über die Abschaffung des Sultanats. Das nordanatolische Ankara, ehemals Engürü, wird die Hauptstadt der Republik Türkei, die am 29. Oktober 1923 ausgerufen wird. Mustafa Kemal Paşa, mit dem Ehrennamen Atatürk („Vater der Türken"), ihr erster Präsident. Istanbul wird erst später, nach der Lethargie der Zwischenkriegszeit, zur Megalopolis erwachen.

Das Byzantinische Reich beim Tod Justinians

- Byzantinisches Reich
- Westgotenreich
- Frankenreich

AWAREN
AWAREN
GEPIDEN
Sirmium
Donau
MOESIEN I
DACIEN
MOESIEN II
SKYTHIEN
Chersones
PONT-EUXIN
(Schwarzes Meer)
Sebastopolis
Trapezunt
Sinope
Konstantinopel
PRAEVALITANIEN
THRAKIEN
HAEMIMONT
Hadrianopolis
(Adrianopel)
Philippopolis
Scodra
DARDANIEN
EUROPA
BITHYNIEN
Nicomedia
PAPHLAGONIEN
Theodosiopolis
REICH DER SASSANIDEN
ARMENIEN
Melitene
MAKEDONIEN
RHODOPA
Nicaea
GALATIEN
KAPPADOKIEN
Thessalonike
HELLESPONT
PHRYGIEN
Samosate
MESOPOTAMIEN
Edessa
OSRHOENE
EPIROS
THESSALIEN
Smyrna
(Izmir)
LYDIEN
PISIDIEN
Iconium
(Konya)
LYCAONIEN
EUPHRATENSIS
Euphrat
KILIKIEN
Theben
Ephesus
KARIEN
PAMPHYLIEN
Antiochia
Laodicea
Korinth
Athen
Milet
LYKIEN
ISAURIEN
SYRIEN
Palmyra
Sparta
ZYPERN
ARABER-
LACHMIDEN
PHOENICE
PHOENICE
LIBANENSIS
Berytus
Sidon
Damaskus
Tyrus
Candia
MEER
CRETA
PALAESTINA
Bostra
Samaria
Aelia Capitolina
(Jerusalem)
Pelusium
ARABIEN
Berenice
Cyrene
Alexandria
AUGUSTAMNICA
LIBYA SUPERIOR
LIBYA INFERIOR
AEGYPTUS
ARABER-
GHASSANIDEN
ARCADIEN
THEBAÏS
Ptolemaïs
Nil

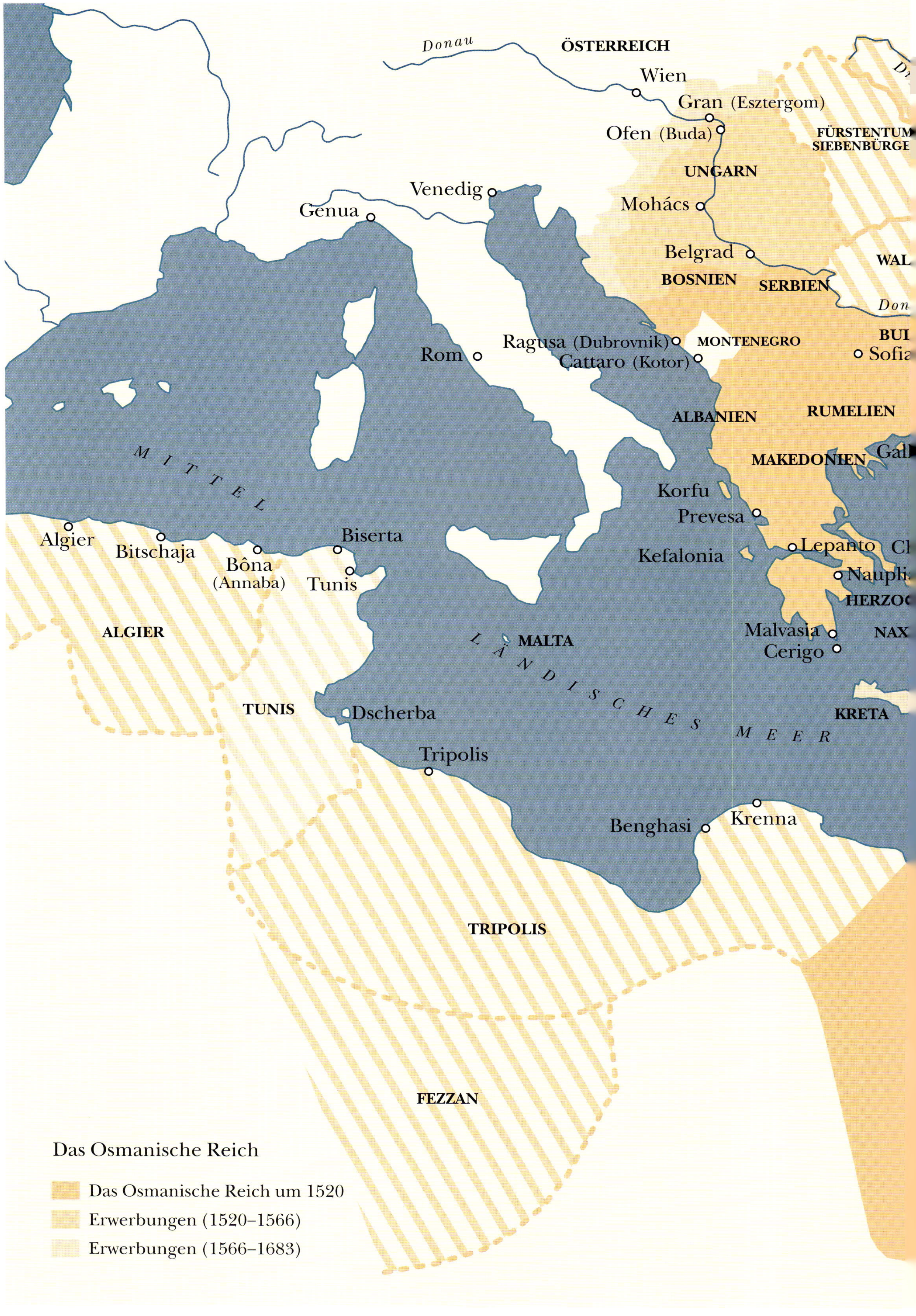
Donau
ÖSTERREICH
Wien
Gran (Esztergom)
Ofen (Buda)
UNGARN
Venedig
Genua
Mohács
Belgrad
BOSNIEN
SERBIEN
Ragusa (Dubrovnik)
Cattaro (Kotor)
MONTENEGRO
Rom
ALBANIEN
RUMELIEN
MAKEDONIEN
MITTEL
LÄNDISCHES MEER
Korfu
Prevesa
Kefalonia
Lepanto
Algier
Bitschaja
Bôna (Annaba)
Biserta
Tunis
ALGIER
MALTA
Malvasia
Cerigo
KRETA
TUNIS
Dscherba
Tripolis
Benghasi
Krenna
TRIPOLIS
FEZZAN
Das Osmanische Reich
Das Osmanische Reich um 1520
Erwerbungen (1520–1566)
Erwerbungen (1566–1683)